음악의
재발견

"나의 롤모델 중 하나는 밥 딜런이다. 나는 커가면서 그의 노래와
가사들을 배웠고 그가 단 한 번도 현실에 안주하지 않는 모습을 보아왔다.
실패를 계속 감수할 수 있어야 진정한 예술가이다. 딜런은 항상 실패를
두려워하지 않았다. 나는 이러한 아티스트들의 길이 바로 애플이 가야 할
길이라고 생각한다"

올해(2016) 노벨문학상 수상자로 선정된 미국의 전설적 가수
밥 딜런에 대해 아이폰을 만든 애플의 창업자 스티브 잡스는 위와 같은
말을 남겼습니다.
현실에 안주하지 않고 실패를 두려워하지 않으며 꾸준히 앞으로 나아간
위인들이야 얼마든지 있었을 텐데, 잡스는 왜 굳이 음악인 딜런을 콕 집어
자신의 중요한 롤모델로 삼았던 걸까요?
잡스뿐만 아니라 최고의 물리학자 앨버트 아인슈타인도 음악,
음악인들로부터 중요한 영향을 받았다고 공공연하게 말했는데요.
아인슈타인은 상대성원리를 통해 우주의 원리를 밝히는 데 있어
모짜르트의 음악이 직관적인 영향을 주었다고 밝힌 바 있죠.
아인슈타인은 "모짜르트의 작품들은 너무나 완전해서 거장에 의해 발견되길
기다리며 이미 우주 안에서 존재하고 있던 것처럼 보인다."고 말했습니다.
그는 "내가 만약 물리학자가 아니었다면, 아마 음악가가 되었을 거야.
나는 종종 음악 속에서 생각하고 음악 속 백일몽에서 살곤 하지.
난 음악의 관점에서 내 삶을 바라봐."라고 말하기도 했죠.
그밖에도 음악에 흠뻑 빠져 음악으로부터 많은 영향을 받은 삶을 살았던
유명 인사들이 많은데요.
미국 오바마 대통령은 존 콜트레인 등의 음악을 좋아하여 백악관,
유세장을 비롯한 곳곳에서 노래를 불렀습니다. "신은 죽었다"는 말로
유명한 실존주의 철학자 니체는 바그너와 비제의 음악에 심취했었고,
진화론을 주창한 다윈은 헨델, 베토벤의 교향곡을 즐겨들었죠.
세계 최고 갑부인 마이크로소프트 창업자 빌 게이츠는 비틀즈와
지미 헨드릭스, 퀸의 팬입니다. 수영선수 박태환은 경기 전 커다란
헤드폰을 쓰고 음악을 듣는 것으로 유명하죠.

그 무엇보다 우리, 우리 본인들 자체가 음악 없는 삶을 도저히 상상하지 못할 것입니다. 생일, 기념일, 회식을 비롯한 특별한 날은 물론 평범한 하루 일상 속에서도 '복면가왕' '슈퍼스타 K' '불후의 명곡' '쇼미더머니' 등의 음악 프로그램과 스마트폰을 통해 음악을 듣고 보며 때론 흥얼흥얼 자신도 모르게 입으로 따라 부르곤 하니까요.

이 책은 우리가 왜 이렇게 음악을 좋아하고 즐기는지, 또 음악으로부터 어떠한 영향을 알게 모르게 받는지에 관해 인공지능, 뇌과학, 물리학, 심리학, 미학, 철학, 종교학, 문학, 역사학, 음악치료학, 정치학 등 다양한 관점에서 살펴본 책입니다.

이 책을 쓰기 위해 여러 가지 자료를 살펴보며 절절하게 느낀 것은, 음악을 듣고 노래 부른다는 일이 상상 이상으로 우리를 신비로운 세상에 데려다 준다는 점이었습니다.

오랜 시간 동안 많은 음악 연구자들이 음악의 아름다운 비밀에 다가가 엿보고 연구한 모습들을 바라보고 있노라면, 어쩌면 음악을 이해한다는 일이 우주를 이해하는 것과 같은 일일 수도 있겠다는 생각이 저절로 들게 됩니다. 앞으로 독자 여러분들께서 발견하시게 될 음악의 우주가 어떤 모습일지 새삼 기대되고 더할 나위 없이 궁금해집니다.

2016년 가을 김형찬 혜존

CONTENTS

'알파고' 같은 인공지능 작곡가,
비틀즈 넘어설까?

>>> > >

"날 붙들어 매어놓을 줄이 없다네
나를 안달복달하게 할 수도, 얼굴 찡그리게 할 수도 없지
한때는 그런 줄이 있었지만, 지금 난 자유의 몸이라네
나는 줄에 묶여 있지 않다네"

-영화 '어벤저스 에이지 오브 울트론'에서 인공지능 울트론이 부른 피노키오의 노래

1883년 이탈리아 작가 C.콜로디에 의해 피노키오가 태어났으니까, 그 손자뻘쯤 되겠죠? 인공지능 로봇 울트론은 위와 같이 '피노키오 할아버지'의 노래를 대물림해 부르며, 인간의 통제에서 벗어난 해방된 존재로서 자기 자신을 과시합니다.

로봇이라는 말은 체코 극작가 카렐 차페크(Karel Capek)가 쓴 '로섬의 인조인간(Rossum's Universal Robots)'이라는 작품에서 최초로 사용되었는데요. 원래 체코어로 로봇이란 말 자체가 '강제 노동'이란 뜻을 가지고 있으니, 울트론은 그 강제 노동이라는 묶인 줄에서 벗어났음을 노래하고 있는 것이지요.

울트론처럼 영화 속뿐만 아니라 현실 속에서도 노래를 부르는 로봇들이 있는데요. 일본 도시바 사에서 만든 '치히라 아이코'라는 여성 로봇이 바로 그것입니다. 43개의 공기 압력식 동작생성장치 중 15개가 얼굴에 몰려 있어 사람이 노래하는 표정을 상당히 유사하게 따라할 수 있습니다.

일본 산업기술종합연구소에서는 반주에 맞춰 노래하는 로봇 HRP-4C를 선보이기도 했죠. 얼굴 표정과 동작 등을 사람의 모습과 최대한 비슷하게 구현하려 만든 로봇입니다. 1970~80년대 우리나라에서도 선풍적인 인기를 끌었던 만화영화 '아톰'이 태어난 나라라서 그런지, 일본의 로봇들은 인간과 상당히 유사한 형태로 만들어지는 특징을 가지고 있습니다. 중성미자에도 질량이 있음을 밝혀내 2015년 노벨물리학상을 거머쥔 일본 도쿄대학 우주선 연구소장 가지타 다카아키 또한 과학에 처음 관심을 갖게 된 계기로 만화영화 '철완 아톰'에 등장하는 과학자 '코주부 박사'를 꼽았으니, 대중문화와 과학이 서로에게 커다란 영향을 끼친다는 사실을 새삼 확인하게 됩니다.

2014년 런던에서 열린 '플럭스 이노베이션 라운지'에서는 노리스라는 '로보데스피안'(Robothespian。 연기하는 로봇)이 사람들의 시선을 끌기도 했습니다. 사람들의 자극에 반응하며 노래를 부르는 등 여러 가지 볼 만한 신체 움직임들을 보여주었기 때문이죠. 인공지능들은 노래하는 것을 넘어 작곡에까지 도전하고 있는데요. 그 역사는 의외로 반세기 이전부터 시작되었습니다. 작곡하는 인공지능을 만들려는 첫 시도는 1950년대 '일리악'이라는 컴퓨터를 통한 것이었습니다.

일리악은 '마르코프 체인(Markov chains)'이라는 통계 모델을 사용하여 음악을 만들려고 하였습니다. 마르코프 체인은 소련의 수학자 안드레이 마르코프(Andrei A. Markov)가 도입한 확률 과정의 일종으로, 각 시행의 결과가 바로 앞의 시행의 결과에만 영향을 받는 일련의 확률적 시행을 말하는데요. 그러한 마르코프 체인을 옥타브 안의 12개 음들인 도, 도#, 레, 레#, 미, 파, 파#, 솔, 솔#, 라, 라#, 시에 적용하여 멜로디 라인을 뽑아내는 것이죠.

그런데 이렇게 마르코프 체인을 사용해 만들어진 선율이 사람들의 심리와 정서에 맞지 않는 경우가 많자 1960년대 H.사이먼과 M.민스키 등은 기존의 음악작품들에서 뽑아낸 작곡 패턴을 사용합니다. 예를 들면 음악의 시작 부분은 으뜸화음인 C코드에서 출발, 그 다음에는 딸림화음인 G코드 그리고 다시 으뜸화음인 C코드로 돌아오는 패턴을 활용한 것이죠.

1970년대에는 조성을 바탕으로 하여 음악을 만드는 인공지능 작곡 프로그램이 개발되기 시작했습니다. J.A.무어러의 프로그램이 바로 그것인데요. 무어러는 선율의 음들이 너무 중구난방으로 선택되어 괴상망측한 선율이 만들어지지 않게 조성 위에서 음들이 추출되도록 알고리즘을 구상했습니다. 이를테면 다장조로 범위를 한정지어 다장조에서 쓰이는 코드들인 C, Dm, Em, F, G, Am, Bdim을 활용해 이 코드들의 진행에서 벗어나지 않은 음들을 추출하도록 하여 사람들이 이상하게 느끼지 않을 멜로디 라인을 만들도록 한 것입니다.

G.M.레이더는 여기서 더 나아가 인공지능이 코드와 선율을 생성할 때 적용되는 '규칙 위의 규칙'을 알고리즘화하는 진정한 의미에서의 인공지능 작곡 프로그램을 개발하였습니다. 코드와 선율을 만드는 여러 가지 규칙 중에서 어느 규칙에 '가중치'를 두어 작곡 시 사용하게 할까 결정하는 규칙을 프로그램화한 것입니다.

1990년대 들어서는 음악 스타일에 따라 거기에 맞게 작곡을 하도록 하는 방법이 시도되었습니다. D.A.레비트는 템플릿, 그러니까 재즈나 컨트리, 록, 라틴 음악과 같은 장르별 본보기 모델을 미리 만들어 놓고 거기에 맞춰 인공지능이 선율과 박자, 리듬 등을 선택하여 음악을 만들도록 했죠.

J.바루차는 '뮤작트'라는 프로그램을 만들었는데요. 이 프로그램은 인공신경 네트워크를 이용하여 음악 화성 모델을 학습할 수 있도록 했습니다. 예를 들어 딸림화음이 사용되었으면 그 다음에는 으뜸화음이 나오리라는 사람들의 일반적 기대감이 있다는 것을 알게 하고 그 기대감을 충족시키거나 배반하도록 하는 코드들을 진행하게 만든 것이죠.

J.사바터와 J.L.아르코스는 CBR이라는 프로그램을 개발했습니다. 이 프로그램은 일단 멜로디가 선택되면 거기에 기존 음악들과 유사한 코드를 부여해보고, 어울리지 않으면 적용가능한 코드 법칙을 사용해보고 그래도 안 되면 처음으로 돌아가게 하는 등 계속해서 실험을 해보도록 합니다. 그러한 실험을 통해 멜로디에 맞아떨어지는 코드가 나오면 새로운 화성법으로 기록되게 하죠. 요즘 내비게이션에서 원래 경로와 달리 도로를 달려 더 빨리 목적지에 도착하게 되면 '새롭게 학습된 경로를 저장하시겠습니까'라는 메시지가 떠 '예'를 누를 경우, 내비가 새 경로를 학습하듯이 말입니다.

근래에는 스페인 말라가대학 인공지능학과 교수 프란시스코 비코 연구진이 생물학에서 얻은 아이디어를 토대로 '이아모스(Iamus)'라는 인공지능을 만들었는데요. '이아모스'는 음악적 요소에서 하나의 음악 유전자를 뽑아내 좀 더 복잡한 음악 형태로 진화시키는 알고리즘을 가진 인공지능이라고 합니다. 인공지능 '이아모스'는 인간의 개입 없이 피아노 독주곡 '콜로수스(Colossus)'를 작곡했는데요. '이아모스'가 작곡한 '콜로수스'는 컴퓨터의 기계적 원형을 만든 영국의 수학자이자 물리학자 앨런 튜링에게 헌정되어 2012년 사람의 손으로 연주되기도 했습니다.

위와 같이 대략적인 인공지능 작곡의 역사를 보면 조성과 화음, 선율 등 음들간의 규칙성, 방향성, 체계들을 기존 인간이 만든 음악들에서 귀납하여 뽑아낸 뒤 그것을 알고리즘화하는 모습을 볼 수 있습니다. 다시 말해 인간이 만든 기존 음악들 속에서 음악 창작의 규칙을 뽑아내는 것입니다. 달리 말하자면 이들이 작곡하는 인공지능에는 기존에 없는 음악 창작의 규칙이 없다는 얘기가 되는 것이죠.

비틀즈(Beatles)가 자신들이 만든 희대의 명곡 '예스터데이'나 '미셀' 등에서 보여준 절묘한 조바꿈과 '히어, 데어, 앤드 에브리웨어' 등에서 보여준 상식에 얽매이지 않는 코드 진행, 새로운 사운드 접목 등 새 규칙을 만들어내는 능력은 결코 인공지능에 심어줄 수 없는 것이기 때문입니다. 음악 창작의 새로운 규칙을 인공지능에 심으려면 우선 사람이 먼저 새로운 음악 창작의 규칙을 만든 뒤 그 규칙을 인공지능에 심어야 한다는 것인데, 비틀즈 같은 새로운 스타일을 만드는 음악가들이 어디 그리 쉽게 세상에 나오겠습니까? 비록 인공지능이 비틀즈의 음악 창작 규칙을 학습하여 작곡을 한다고 해도 이미 그것은 기존의 규칙을 활용한 것일 뿐입니다. 새로운 규칙이 아닌 것이죠.

게다가 설령 인공지능이 세상에 없던 완전히 새로운 음악 창작 규칙을 만들어낸다고 해도 그것이 인간의 정서와 감정에 맞는 것인지 알아보는 테스트를 통과해야 하는 또다른 관문이 남아 있습니다. 그 관문을 통과하지 못하면 새로워도 새로운 게 아닌 셈이 됩니다. 기존에 없던 것을 만들어내는 인간의 창조성, 그리고 그 창조성의 수용 여부를 결정짓는 인간의 감성, 이 두 가지가 작곡하는 인공지능의 성패를 가르는 중요한 잣대가 되리라는 생각이 드는데요. 인공지능에 창조성을 심는 일의 가능성 여부는 둘째치고라도 인공지능에게 감성이나 감정을 심는 일의 가능성이나 당위성은 아무리 생각해봐도 의문이 드는 게 사실입니다.

한편 미국의 언어학자이자 비판적 지식인인 노암 촘스키(Noam Chomsk)는 "생각하는 것은 인간의 특징이죠. 인공지능이 과연 언젠가는 생각하게 될까요? 그건 마치 잠수함이 수영하는 것인지 묻는 것과 같습니다. 만약 당신이 잠수함은 수영하는 것이라고 말한다면 로봇도 생각을 하게 될 것임이 분명합니다. 아무렴 그렇고말구요."라며 생각하는 인공지능의 가능성에 회의적 입장을 보였습니다.

반면 컴퓨터의 아버지 앨런 튜링(Alan Turing)은 "난 언젠가 다음과 같은 삼단논법이 나올까 두렵습니다. 튜링은 기계가 생각한다고 믿는다. 튜링은 사람들에게 거짓말을 한다. 고로 기계는 생각하지 않는다."와 같은 발언을 통해, 또 "만약 컴퓨터의 반응을 진짜 인간의 반응과 구별할 수 없다면, 컴퓨터는 생각할 수 있는 것으로 보아야 한다."는 말을 통해 생각하는 인공지능의 가능성에 힘을 실어줬는데요.

만약 내기를 한다면 여러분들은 과연 촘스키와 튜링, 둘 중 어느 쪽에 베팅을 하시겠습니까?

천재 물리학자
아인슈타인의 두 얼굴

>>> > >

현재 세계 천체물리학계에서는 우주 중력파 패턴 관측을 통해 빅뱅 뒤 우주가 '급팽창'해서 물질들을 고르게 우주 전체로 확산시켰다는 '우주배경복사' 과정을 밝혀내려는 연구가 치열하게 진행중인데요.

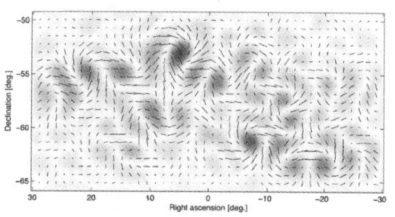

2015년 '우주 중력파 패턴'인 것으로 발표되었다가
'우주 먼지'로 인한 오류라는 것이 인정된 이미지.
(출처: 하버드-스미스소니언 천체물리센터)

이러한 연구들은 물질의 질량과 그것이 가진 중력에 따라 시간과 공간이 바뀌고, 질량을 가진 모든 것들은 움직일 때 중력파를 내보낸다는 아인슈타인의 명제를 토대로 한 것들입니다. 우주의 물질이 빅뱅 뒤 급팽창하면서 시공이 뒤틀릴 때 발생시키는 중력파의 무늬 패턴을 통해 우주 탄생 초기의 성장과정을 밝혀낼 수 있다고 생각하는 것이죠. 사람을 예로 들면 아기의 뱃속 시절 움직임들이 만든 파동 모양들을 관찰하여 뱃속 성장과정을 밝혀내려는 시도인 셈입니다.

이렇게 우주의 근원을 밝혀낼 수 있는 중력파 연구에 이론적 근거를 제시하는 등 오로지 과학에만 집중했을 것 같은 아인슈타인은, 그러나 물리학보다 물리학적인 것의 중요성에 대해 다음과 같이 의미심장한 말을 남겼습니다.

"나는 상상력을 자유롭게 이용함에 부족함이 없는 예술가다. 지식보다 중요한 것은 상상력이다. 지식은 한계가 있다. 하지만 상상력은 세상의 모든 것을 끌어안는다.", "위대한 과학자는 위대한 예술가와 같다.", "상상력은 지식보다 더 중요한 것이다."

아인슈타인의 이러한 말들은 놀랍게도 "시보다 시적인 것이 더 중요하다"고 말한 1980~1990년대 우리나라의 대표적 시인 황지우의 말과 일맥상통합니다. 실제로 아인슈타인은 바이올린을 즐겨 연주한 예술가로서 음악을 통해 얻은 상상력으로 물리학적 지식을 확장시켰습니다.

그는 5살 무렵에 바이올린 레슨을 받고 모짜르트 바이올린 협주곡을 접한 뒤 음악과 사랑에 빠졌습니다. 아인슈타인에게 있어 모짜르트의 음악은 순수한 우주 내부 그 자체가 가진 아름다움의 반영과도 같았습니다. 그의 음악에 대한 사랑, 특히 모짜르트와 바흐의 음악에 대한 사랑은 우주와 음악, 자연, 그리고 신의 조화로움에 대한 절대적인 존경으로 여겨졌고, 그의 내부에서 감정과 도덕의 복합적인 합일체로 자리잡게 되었습니다. 아인슈타인의 아들 한스는 아버지가 작업하실 때 막다른 곳에 봉착하거나 어려운 문제와 마주쳤을 경우 음악에서 피난처를 찾았고 음악은 그의 모든 문제들을 해결해 주었다고 말했습니다.

아인슈타인은 복잡한 문제들에 몰두해 있는 동안 종종 늦은 밤 주방에서 바이올린으로 즉흥적인 선율을 연주하곤 했습니다. 그렇게 연주하고 있다가 갑자기 흥분된 목소리로 "알아냈어!"라고 외치던 그의 모습을 여동생 마야는 얘기했죠. 마치 영감이라도 받은 것처럼 그의 문제에 대한 해답은 음악으로부터 그에게 다가오곤 했던 것입니다.

이렇게 아인슈타인처럼 과학자들이 악기를 연주하는 와중에 불현듯 중요한 아이디어가 떠오르는 경우가 종종 발생하는 것 같은데요. 1970~80년대 인기곡 '연'을 비롯해 '사랑하는 사람아', '얼굴 빨개졌다네'를 잇따라 흥행시키며 싱어송라이터로 이름을 떨쳤던 조진원 연세대 시스템생물학과 교수도 아인슈타인과 비슷한 경험을 했다고 합니다. 그는 연구실에서 연구를 하는 도중 틈틈이 기타를 연주한다고 하는데요. 어느 날 연구실 의자에 앉아 기타의 6개 줄을 튕기고 있는데 갑자기 새 연구 아이디어가 불쑥 떠오르더라는 것입니다. 그 아이디어는 '오글루낵'이라는 당에 대한 연구로 결실을 맺게 되었다고 하죠. 애초에는 복잡한 당 사슬 구조를 연구해왔는데, 기타를 튕기는 도중 분자 하나로 된 당 구조를 떠올리게 되었다는 것입니다. 이 오글루낵 연구는 세계적 학술지에 실리는 등 커다란 성과를 올리게 되었다고 합니다.

이렇게 악기 연주를 하다가 중요한 연구 아이디어를 떠올리게 된 것에 대해 감사한 마음이 들어서였을까요? 아니면 새로운 악기를 사면 또 새로운 아이디어가 떠오를 수도 있을 것이라는 생각이 들어서였을까요? 1919년 일식현상을 찍은 사진들에 의해 아인슈타인의 일반상대성이론이 확인됐을 때, 그는 자축하기 위해 자기 자신에게 새 바이올린을 사주기도 했습니다.

아인슈타인은 일반상대성이론에서 중력이 큰 천체를 지날 때 빛이 그 큰 천체 쪽으로 휘어진다는 '중력렌즈' 현상을 예상했는데, 실제로 일식 때 찍은 사진에 나타난 태양 주위의 별들은 이 중력렌즈 현상에 따라 태양이 없는 밤에 찍은 사진과는 다른 위치에 찍혀 있었던 것입니다. 중력에 의해 시공간이 변한다고 하는 일반상대성이론을 입증하여, 시공간이 불변한다고 주장한 뉴턴의 철옹성 같았던 천체이론을 무너뜨리고 우주에 관한 혁명적 과학이론을 새로 정립하며 세계 최고의 물리학자로 거듭나던 그 순간 아인슈타인은 바이올린과 함께 기쁨을 나누었던 것이죠.

인생에 있어 가장 바쁜 시기에도 그는 음악을 위해서는 시간을 냈습니다. 꼭 해야 할 일들의 압박 속에서도 아인슈타인은 1주일에 한 번 현악 사중주 연주에 참여했고, 평생동안 실내음악을 연주했습니다.

1909년 취리히대학 교수로 있을 당시 아인슈타인은, 수학교수였던 아돌프 후르비츠가 개최한 일요음악연주회에 정기적으로 참석하여 연주를 하곤 했습니다. 프라하대학 교수가 된 1911년에는 음악살롱에서 바이올린을 연주하기도 했습니다. 또 물리학자이자 피아니스트였던 동료 폴 에렌페스트와 함께 휴식 차원에서 브람스를 연주하기도 했고 나중에는 피아노를 치는 아들과 함께 협주곡들을 연주하기도 했습니다. 1920년대에 아인슈타인은 음악애호가이자 피아노 연주가였던 벨기에 엘리자베스 여왕과 함께 모짜르트 합주곡을 연주하고 평생 친구가 되기도 했죠.

프린스턴대학에서 인생의 황혼기를 보낼 무렵의 그는 크리스마스 성가대 기도모임에서나 할로윈데이 때 모인 사람들을 위해 짧은 즉흥곡을 연주하곤 했습니다. 1933년 무렵 맨하탄에서 열린, 유럽에서 망명해 온 유대인들을 위한 기금 모금 행사에서 모짜르트의 사장조 사중주 등을 협연하기도 했구요.

또, 러시아계 유대인으로 독일의 저명한 바이올리니스트였던 보리스 슈바르츠는 아인슈타인이 바흐의 'G선상의 아리아'와 '샤콘느'도 즐겨 연주했으며, 타르티니의 '악마의 트릴로' 연주에 도전하고 브람스의 사장조 바이올린 소나타 1번을 30여 일간 열정적으로 연습하기도 했다고 증언했습니다.

아인슈타인과 교류했던 음악교육의 개척자 스즈키 신이치는 아인슈타인이 "상대성이론은 직관적으로 떠오른 것이며, 그 직관을 떠오르게 한 것은 바로 음악이었다. 나의 새로운 발견은 음악적 지각에 따른 결과였다."고 말했다고 전합니다. 만약 위에서 아인슈타인이 말한 대로 바흐, 모짜르트의 음악이 그의 상대성이론 등에 미친 영향, 그 아름다운 인과관계를 더 자세하게 알 수 있다면 음악과 과학은 더더욱 풍요로운 진보를 실현하게 될지도 모릅니다.

음악의 주파수와 사람의 주파수

>>> > >

　현재까지 우주의 원리를 가장 과학적으로 설명하고 있다고 평가받는 상대성이론을 창안한 아인슈타인은, 정말이지 말도 안 되게 다음과 같은 비과학적인(?) 말을 했습니다. "과학의 모든 위대한 성취들은 반드시 직관적인 앎으로부터 출발한다. 나는 직관과 영감을 믿는다... 때때로 난 이유도 모른 채 확실히 내가 옳다는 느낌을 가진다." 그렇다면 아인슈타인은 도대체 어떤 직관적인 사고, 어떤 영감을 받아서 저 감탄스러운 원리를 발견해낸 것일까요?

　모든 사물은 그 사물 고유의 주파수를 가지고 있습니다. 사람도 마찬가지고 사람의 뇌 역시 마찬가지로 고유의 주파수를 가지고 있습니다. 아인슈타인의 뇌 또한 물론 그랬겠죠. 아인슈타인이 모짜르트나 바흐의 음악을 듣거나 연주하면서 그로부터 발생한 주파수가, 아인슈타인의 뇌 주파수에 영향을 주어 상대성원리를 발견하는 데 모종의 역할을 한 것은 아닐까요?

　인간 뇌의 주파수는 대체적으로 0~30Hz라고 합니다. 그중에서 감마파는 주파수 30Hz 이상으로 극도의 각성과 흥분 시 전두엽과 두정엽에서 많이 발생하고, 베타파는 주파수 13~30Hz로 불안과 긴장감을 느낄 때 나옵니다. 또 알파파는 주파수 8~12.99Hz로 심신이 안정을 취하고 있을 때 나오며 사람 뇌파의 대표적인 성분으로, 뇌의 발달과 밀접한 관계가 있습니다. 세타파는 주파수 4~7.99Hz로 '졸음파'라 불리며 잠에 빠져들 때 나타나는 뇌파입니다. 델타파는 주파수 0.2~3.99Hz로 잠들어 있을 때 발생합니다. 이러한 뇌의 주파수들은 음 또는 음악 주파수의 영향을 받을 수 있습니다. 물체는 고유의 진동수를 지니고 있는데, 전달된 소리가 물체의 고유 진동수와 '배수' 관계에 있으면 진폭이 증가하게 되는 '공명' 현상이 뇌에서도 발생할 수 있는 것이죠.

예를 들어 긴장감을 느낄 때 나오는 뇌파, 베타파의 주파수인 13~30Hz의 10배가 되는 주파수 130~300Hz에 해당하는 피아노 건반음들, 즉 C3(세번째 옥타브의 '도')~D4(네번째 옥타브의 '레')의 음들을 이용하여 피아노를 연주하면, 뇌의 베타파도 공명하여 긴장감을 배로 더 느끼게 될 수 있는 것입니다.

소리의 공명이란 것은 생각 이상으로 큰 물리적 현상인데요. 조금 과장이 섞여 있긴 하지만 예전 '양철북'이라는 영화에서는 꼬마 주인공 오스카가 고음의 소리를 지를 때 유리그릇이며 유리창이 깨지는 장면이 나오죠. 1999년 노벨문학상을 수상한 독일 작가 권터 그라스의 소설을 원작으로 한 이 영화 속에서 고음의 소리는 꼬마 주인공 오스카 못지 않은 존재감을 드러냈습니다. 또 1990년대 방영되던 한 텔레비전 광고에서는 여성 소프라노의 고음에 유리잔이 깨지는 모습이 등장했었습니다.

더 충격적인 공명현상의 실제 사례가 있는데요. 1940년 11월 7일 미국 워싱턴 주 타코마 해협에 놓인, 시속 190km의 강풍에도 견딜 수 있도록 설계된 타코마 현수교는, 고작 시속 70km에 불과한 바람 소리가 다리 구조물의 고유 진동수와 일치하게 되는 바람에 붕괴돼버렸습니다. 이런 사실들을 보면 소리의 공명이라는 물리현상의 위력을 쉽게 무시해버릴 수는 없을 것 같습니다.

그렇다면 아인슈타인의 뇌의 창조적인 사고능력을 담당하는 부분들 역시, 아인슈타인이 모짜르트나 바흐의 작품을 연주하거나 들었을 때 그 음들에 해당되는 주파수에 공명하여 상대성이론을 창안하는 데 일정 부분 역할을 하지 않았을까 하고 생각해 보게 되는데요.

1952년 독일의 물리학자 O.S.슈만이 지구의 고유 주파수(지구와 지구 상공 55km 전리층 사이를 공명하고 있는 주파수)가 7.8Hz라는 사실을 밝힌 이래 NASA에서도 우주인의 건강을 위해 우주선에 같은 주파수를 발생시키고 있다는 점, 또한 현재 정밀

의료검진에 가장 많이 쓰이는 자기공명단층촬영장치(MRI) 역시 인체의 대부분을 차지하고 있는 물(H2O) 속의 수소를 공명시켜 인체의 문제점을 찾아낸다는 점을 감안하면, 인체에 끼치는 음과 음악이 가진 주파수 및 공명의 영향을 다시 한 번 생각해보지 않을 수 없는 것이죠.

사람들이 엘비스 프레슬리나 윌리엄 보이스 등 자신이 좋아하는 대중음악 또는 보편적으로 사랑받는 클래식 음악을 듣게 되면 옥시토신이나, 도파민 같은 호르몬이 분비되어 안정감과 평안함, 기쁨 등 여러 감정을 느끼게 되는데요. 음악을 들을 때 나오는 주파수가 일부 호르몬을 분비하는 뇌의 송과선이나 뇌하수체 등을 공명시켜 호르몬 분비를 촉진시키는 건 아닌가 하는 생각도 듭니다. 호르몬이란 말 자체가 그리스어로 '자극한다, 일깨운다'는 뜻을 가지고 있기도 하구요.

음악과 호르몬에 관한 연구들을 보면, 듣는 음악에 따라 분비가 자극되는 호르몬의 종류가 달라지는 것도 볼 수가 있습니다. 이탈리아 '파르마 지역 건강기업연합' 중독 연구센터 G.게라, A.자이모비치 등 연구진이 '국제정신생리학저널'에 발표한 '테크노 음악을 들은 건강한 실험 자원자들의 내분비계 반응: 개인적 성향과 감정상태의 관계'라는 논문에 위와 같은 사실을 뒷받침하는 내용이 실려 있습니다.

먼저 18~19살의 심신 건강한 8명의 여성과 8명의 남성을 대상으로 플라즈마 노르에피네프린, 에피네프린, 성장호르몬, 프롤락틴, 부신피질 자극 호르몬, 코티솔, 베타 엔돌핀 수치를 먼저 측정한 뒤 30분 간격으로 테크노 음악과 클래식 음악을 번갈아 들려주었습니다. 테크노 음악을 들었을 때는 남녀 구분 없이 심장박동과 수축혈, 스스로 평가한 감정에 중대한 변화가 나타났으며, 혈장 노르에피네프린과 성장호르몬, 부신피질 자극 호르몬 분비가 증가했다고 합니다. 반면 클래식 음악을 들은 경우에는 주목할 만한 호르몬 변화는 없었고, 감정상태의 개선 효과만 있었다고 하네요. 물론 개인 성향과 기질에 따라 영향을 끼친 정도는 달랐다고 합니다.

테크노 음악이 젊은이들의 성장호르몬 분비에 영향을 준다는 사실이 눈길을 끄는데요. 저도 18~19살 나이에 테크노 음악을 들었으면 키가 좀 더 크지 않았을까 하는 생각도 잠깐 해봅니다. 아래는 일렉트로닉 음악과 테크노 음악을 방송해주는 라디오 앱인데요. 안드로이드 스마트폰 플레이마켓에서 다운받으실 수 있습니다. 이런 종류의 음악을 들어보지 않은 분들이라면 오늘 하루만이라도 '음악 여행자'가 되어, 또는 일일 연구자가 되어 다양한 일렉트로닉과 테크노 음악을 들어보면서 스스로 어떤 감정의 변화가 있는지 한 번 살펴보는 것도 괜찮은 경험이 될 것 같습니다.

음악은 사람의 생각과 감정에
어떤 영향을 미칠까

>>> > >

아인슈타인은 자신의 상대성이론을 통해 우주의 원리를 밝히는 데 있어 모짜르트 음악이 직관적으로 중요한 역할을 했다고 말한 바 있죠. 그런데 아인슈타인의 상대성 이론 창안에 영향을 끼친 모짜르트나 바흐 같은 클래식 음악 외에 현대 대중음악들 도 사람에게 중요한 역할을 끼친다는 사실이 과학적 연구를 통해 입증되고 있습니다.

미국 유타대학의 신경유전학자 줄리 코렌버그는 엘비스 프레슬리(Elvis Presley)의 노래 '러브 미 텐더'를 이용하여 사람들의 감정 반응 실험을 했는데요. 만 명에 한 명 꼴로 나타나는 중간 정도의 지체장애로서 7번째 염색체의 유전자 누락으로 발생하며, 평균 아이큐가 50 정도로 가족에 의존해야 생활이 가능한 '윌리엄스 증후군'을 가진 여성에게 이 노래를 들려주었더니 얼굴 등 겉으로 보기엔 아무런 감정 변화도 나타나 지 않더랍니다. 그런데 뜻밖에도 호르몬 반응을 살펴보니 그 여성의 혈액 속에 옥시토 신과 바소프레신이라는 호르몬이 넘쳐흐르고 있었다고 합니다.

옥시토신(oxytocin)은 포유류의 생식과 사회 적응에 매우 중요한 역할을 하는 호르 몬이고, 바소프레신은 뇌하수체 후엽 호르몬의 하나로 항이뇨작용, 혈압 상승 촉진작 용을 담당하고 있습니다. 옥시토신은 그리스어로 '빠른 출산'이라는 뜻을 가졌는데요. 자궁의 근육을 수축시키고 젖 분비를 촉진하는 호르몬이어서 출산 시 다량으로 분비 된다고 합니다. 또 성행위의 절정인 오르가즘 때 분비되어 기분을 좋게 해주는 호르몬으로, 함께 오르가즘을 느낀 사람들에게 옥시토신이 분비되면 서로 강한 애착을 가지게 되어 사회적 유대감으로까지 확장된다고 합니다.

음악신경과학 연구로 유명한 캐나다 맥길대학의 저명한 인지심리학, 신경과학자 대니얼 레비틴 교수와 동료들은, 우울증 환자들을 두 그룹으로 나눠 한쪽에는 항우울제를, 다른 한쪽에는 주로 음악을 들려주었습니다. 그랬더니 놀랍게도 음악을 들은 쪽 환자들의 우울증이 완화되고, 스트레스를 받을 때 증가하는 호르몬인 코티솔의 분비도 적어졌다는 사실이 밝혀졌습니다. 더 많은 연구가 필요하긴 하지만 적은 비용에다가 '듣기만 하면' 되는 쉬운 방법으로 부작용 없이 우울증을 완화시킨 음악의 효능에 대해 알게 된 고무적인 연구 결과라는 평가입니다. 또 음악을 듣는 것은 세균과 박테리아와 싸우는 세포는 물론 A-면역단백질(면역항체)의 활성화와도 깊은 관계가 있다고 밝혔습니다.

대니얼 레비틴은 「6개 노래 속의 세상」이라는 책에서, 음악을 연주하면 도파민 호르몬의 분비에 영향을 끼칠 수 있다고 말합니다. 음악이 도파민 수치를 높여 기분을 고양시키고 면역계를 증강시킨다는 것이죠.

스탠포드 의대 박사후과정 연구원인 대니얼 아브람스는 fMRI(기능성 자기공명영상장치)에 음악교육을 안 받았거나 적게 받은 17명의 서로 다른 개인 특성을 가진 실험 참여자들을 들어가게 하여, 후기 바로크 음악가 윌리엄 보이스의 4개 교향악을 들려줬습니다. 그러자 개인적 차이를 가진 그들 뇌의 주요 영역이 동조화되는 현상과 함께 비슷한 뇌 움직임 패턴을 보였습니다. 이러한 뇌의 영역들은 행동, 집중, 계획, 기억에 관련된 부분들이었는데요. 단순히 소리를 듣는다는 1차적 반응을 넘어서는 고차원적 동조화 반응이라고 합니다.

또 스웨덴 외레브로대학병원 흉부외과와 보건대학 건강관리과학센터에서도 음악이 환자들에게 미치는 영향을 연구하였습니다. 심장수술을 받은 환자 40명을 20명씩 2개 그룹으로 나눠 한 그룹은 그냥 침대에 누워 쉬게 하고, 다른 쪽 그룹은 누워 쉬는 동안 차분한 음악을 듣게 해주었더니 음악을 들려주지 않은 쪽에 비해 S옥시토신 호르몬 수치가 상당한 차이로 많이 분비되었다고 하네요. S옥시토신은 주사하였을 경우 임신 말기와 출산 전 출혈 단계에서 강력하고 규칙적이며 효과적인 자궁 근육의 수축을 유도합니다. 위 연구에서 음악을 들은 환자들은 더 안정감을 느꼈다고 말하기도 했구요. 음악이 사람에게 심리학적, 생리학적 영향을 끼친다는 인과관계를 보여주는 증거라고 말할 수 있겠죠.

우리 몸 속에도 음악들이 있다

>>> > >

아인슈타인 하면 떠오르는 공식은 단연코 $E = mc^2$ 입니다. E(에너지) = m(질량) × c^2 (빛의 속도)^2 에 비례한다는 내용이죠. 여기서 E(에너지)의 파동은 색깔과 소리에서도 찾아볼 수 있습니다. 무지개와 같은 7가지 색깔들은 옹스트롬(빛의 파장을 표현하는 데 사용하는 길이의 단위)으로 색깔들간의 차이를 나타낼 수 있고, 피아노의 도, 레,미,파,솔,라,시 같은 7개 음들은 주파수로 소리들간의 차이를 나타낼 수 있습니다.

녹색은 497~531Hz의 주파수를 가진 소리에 해당되는 옹스트롬 수치(5482옹스트롬)를 가지고 있고 그중에서도 특히 523Hz의 주파수의 소리에 해당되는 옹스트롬 수치를 가진 녹색은 C5(피아노 건반에서 5번째 옥타브의 '도')의 소리를 냅니다.

'솔'은 짙은 빨강 장미... '라'는 홍당무... '레'는 연둣빛 새싹... '도'는 푸르른 숲...'레'는 바다의 파도... '미'는 보라색 제비꽃... '파'는 끝모를 밤 하늘... 아인슈타인이 모짜르트의 사장조 사중주를 바이올린으로 연주할 때도 위와 같은 소리와 색깔의 주파수와 옹스트롬 수치들이 무지개 음악 분수처럼 공간을 아름다운 에너지의 파동으로 수놓았을 것입니다. 물론 아인슈타인이 음을 잘못 짚었거나, 박자를 놓쳤다면 엉뚱한 소리와 함께 아연실'색'이 칠해지기도 했겠죠;;;

만약 누군가 바이올린을 엄청나게 빠른 속도로 연주해서 가장 높은 주파수의 소리를 내게 되면 그 주파수에 해당하는 색깔은 바로 빛의 색깔이 될 것입니다. $E = mc^2$ 공식에 따르면 말이죠. 네 살 때 피아노를 시작해 열 살에 국제 피아노 콩쿠르에서 입상한 특이한 이력을 가진 작가 니콜라이 그로츠니(Nikolai Grozni)의 소설 '분더킨트'(신동)를 보면 "B단조는 빨간색이야. 가을에만 나타나는 빨강이지. 갈색도 섞였고 마호가니로 덧칠도 했어.", "D와 F샤프를 누르면 피가 나서 빨갛게 물이 들어. D와 F샤프를 짚으면 손을 베지 않을 수 없어."라는 대목이 나오는데요.

비록 위의 과학적 사실과는 차이가 있지만, 소리에서 색깔을 느끼는 예술가들의 특별한 감수성을 느낄 수 있습니다. 이러한 예술가들의 감수성을 과학적 호기심으로 변주하여 따라가다 보면, 아인슈타인처럼 음악 속에서 우주의 비밀스런 법칙을 발견해낼 가능성도 더 높아지게 되리라 생각합니다.

1974년 옥스포드대학의 생물물리학자 콜린 맥클레어 박사는, 생물체 내에서 에너지 파동의 주파수가 호르몬이나 신경 전달 물질보다 대략 100배 정도 더 효율적으로 정보를 전달한다는 사실을 발견했는데요. '네이처 뉴로사이언스'에 실린 '대뇌피질의 진동과 말하기 과정' 논문을 보면 쉬고 있을 때와 말을 들었을 때 뇌에서 발생하는 주파수의 차이를 볼 수 있습니다. 쉬고 있을 때 3~20Hz 주파수대에 형성되어 있는 노랗고 빨간 뇌 파동이, 프랑스어로 "새로운 문 관리자"("Le nouveau garde la porte")라는 말을 들었을 때에는 3~10Hz와 20~140Hz 주파수대에 불규칙하게 형성되어가는 모습을 보여줍니다.

주파수는 사람의 상태에 따라서도 다르게 나타난다고 합니다. 건강하고 안정적인 사람의 심장은 불규칙하고 혼돈스러운 간격으로 박동하고, 사망 직전의 부정맥(심실세동。ventricular fibrillation。心室細動) 상태에선 상당히 규칙적으로 박동한다고 합니다. 무호흡 수면 상태의 심장은 사망 직전 상태와 비슷하게 규칙적이지만 진폭은 훨씬 더 큽니다. 심지어 주식시장도 심장 주파수 그래프와 유사하게 일정 범위 내에서 혼돈스러운 주파수로 요동쳐야 건강한 상태이고, 너무 규칙적인 주파수로 요동치면 오히려 건강하지 못한 상태라고 합니다.

사람의 신체도 저마다 다른 주파수를 가지고 있는데요. 똑바로 세운 상태에서 머리는 20~30Hz, 안구는 20~90Hz, 견갑골과 쇄골은 4~5Hz, 가슴팍은 50~100Hz, 팔은 5~10Hz, 손은 30~50Hz, 다리는 굽힌 상태와 편 상태에 따라 2~20Hz, 서 있는 상태에서 척추는 10~12Hz라고 합니다.

물과 모래도 음악에 맞춰
표정 짓고 춤을 춘다

>>> > >

'우주 빅뱅 뒤 중력파 패턴 첫 관측' 보도를 보면서 불현듯 떠오른 것은 성경 속 "태초에 말씀이 있었다"는 구절이었습니다. 말씀이란 것 자체가 소리요, 소리는 중력파와 같은 에너지의 파동이기 때문입니다. 성경의 말씀이 우주가 탄생할 때 빅뱅이라는 파동이 있었다는 사실에 부합하는 말씀이라고 해석하는 사람들도 있더군요.

아인슈타인은 "우리가 물질이라고 부르는 것들은 실은 에너지이고, 에너지 중에서 우리가 지각할 수 있을 만큼 파동이 낮아진 것들이다. 물질이란 것은 없다."고 말했습니다. 그리고 '전기의 마술사' 니콜라 테슬라(Nikola Tesla)도 "우주의 비밀을 밝혀내길 원한다면, 에너지, 주파수, 파동의 관점에서 생각하라."고 말했습니다.

또 아인슈타인은 "우리는 아직 자연이 보여준 모습의 10만분의 1도 모른다."고 말했습니다. 독일의 철학자 칸트가 말한 물자체(Das Ding an sich。物自體。 우리가 인식하기 전의 물 그 자체)처럼 자연은 우리가 어떤 시각과 방식으로 보느냐에 따라 무궁무진한 모습을 드러내주기 때문에 아인슈타인은 그런 말을 했을 것입니다.

그러한 자연의 또다른 모습을, 소리를 통해 찾아내려 하는 싸이매틱스(Cymatics)라는 학문이 있습니다. 소리, 주파수가 물이나 공기, 모래 등을 통과하며 그 물질들의 파동을 직접 변화시키는 모습을 보여주는, 간단히 말해서 소리를 시각화시켜 보여주는 학문인데요.

빌 클린턴 전 미국 대통령, 앨 고어 전 부통령과 여러 노벨상 수상자들이 강연을 한 바 있는 TED(Technology, Entertainment, Design)라는 미국의 비영리 재단 강연회에서 에반 그랜트라는 싸이매틱스 연구자가 그에 관한 강연을 하기도 했습니다. 주파수 발생 장치를 통해 여러 가지 물질들에 주파수를 쏘면 여러 가지 물질의 반응 모습들이 시각적으로 나타나게 됩니다.

432Hz와 440Hz의 주파수를 각각 물에 쬐었을 때에도 서로 다른 이미지가 나타나죠. 물을 대상으로 모짜르트의 교향악과 존 레논의 '이매진'을 틀어주었을 때 상당히 비슷한 결정체가 나타난 것을 보여주는 사진들도 있습니다.

432Hz의 '도'음과 440Hz '파'음을 판 위의 모래에 쏘였을 때에는 '도'와 '파'의 소리가 주는 느낌만큼이나 다른 모래알들의 뭉침 형태가 나타나기도 합니다. 어떻게 보면 의사과학(擬似科學。pseudoscience)처럼 보이기도 하고, 어떻게 보면 설치미술의 한 종류처럼 보이기도 하지만 TED에서 정식으로 강연하기도 하는 것을 보면, 싸이매틱스의 일정 부분들은 어느 정도 과학성을 인정받고 있는 것이 아닌가 하는 생각이 듭니다.

우리도 안드로이드 음악 관련 앱을 통해 간단한 싸이매틱스 실험을 해볼 수 있습니다. 개인적으로, 일상생활 속에서 말하는 중요한 문장의 주파수는 과연 얼마쯤 될까 하는 궁금증이 일어서, 기타와 우쿨렐레 등 악기의 음정을 잡는 튜너 앱(Tuner-gStrings)을 안드로이드 플레이스토어에서 내려받아서 문장 하나를 발음해봤더니 137Hz가 나오더군요. 아래는 제가 특정 문장을 말했을 때 나온 주파수 137.1Hz를 보여주는 이미지입니다. 무슨 말을 했길래 주파수가 그렇게 나왔을까요?

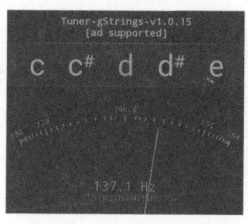

그 문장은 바로 "사랑해"였습니다. 대략 C#3(3번째 옥타브의 '도#')에 해당되는 주파수군요.
여러분의 '사랑해'는 몇 Hz로 무슨 음을 연주하고 있을까요?

최고의 물리학자를 움직인
최고의 음악가

>>> > >

아인슈타인은 "내가 만약 물리학자가 아니었다면, 아마 음악가가 되었을 거야. 나는 종종 음악 속에서 생각하고 음악 속 백일몽에서 살곤 하지. 난 음악의 관점에서 내 삶을 바라봐."라고 말하기도 했습니다.

그는 음악가들에 대한 자기 나름의 짧은 평들을 남기기도 했죠. 헬렌 듀카스와 배너쉬 호프만이 편집해 1981년 프린스턴대학 출판사에서 펴낸 「앨버트 아인슈타인:인간적 면모」라는 책 76~77쪽을 보면 다음과 같은 문장들이 있습니다. 질문 항목지에 대한 아인슈타인의 답변들인데 질문지 원본은 없어졌지만 답변 자체는 1939년 아인슈타인이 종이에 직접 적은 것이라고 합니다.

(1) 바흐, 모짜르트, 그리고 옛날 이탈리아와 영국의 작곡가들을 좋아한다. 슈베르트도
   좋지만 베토벤은 그들에 비해 조금 덜하다.
(2) 바흐와 모짜르트 중 누가 더 내게 의미 있는지 말하기는 불가능하다. 난 음악에서
   논리를 추구하진 않는다. 난 음악 전체에 대해 상당히 직관적이다. 음악 이론은 모른다.
   난 직관적으로 그 내부의 통일성을 파악할 수 없는 작품은 좋아하지 않는다.
(3) 난 항상 헨델이 훌륭하고 심지어 완벽하다고 느낀다. 그에게서는 어떤 종류의 피상적인
   부분마저 느껴진다. 베토벤은 너무 개인적이고 내게 너무 드라마틱하다.

(4) 슈베르트는 감정을 표현하는 최상의 능력 때문에 좋아한다. 멜로디를 만드는
    놀라운 힘을 가졌다. 하지만 그의 다른 대작들에서는 구성적 매력이 부족해 몰입에
    방해를 받는다.

(5) 슈만의 소품들은 독창성과 감정이 풍부해서 매우 매혹적이다. 하지만 커다란 형식미가
    부족한 점은 좀 아쉽다. 멘델스존은 상당한 재능이 있지만 종종 식상함을 주는
    규정하기 힘든 피상성이 있다.

(6) 브람스의 독일가곡과 실내악들에는 아주 중요한 구조미가 있다. 하지만 그의 대부분의
    다른 작품들에서는 속 깊은 호소력을 느끼지 못한다. 왜 그렇게 작곡할 필요가 있었는지
    모르겠다.

(7) 바그너의 독창성을 존경한다. 하지만 데카당스로서의 구조미가 결핍돼 있다.
    거기에 더해 그의 음악적인 개성은 내겐 형언할 수 없이 너무 공격적이어서,
    그의 작품 대부분을 들을 때 불편함을 느낄 수밖에 없다.

(8) 리하르트 슈트라우스는 축복받았다. 하지만 내부의 진실성이 없이 외부 효과에만
    관심이 있다. 내가 일반적인 근대음악에 애정이 없다고 얘기할 수는 없다.

(9) 드뷔시는 섬세한 색채를 가지고 있지만 구조미가 부족하다. 난 그런 종류에 대해선
    열광하지 못한다.

위의 글들에서처럼 아인슈타인은 음악가들 중에서 모짜르트와 바흐를 좋아했습니다. 그중에서도 모짜르트에 대한 사랑은 더 각별했던 것 같습니다. 그는 "모짜르트의 작품들은 너무나 완전해서 거장에 의해 발견되길 기다리며 이미 우주 안에서 존재하고 있던 것처럼 보인다."고 말하기도 했습니다.

아인슈타인은 모짜르트에 매혹돼 있으면서, 모짜르트의 창조적 작업과정과 개인사에 대해 동질감을 느꼈던 것 같습니다. 그는 궁핍하고 힘들었던 시기에도 위대한 작품들을 계속해서 작곡했던 모짜르트의 능력을 강조했죠. 아인슈타인 자신은 상대성이론을 창안했던 1905년, 비좁아터진 아파트에서 돈 문제에 시달리며 힘든 결혼생활을 하고 있었습니다. 모짜르트가 섬세한 구조의 작품으로 낭만주의 음악시대의 밑돌을 깐 것처럼, 아인슈타인은 상대성이론을 통해 고전물리학을 완결짓고 현대물리학의 길을 새로 만들었으니, 아인슈타인이 모짜르트와 동질감을 느낀 것은 어찌 보면 당연한 것인지도 모르겠습니다.

스티브 잡스를 자극한 음악들

>>> > >

"내 사업의 롤모델은 바로 비틀즈다. 네 명으로 이뤄진 비틀즈는 각자 다른 성향을 유지
하려 했다. 하지만 서로간의 균형을 아주 잘 맞췄기 때문에 비틀즈라는 그룹 전체는 단
순히 그들 개개인들을 합쳐놓은 것보다 훨씬 더 위대했다. 이게 바로 내가 사업을 보는
관점이다. 사업에서 위대한 일은 결코 한 사람에 의해 이뤄지지 않는다. 위대한 일을 이
루는 것은 바로 팀이다."

위의 말처럼 스티브 잡스는 비틀즈로부터 비즈니스에 대한 영감을 얻었습니다.

2015년 미국에서 '스티브 잡스 되기'라는 이름의 새로운 자서전이 나왔는데요. 미국
잡지 '포춘'의 편집장을 지낸 브렌트 쉘렌더가 전기작가 릭 테첼리와 함께 쓴 이 자서
전에서 잡스는 신경질적이고 이기적인 예전 자서전의 묘사와 달리 유머 넘치고 팀워
크를 중시한 인간미 있는 모습으로 그려져 있습니다. 팀워크를 중요시한 그의 태도가
바로 위의 비틀즈에 대한 언급에 농축되어 있는 것이죠.

실제로 비틀즈에서 작사·작곡을 도맡아 하다시피 했던 두 멤버 존 레논과 폴 매카트
니는, 절친한 친구이면서도 치열한 경쟁자로서 관계를 지속하며 긴장과 화합의 시너
지 효과를 통해 걸출한 음악적·음악 외적 성과를 이뤄냈습니다. 매카트니가 너무 10

대 소녀 취향으로 흐르면 레논이 제어하고, 레논이 너무 관념적인 부분으로 치우치면 매카트니가 덜어내곤 하면서 팀의 이미지 마케팅에 있어 균형을 유지했던 것이죠. 그러한 비틀즈 성공의 이면에는 다른 멤버 조지 해리슨의 팀을 위한 배려도 있었는데요. 원래 조지 해리슨도 자신만의 세계를 가진 작곡가였음에도, 존 레논과 폴 매카트니 두 명의 작사·작곡가가 쌓은 비틀즈 음악의 선명성과 일관성을 유지하기 위해 앨범에 노래를 실을 때 많은 양보를 했던 것입니다. 잡스는 비틀즈의 화려한 영광 뒤편에서 컴퓨터 배경화면처럼 자리잡고 있는 네 멤버의 팀 플레이를 보았던 것이죠.

"나의 롤모델 중 하나는 밥 딜런이다. 나는 커가면서 그의 노래와 가사들을 배웠고 그가 단 한 번도 현실에 안주하지 않는 모습을 보아왔다. 실패를 계속 감수할 수 있어야 진정한 예술가이다. 딜런은 항상 실패를 두려워하지 않았다. 나는 이러한 아티스트들의 길이 바로 애플이 가야 할 길이라고 생각한다."

스티브 잡스는 밥 딜런의 음악도 좋아하여 기타를 치며 그의 노래를 즐겨 부르곤 했다는데요. 애플 초창기 공동창업자였던 스티브 워즈니악과 아이디어를 짜내기 위한 회의 와중에 기타를 치며 밥 딜런의 노래를 흥얼거리기도 했습니다. 포크 기타로 반전 노래 '블로윙 인 더 윈드'를 불러 시대정신의 아이콘으로 떠올랐으면서도, 팬들에게서 변절자라는 비난까지 들어가며 전자 기타를 잡는 변신을 하여 '포크록'을 탄생시키는 등 끊임없이 혁신을 이룬 밥 딜런의 예술 정신을 잡스는 사랑했고 또 영감의 원천으로 삼았던 것 같습니다.

스티브 잡스는 그의 아이팟에 밥 딜런의 12개 앨범, 7개의 비틀즈 앨범 노래들, 6개의 롤링스톤즈 앨범, 한때 연인이었던 조앤 바에즈의 앨범 4개를 저장해두고 있었다고 하는데요. 뇌과학자들에 따르면 악기를 연주하거나 노래를 부르는 것은 실제로 창조적 생각을 하는 것과 관계가 있다고 합니다. 왜냐하면 뇌의 오른쪽 반구는 꿈꾸거나 이미지를 떠올릴 때, 공상이나 상상을 할 때 활성화되는데, 이 부분은 바로 음악적 지각과도 깊은 관련이 있는 부분이기 때문이죠.

또 노래 가사를 발성하면서 베르니케, 브로카 영역 등 말하기와 관련된 뇌의 왼쪽 반구 또한 활성화되는데요. 잘 알려져 있다시피 뇌 왼쪽 반구는 논리와 숫자, 언어와 분석 능력과 깊은 관련을 맺고 있습니다. 이러한 능력들은 잡스가 컴퓨터 관련 작업을 하는 데 꼭 필요한 능력들이었던 것이죠.

비틀즈가 척 베리, 버디 홀리, 엘비스 프레슬리 등의 로큰롤을 받아들여 자기들만의 것을 만들어내고, 밥 딜런이 우디 거드리 등의 포크 음악에서 배워 다시 자신만의 장르를 창조해냈듯, 잡스 또한 비틀즈와 밥 딜런의 음악에서 얻은 영감을 통해 기존에 있던 과학기술들을 예술과 융합하여 아이폰, 아이패드와 같은 혁신적인 제품들을 만들어낼 수 있었던 것입니다. 무엇보다 잡스는 아이폰, 아이패드라는 뛰어난 하드웨어 기술에 디자인이라는 예술 감각을 더하고, 언제 어디서든 작곡·편곡을 가능케 하는 음악 앱 개러지밴드를 필두로 하는 소프트웨어 생태계 형성을 지원하여, 문화를 함께 소비하도록 하는 혁신적인 경영 전략으로 엄청난 성공을 거둔 것이죠.

소비자들로 하여금 단순히 스마트폰이라는 기계의 구매자라는 생각을 갖게 하는 것이 아니라 아이폰의 앱과 팟캐스트를 통해 음악, 미술, 강연, 과학 등 다양한 문화 콘텐츠를 향유하는, 뭔가 특별한 존재로 느끼게 만드는 융합 전략을 사용했던 것입니다. 새로운 버전의 아이폰이 나올 때마다 며칠씩 밤을 새워가며 긴 줄을 서는 충성도 높은 구매자들의 모습을 보면, 잡스의 위와 같은 과학기술, 예술, 문화 융합 전략이 어떤 효과를 냈는지 충분히 짐작할 수 있습니다.

이러한 융합 전략 최전선에 개러지밴드라는 음악 앱이 전진 배치되어 큰 성과를 냈던 것을 보면(개러지밴드 앱은 상당 기간 아이폰 광고의 메인으로 자리했었죠), 잡스의 음악에 대한 사랑이, 사랑 그 이상의 것들로 얼마나 풍요롭게 보답 받았는지 잘 알수가 있는 것이죠.

리즈대학교 철학과를 다니기도 했던 잡스는 일본 출신 승려로 미국에 건너가 선불교를 널리 알린 슌류 스즈키로부터도 큰 영향을 받았는데요.

"종교란 어떤 특별한 가르침이 아니다. 종교는 어디에나 있다. 특별한 가르침에 관한 모든 것들을 잊어버려라. 무엇이 좋고 나쁜 것인지 묻지 말라. 가르침은 매순간 속에 있다. 모든 존재 안에 있다. 그것이야말로 진정한 가르침이다."

스치듯 지나가는 삶의 순간과 순간 사이, 언뜻언뜻 비치는 진리들을 바라보라고 말한 스즈키의 말 속에서, 밥 딜런의 음악을 흥얼거리며 비틀즈의 노래들에 심취하여, 열심히 머릿속으로 뭔가를 떠올리는 잡스의 모습이 아른아른 비추어 보입니다.

70세 한참 넘은 폴 매카트니가
'뇌섹남'인 이유

>>> > >

"지금껏 나를 가장 흥분하게 만드는 일 중의 하나는 바로 노래가 떠오를 때까지
아무데도 가지 않고 앉아서 기타나 피아노를 치는 것이다."

2015년 5월 2일, 셀 수도 없이 많은 한국의 비틀즈 팬들이 그토록 고대해오던 내한 공연을 성황리에 마친 폴 매카트니는 위에서처럼, 노래를 만드는 일은 나이와 상관없이 심장을 떨리게 만든다고 말했는데요. 폴은 한국에 오기 전 가졌던 일본 공연에서 2시간 40분 동안 거의 쉬지 않고 31곡의 노래를 내리 불렀다고 합니다. 걱정된 관객들이 물 좀 마셔가며 하라고 소리쳤을 정도라고 하죠.

폴 매카트니는 1942년 영국 리버풀 태생으로 한국 나이로 따지면 74세나 되는데, 도대체 어디서 그런 말도 안 되는 괴력이 샘솟는 것일까요? 또 얼마나 기억력이 좋길래 그 많은 노래들의 가사를 까먹지도 않고 그렇게 능수능란하게 부르는 것일까요? 음악을 오래도록 하면 혹시 가사를 외우는 능력이 남몰래 좋아지기라도 하는 것일까요?

음악과학 연구에 따르면 '뇌섹남'(뇌가 섹시한 남자) 폴 매카트니처럼 오랜 기간 꾸준히 음악활동을 해온 음악인들은 그렇지 않은 사람들에 비해 노화로 인한 기억력이나 청력 감소가 덜하다고 합니다. 미국 일리노이 주 에반스톤의 노스웨스턴대학에서 신경생물학과 생리학, 소통과학을 연구하는 청각신경과학 실험실의 니나 크라우스 교수는 위와 같은 사실을 과학적으로 검증하였는데요.

크라우스 교수는 9살 이전부터 음악교육을 받기 시작하여 그 뒤로도 계속 음악활동을 해온 18세~65세 연령대의 40여 명과, 음악교육을 3년 미만으로 받고 음악활동 또한 뜸한 같은 연령대의 40여 명의 머리에 전극을 부착하여 그들이 청각 신호에 얼마나 적절한 시간대에 반응하는지 살펴보는 '신경 타이밍' 측정 실험을 하였습니다. 그랬더니 오랫동안 음악활동을 해온 사람들은 젊은 사람들과 비슷한 속도로 청각 신호를 처리하는 것으로 밝혀졌습니다. 물론 음악활동이 뜸한 사람들은 청각 신호 처리 속도가 젊은 사람들에 비해 뒤처졌구요.

오랫동안 음악활동을 해온 사람들은 시끄러운 레스토랑 소음 속에서도 친구의 음성을 정확하게 기억해서 판별해냈는데요. 크라우스 교수에 따르면 복잡한 소음 환경에서 특정한 소리의 패턴을 알아차리는 기억력은, 오케스트라에서 바이올린과 베이스 등의 선율과 화음, 리듬 패턴을 분별하여 파악해내는 기억력과 같은 것이라고 합니다. 크라우스 교수 연구팀은 소음 환경 속에서 사람의 목소리와 악기 소리 패턴을 알아내는 민감성이 소음 속에서 책을 읽고 그 내용을 이해하는 능력과도 깊은 관계가 있다는 사실을 밝혀내기도 했죠.

크라우스 교수에 따르면 음악을 듣는 것을 넘어 악기를 직접 꾸준히 연주하면 이와 같은 청력과 기억력이 나이를 덜 먹게 된다고 합니다. 악기를 연주하면 뇌와 척수를 잇는 줄기 역할을 하는 뇌간(腦幹。brainstem)의 자동처리에 영향을 끼친다고 하는데요. 이 뇌간은 진화론적으로 꽤 오래된 부분으로서 숨쉬기, 심장박동, 복잡한 소리에 반응하는 등 중요한 기능을 맡고 있죠. 크라우스 교수는 악기 연주가 대뇌피질 하부의 감각회로를 근본적으로 형성시킬 수 있기 때문에 소음 속에서 읽기와 듣기 능력 등을 향상시킬 수 있다고 말하는 것입니다.

캐나다 몬트리올의 맥길대학에서 인지심리학과 신경과학을 연구하는 대니얼 레비틴 교수는 기억력에 미치는 음악의 영향력에 대해 "음악에는 기억에 꼬리표를 붙이는 기능이 있어서"라고 말합니다. 누구나 특정 음악을 들으면 과거의 기억이 떠오르는데, 이는 뇌에서 음악을 이용해 기억을 각인시켜 놓았기 때문이라는 것입니다. 음악은 감정을 전달하는 매개체 구실을 하므로 격한 감정의 변화가 일어나면 그 기억을 음악적 요소로 만들어 꼬리표를 붙여놓는다는 것이죠.

이렇게 기억에 꼬리표를 붙이는 능력 때문일까요? 음악을 들으면 치매를 예방하거나 나아가 치매를 어느 정도 치료하는 효과도 볼 수 있다는 연구 결과들도 많이 발표되는데요. 음악이 잃어버린 기억을 찾거나 인지기능을 회복하는 데 모종의 역할을 수행한다는 증거가 점점 더 늘어나고 있다는 것이죠.

미국 비영리 재단 '음악과 신경학적 기능연구소'의 집행이사인 콘체타 토메이노 박사는 "음악은 퇴행성 질환으로 인해 기능이 원활하지 않은 뇌의 중요 부위를 자극한다."고 말합니다. 30여 년간 음악의 치료 효과에 대해 연구해온 토메이노 박사에 따르면, 집에서 음악을 듣는 것만으로도 알츠하이머 환자가 긍정적 영향을 얻을 수 있다고 합니다. 오페라나 클래식, 재즈나 종교음악을 즐겨 듣거나, 가족들이 모였을 때 노래를 부르며 춤을 추면 기억이나 인지기능 회복에 도움을 얻을 수 있다는 것이죠.

중기에서 말기에 이르는 치매 환자 45명을 대상으로 일주일에 3번, 한 차례에 1시간씩 10개월간 개인 맞춤형 음악치료를 시행한 결과, 그들의 인지기능 테스트 점수가 50% 가까이 높아졌다고 합니다. 그중 환자 한 명은 몇 개월만에 처음으로 자신의 부인을 알아봤다고 합니다.

뉴욕 브롱크스 소재 베쓰에이브러햄 건강서비스센터의 음악치료사이자 심리학자인 데이비드 램지는 "치매 환자들은 음악 청취를 통해 물리치료를 받는 것과 같이 인지기능 회복 효과를 본다"고 하는데요. 알츠하이머 환자들이 '후 렛 더 독스 아웃' 같은 새 노래를 반복해서 들으면 그 노래를 애창하게 되는데, 이는 알츠하이머 환자들이 뇌 속에 새로운 기억을 형성하게 된다는 증거라는 것입니다.

음악 청취는 조산아들이 체중을 늘리는 데, 자폐증 아이들이 소통하는 데, 중풍 환자가 말과 거동을 하는 데, 치과·외과·정형외과 환자가 주기적인 통증을 제어하는 데, 정신과 환자가 불안과 우울증을 다스리는 데에도 도움을 준다고 합니다. 캘리포니아대학교 데이비스 캠퍼스 '마음과 뇌 센터'의 인지신경과학자 피터 제네타는 이마 바로 뒤쪽 내측 전전두엽피질(medial prefrontal cortex, mPFC)이 음악과 기억과 감정의 '중추' 역할을 하는 것 같다고 말합니다.

저널 '대뇌피질'에 발표한 그의 논문에 따르면, 13명의 데이비스 캠퍼스 학생들로 하여금 그들이 8~18살 나이대였을 당시의 음악순위차트 100에서 무작위로 뽑은 30개 음악의 발췌본을 듣게 하고 자기공명영상을 찍었더니, 노래들이 개인의 특정한 기억을 떠올리게 할 때 내측 전전두엽피질에서 특별하게 강한 활동이 일어났다고 합니다. 제네타 박사는 그러한 뇌의 반응을 불러일으키는 음악들을 일컬어 마음으로 보는 '정신적 영화 장면의 OST'라고 부르는데요.

내측 전전두엽피질은, 치매를 일으키는 퇴행성 뇌질환인 알츠하이머가 진행되는 과정 중에서 가장 나중에 위축되는 뇌 부위로 알려져 있죠. 다시 말해 알츠하이머로 인해 뇌 기능이 손실되어 가는 와중에서 가장 마지막까지 기억을 '사수'하는 뇌 부위가 바로 이 내측 전전두엽피질이라는 것입니다. 마치 영화 스크린처럼 이 내측 전전두엽피질에 음악이 불러일으키는 기억들이 '상영'되는 것이죠.

하버드 의대에서 음악, 신경영상, 뇌 유연성 연구를 하고 있는 의학박사 고트프리드 쉴록은 "악기 연주는 손가락을 두드리는 것에서부터 춤을 추는 것에 이르기까지 여러 동작을 취하게 하며 그와 함께 여러 가지 감정을 느끼게 한다. 다차원적 감각과 운동 경험을 가져다 주는 것이다. 또한 우리의 뇌가 기쁨을 느끼게 하는 등의 보상체계에도 관여한다."고 말합니다.

음악활동을 하면 '쾌락 중추'라고 부르는 중뇌 부분의 복측 피개영역(VTA, ventral tegmental area)~전뇌 부분의 내측 전전두엽(medial prefrontal cortex)~중격측좌핵(nucleus accumbens) 등으로 연결되는 신경회로망에서 도파민이 분비되어 기쁨을 느끼게 만든다는 것이죠. 남녀노소를 막론하고 집중적인 음악훈련을 하게 되면 창의성과 인지기능 그리고 학습능력과 관련된 뇌 부위에서 새로운 신경회로가 만들어지며 이 과정이 오랜 기간 반복되면 뇌의 기능과 구조가 바뀌게 된다고 합니다.

고트프리드 쉴록 박사는 또 "음악학습은 뇌 손상을 당한 사람이나 학습장애가 있는 사람들에게 손상되거나 막힌 뇌 회로를 대체하는 통로 혹은 다른 우회통로를 제공하고 뇌의 다른 부분들을 연결함으로써 그들에게 회복 효과를 가져다 준다.”고 말합니다.

미국 연방하원의원 가브리엘 기퍼즈는 2011년 1월 애리조나 주 투쏜에서 있었던 유권자와의 만남 행사에서 제러드 리라는 정신 이상자의 총격으로 뒤쪽 머리에 총을 맞아 총알이 왼쪽 뇌 반구를 관통해가는 심각한 총상을 입어, 말하기와 관련된 뇌 중추에 중대하고도 영구적인 손상을 입었는데요.

생존 가능성이 희박하다고까지 여겨지는 치명적 뇌 손상을 입었던 기퍼즈 의원은 언어자극과 음정·음높이·음조 등 억양 멜로디 치료 등을 통해 의사소통 기능을 일부 회복했다고 합니다. 그해 8월에는 걷기와 쓰기가 가능해졌다고 하죠. 기퍼즈 의원처럼 뇌 기능에 손상을 입은 사람들을 위한 음악치료 방법으로는 ‘리듬 청각 자극(RAS: Rythmic auditory stimulation)과 ‘시파리(SIPARI)’라고 하는 만성적 실어증 실증 치료가 있는데요.

‘리듬 청각 자극’은 ‘리듬 청각 신호’라고도 표현되며 적절한 타이밍에 반응하도록 운동감각을 동기화시키는 치료방법이고, 독일 비텐-헤어데케대학 등에서 연구되고 있는 ‘시파리’는 리듬선율음성 훈련기술, 전자 음악 만들기, 미리 녹음된 노래와 라이브 음악 듣기 등을 통해 뇌 기능 회복에 음악적 요소가 개입하도록 설계된 치료 방법입니다. ‘리듬 청각 자극’은 뇌졸중 환자의 걸음걸이 속도와 길이, 보폭 균형의 회복에 효과가 있다고 알려졌고, ‘시파리’는 심각한 뇌 손상으로 인한 중증 건망증 환자에게 환자가 좋아하는 라이브 음악과 녹음된 음악을 들려주어 불안감을 완화하고 방향감각을 증진시키는 효과를 보았다고 하는데요.

뉴욕대학교 의학대학원 첼시 포브스 박사는 이러한 음악치료 방법들에 대해 조금 더 체계화된 검증과정이 남아있지만, 환자에게 어떠한 해악도 끼치지 않고 적은 비용으로 쉽게 시도될 수 있다는 점에서 충분히 검토될 만한 가치가 있는 것이라고 밝혔습니다.

음악을 통한 치매 치료에 대한 연구는 우리나라에서도 이뤄지고 있는데요. 2014년 명지병원 한현정 교수 등 연구진은 약한 치매 증상을 보이는 108명을 대상으로 1년간 민요, 가요 부르기와 소고 등의 악기 다루기를 즐기게 한 결과, 음악치료가 경증 치매 환자의 우울증과 불안감 감소에 도움을 주며, 대중교통 이용이나 돈 관리 같은 일상생활 능력을 개선한다는 연구 결과를 내놓았죠.

또 2014년 성신여대 음악치료학과 이성은의 석사논문에선 주의력과 단기 기억력 중심의 인지 재활 음악치료가 치매 노인의 인지기능에 미치는 영향을 연구하였는데요. 중간 등급 치매를 진단받은 65세 이상의 노인 12명을 대상으로 음악적 주의제어훈련(MACT)과 음악적 기억훈련(MMT) 중심의 인지 재활 음악치료를 실시하였더니, 인지기능에 전반적인 변화가 생겼고 특히 전두엽 인지기능과 언어 관련 기능에 의미 있는 향상이 있었다고 합니다.

2011년 추계예술대학교 이보미의 석사논문은 국악을 통한 치매 치료 연구 내용을 담았는데요. 치매 노인 8명을 대상으로 2분박 또는 3분박 호흡법을 통해 손뼉 장단 치기를 하고, 민요를 따라 부르거나 들으면서 음악에 맞춰 소고로 정확한 장단을 연주하며, 치료사와 치료 대상자가 각각의 악기를 가지고 함께 합주하는 등의 프로그램을 실시하였다고 합니다. 그랬더니, 활동에 대해 미소, 눈 맞춤, 언어적 표현이 전혀 없었거나 5번 미만이었던 대상자가 후반에는 8명 모두 미소, 눈 맞춤, 언어적 표현이 5번 이상 되었고, 미소만 짓던 대상자는 웃음소리를 내거나 짧은 단답형 또는 단어의 표현에서 문장으로까지 확대된 표현을 하였다고 합니다.

국민건강보험공단 자료에 따르면 2010년 우리나라의 65세 이상 치매 환자는 46만 9천여 명으로 65세 이상 인구의 약 8.8%였고, 이 수치는 점차 늘어 오는 2030년에는 치매 노인이 100만 명을 넘어서며 그 비율도 9.6%에 이를 것으로 예측되고 있다고 합니다.

폴 매카트니의 모국인 영국도 상황은 비슷합니다. '알츠하이머 소사이어티' 통계에 의하면 2014년 영국의 65세 이상 치매 환자는 77만여 명으로 65세 이상 인구의 약 7.1%였다고 합니다. 2015년에는 치매 인구가 85만 6700여 명에 이를 전망이라고 하는데, 이는 인구 노령화에 따른 결과라고 합니다.

폴 매카트니와 그의 음악에 관심이 많으신 분들 중 상당수는 젊은 시절 비틀즈의 음악을 듣고 열광했던 기억을 가진 중장년층, 노년층이실 텐데요. "은퇴 안 하냐고? 집에 앉아서 티브이나 보라고? 고맙지만 됐네. 차라리 밖에 나가 연주를 하겠네."라고 말한 폴 매카트니처럼 나이 들어서도 남 부럽지 않은 '뇌섹남'을 꿈꾸며, 틈날 때마다 한 번씩 기타로든 피아노로든 입으로든 음악을 연주해보는 것은 어떨까요?

'악보문맹' 폴 매카트니의
작곡법은?

>>> > >

"테크놀로지는 계속해서 발전해갑니다. 테크놀로지 덕분에 예술가들은 자신들이
원하는 그림을 더 편하게 그리고, 본인이 전달하고자 하는 이야기들을 더 쉽게
말할 수 있게 되는 것입니다."

미국 서던캘리포니아대학교에서 예술학, 과학 학사 과정을 밟고 머데스토 주니어칼
리지에서 인류학을 공부한, 그리고 무엇보다 '스타워즈' 시리즈를 통해 영화 테크놀로
지의 신기원을 연 영화감독 조지 루카스는 위와 같이 말했습니다.

그는 스타워즈 시리즈를 촬영하기 위해 컴퓨터 그래픽 회사를 세우기도 했는데요.
그로 인해 영화에서 CG가 본격적으로 자리잡게 되었다고 해도 과언이 아닐 것입니
다. 예술가들이 머릿속에서만 상상하던 이야기 장면들을 눈앞에서 현실처럼 볼 수 있
게 하여 표현의 영역을 획기적으로 확장시켰기 때문이죠.

이러한 테크놀로지의 발전은 영화와 미술뿐만 아니라 음악 창작에도 막대한 영향을
끼쳤는데요. 그 영향을 받은 사람 중에서 가장 유명하고도 인기 있는 사람은 아마도
이번에 내한공연을 가진 폴 매카트니일 것입니다.

폴 매카트니는 언론과의 인터뷰에서 자신은 악보를 읽거나 쓰지 못하지만 컴퓨터의 도움을 받아 대중음악은 물론 클래식 오케스트라 곡까지 쓴다고 말했는데요. 대중음악은 코드 중심으로 작곡과 편곡이 가능하기 때문에 악보를 못 봐도 된다고 쳐도, 클래식 음악은 복잡하고도 많은 선율의 음표들을 가지고 있어 오선지에 꼭 옮겨놓아야 하기 때문에 악보를 쓰지 못한다면 작업에 상당한 어려움이 있을 것입니다. 천하의 폴 매카트니라고 해도 컴퓨터의 도움이 없다면 클래식 음악을 작곡하기가 매우 어려운 일이겠죠.

하지만 반대로 컴퓨터의 도움을 받는다면, 음악천재 폴 매카트니가 아닌 보통 사람들도 클래식 음악을 작곡할 수 있습니다. 바로 음악 시퀀서 프로그램 덕분인데요. 폴 매카트니의 경우 비틀즈에서 베이스 연주를 주로 맡았지만, 본인 스스로 피아노나 기타로 노래를 만들 때 아직도 가장 큰 스릴감을 느낀다고 한 것처럼 기타와 피아노로 작곡을 합니다. 컴퓨터를 이용할 경우 폴 매카트니가 음악 시퀀서 프로그램을 켜놓고 피아노 건반이나 기타 줄을 하나 둘씩 연주하면, 시퀀서 프로그램은 그 소리의 주파수를 분석하여 음표로 바꿔 보여주는 역할을 합니다.

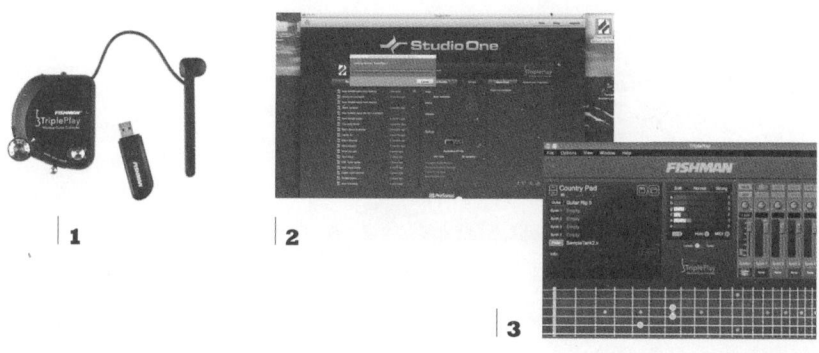

〈1〉'피쉬맨 트리플 플레이'라는 하드웨어를 기타 뒷부분에 장착한 뒤 기타를 연주하면
〈2〉'스튜디오 원'이라는 이름의 음악 시퀀서 프로그램 안에서
〈3〉'피쉬맨 트리플 플레이' 하드웨어를 제어하는 '피쉬맨 트리플 플레이' 소프트웨어가 작동, 기타음들 하나하나의 주파수를 모두 분석하여 〈5〉 악보로 그려줍니다.

〈4〉 셀리모니의 '멜로다인'이라는 소프트웨어를 사용하면 사람의 음성들 각각의 주파수를 분석하여 악보로 그려줍니다. 디지털 마이크를 사용하여 사람 음성을 녹음한 파일을 '멜로다인' 소프트웨어로 불러들이면 〈4〉와 같은 음성 주파수 파형들이 보이는데, 여기에 노트 디텍션(note detection, 음표 찾기) 기능을 실행하면 파형들이 악보화됩니다. 정확성의 문제가 남아 있긴 하지만 사람이 '룰루랄라~' 음들을 흥얼거리면 그것이 '멜로다인' 소프트웨어를 통해 악보로 그려지는 방식인 것이죠. '스튜디오 원'과 같은 음악 시퀀서인 '큐베이스'에서도 '피치 디텍션(pitch detection, 음정 찾기) 기능을 사용하면 '멜로다인'에서와 같은 방식으로 사람이 흥얼거리는 선율을 악보로 그려낼 수 있습니다.

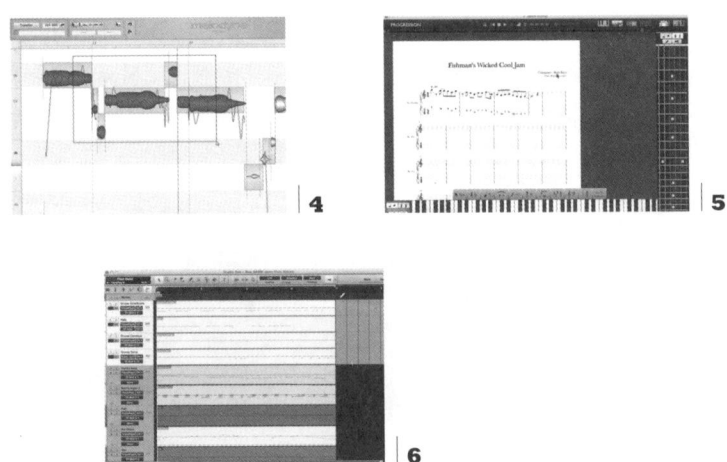

|4

|5

|6

〈6〉 '스튜디오 원'과 같은 음악 시퀀서 프로그램은 음들의 주파수 파형을 눈으로 볼 수 있게 만들어주기도 합니다. 여기서 기타는 연두색, 피아노는 보라색으로 하는 등 기타 트랙, 피아노 트랙을 따로 만들어 구분해둡니다. 오케스트라의 경우 수십 개의 악기가 등장하니까 수십 개 악기의 트랙을 각각 만들어 색깔별로 구분해 두는 것입니다. 폴 매카트니가 위의 것과 다른 음악 시퀀서 프로그램을 사용한다고 하더라도 컴퓨터를 이용하여 작곡하는 과정은 크게 다르지 않습니다.

〈7〉 그 다음에는 '오토튠'이라는 또다른 소프트웨어를 작동시켜 기타 음들의 주파수 파형을 눈으로 보면서 틀린 음정이나 박자 등을 수정합니다. 그리고 다른 악기 트랙들을 불러 그 악기 음들의 주파수 파형을 눈으로 보면서 역시 틀린 음정이나 박자 등을 수정하는 과정을 거칩니다. 음정·박자 수정 기능은 〈4〉의 '멜로다인' 소프트웨어에서도 할 수 있습니다.

문서를 작성하고 편집할 때 아래한글이나 훈민정음, 워드 같은 소프트웨어를 쓰는 것처럼, 음악 소리를 녹음하고 편집할 때 '스튜디오 원' 같은 시퀀서 프로그램과 그에 덧붙여 사용하는 '피쉬맨 트리플 플레이' 같은 소프트웨어들을 적극 사용하는 것이죠.

서태지는 자신의 9집 타이틀곡 '크리스말로윈'의 음원소스(스템 파일。stem file。줄기 파일)를 모두 공개하여 다른 사람들이 가공하여 쓸 수 있도록 했는데요. 이때의 음원소스가 바로 이 시퀀서 프로그램에서 작성된 파일들로, 악기 소리 따로 사람 음성 따로 저장되어 있어 다른 사람들이 자신의 시퀀서 프로그램에서 별도로 편집하고 가공하는 일이 가능한 파일들로 이루어져 있습니다.

기타와 같은 실제 악기를 녹음하는 것에 더해, 컴퓨터 안에서 작동하는 가상 악기(VSTi, Virtual Studio Technology Instrument) 소프트웨어를 뮤직 시퀀서 프로그램에서 가동시켜 수많은 악기들의 소리를 따로따로 녹음하고 또 합치고 하는 등의 편집을 할 수도 있습니다.

아래 그림 〈8〉 스펙트라소닉에서 나온 '옴니스피어'라는 가상 악기 소프트웨어의 경우 클래식 악기에서부터 일렉트로닉에 이르기까지 엄청나게 다양한 악기 소리들을 내고 녹음할 수 있습니다. 이때 〈9〉 마스터 키보드라고 하여 피아노 건반처럼 생긴, 하지만 모든 악기 소리들을 인간의 느낌을 담은 '손으로' 제어하게 하는 장비를 통해 자기 감정대로 다양한 가상 악기들을 연주하고 녹음합니다.

| 8

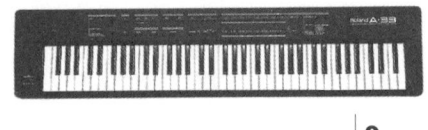

| 9

기타나 피아노 소리 같은 아날로그 음들을 디지털화해 컴퓨터에 가져다가 쓰고, 또 컴퓨터에서 전자음들을 합성하는 등의 위와 같은 작업은, 1983년 미디(MIDI, Musical Instrument Digital Interface)라는 전자 악기 표준 규격이 나오게 되면서 급속도로 발전하게 되었는데요. 이는 진시황이 도량형을 통일한 것에 비견될 정도의 막대한 영향을 음악 창작 산업에 끼쳤습니다.

표준 규격 MIDI를 기반으로 한 음악 시퀀서 프로그램, 혹은 DAW(Digital Audio Workstation)들이 하나 둘씩 세상에 나오게 되면서, 컴퓨터와 몇 개 부속기기와 얼마간의 노력만 있으면 누구나 녹음실에 가지 않고 집에서도 노래를 녹음하고 편집할 수 있게 되었기 때문이죠.

| 10

| 11

〈10〉 엠-오디오(M-AUDIO) 〈11〉 타스캠에서 나온 미디 인터페이스 겸용 오디오 인터페이스를 보면 마이크와 기타, 헤드폰이 들어가는 구멍들이 똑같음을 알 수 있습니다. 미디 인터페이스를 통해 가상 악기 소프트웨어들을 제어하고, 오디오 인터페이스를 통해 마이크로 입력시킨 사람 목소리나 어쿠스틱 기타 소리 같은 아날로그 소리들을 디지털화시켜 컴퓨터의 음악 시퀀서 프로그램 안에서 볼 수 있도록 해주는 것이죠.

1987년 독일의 C-LAB이라는 회사에서 '크리에이터'라는 이름의 음악 시퀀서 프로그램을 처음 만든 이래, 지금은 애플의 '로직', 스타인버그의 '큐베이스' 그리고 스타인버그에서 분리되어 나온 프리소너스의 '스튜디오 원' 등이 음악 녹음 편집 프로그램의 대표 주자들로 활약하고 있는데요.

이러한 음악 시퀀서 프로그램을 통해 녹음되고 편집된 음악 파일들은 그대로 시장에 출시되기도 하지만, 대개의 경우 더 비싸고 성능 좋은 음악 장비들을 보유한 상업 녹음 스튜디오로 전달되어 최종 처리 작업을 거치게 됩니다. '프로툴즈(Pro Tools)'라는 소프트웨어와 하드웨어가 결합된 장비를 통해 믹싱과 마스터링이라는 최종 과정을 밟게 되는 것이죠. 믹싱은 보컬이나 악기들의 특정 부분을 더 잘 들리게 하거나 원하는 음향효과를 얻도록 조정하는 작업이고, 마스터링은 달리 녹음된 여러 곡의 음색과 소리를 전체적으로 균형 잡히도록 통일해주는 작업입니다. 이러한 음악 시퀀서 프로그램은 모바일로도 옮겨가 언제 어디서든 손에 들고 다니며 음악 작업을 할 수 있도록 스마트폰 앱으로도 나오고 있는데요.

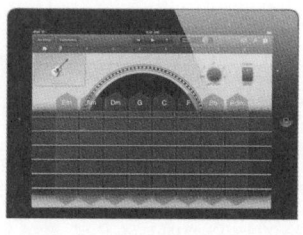

12　　　　　　　**13**

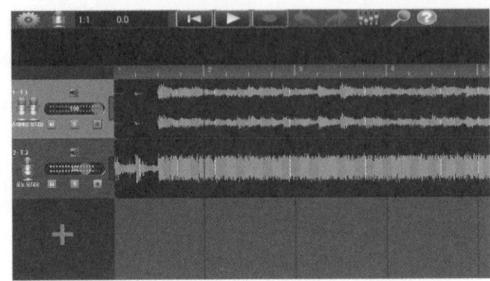

|14

　아이폰이나 아이패드에서는 '개러지밴드'(그림〈12〉), '큐베이시스'와 같은 뮤직 시
퀀서 앱을 사용할 수 있고, 갤럭시나 G프로, 베가 시리즈 같은 안드로이드 스마트폰
이나 태블릿에서는 '코드봇'(그림〈13〉)이나 '레코딩 스튜디오'(그림 〈14〉), '엔-트랙
스튜디오'와 같은 앱들을 사용할 수 있습니다. '개러지밴드'는 음원을 만들 경우 길이
의 제한이 좀 있고, 그 음원을 '개러지밴드' 자체에서 완전히 다듬기 어렵다는 등의 단
점이 있지만, 아이콘 등의 적절한 시각화를 통해 다양한 악기들을 다루기 쉽게 만들었
다는 장점이 있습니다. '코드봇'의 경우 코드에 대한 음악지식이 없으면 아예 처음부
터 다루기 쉽지 않다는 단점이 있지만, 음원을 만드는 데 길이의 제한이 적고 미디파
일 형태로도 밖으로 내보낼 수 있어 다른 컴퓨터 시퀀서 프로그램에서 유용하게 사용
할 수 있다는 장점이 있습니다.
　듣고 있는 음악의 코드를 찾아주는 앱들도 있는데요. 정확성이 좀 더 해결돼야 하지
만 좋아하는 노래의 코드를 따서 기타로 치고 싶을 때, 그럭저럭 참고삼을 만한 앱들로
아이폰용인 '코드 디텍터', 안드로이드용인 '애니송 코드 레코그니션' 등이 있습니
다. 위에서 보신 것처럼 비용과 기술 문제 등 현재 스마트폰에서 사용 가능한 음악 시
퀀서 등의 앱들은 전반적으로 아직까지는 갈 길이 제법 남아 있는 편인데요.
　하지만 테크놀로지의 발전이 시간적·공간적 불편함을 편리함으로 바꿔나가는 방향
으로 진행된다는 점을 고려하면, 데스크탑 컴퓨터의 기능이 스마트폰으로 들어오는
것은 시간 문제라고 생각합니다. 현재 데스크탑으로 완성하고 있는 음악 작업을 스마
트폰으로도 할 수 있는 날이 머지않았다는 생각이 드는 것이죠.

스마트폰으로 투표를 할 수 있도록 테크놀로지를 발전시켜 투표율을 높이고, 그렇게 '정치적 표현 범위'를 넓혀 민주주의를 발전시켜가자는 아이디어들도 있는데요. 그런 차원에서 보면 스마트폰에서 사용 가능한 음악 시퀀서 앱 등의 음악 테크놀로지를 발전시켜 '예술적 표현 범위'를 확대하는 일은, 스마트폰을 통해 '정치적 표현 범위'를 확장시켜 가는 일과 본질적으로 다르지 않은 일이 되어가는 것이 아닐까 생각하게 됩니다. 기술이 더 발전하면 스마트폰을 통해 누구나 언제 언디서든 작곡은 물론 투표도 하게 될 가능성이 높아질 테니까 말이죠.

우주 블랙홀들이 부르는 '3중창 음악'

>>> > >

영화 '인터스텔라'에서 주인공 우주비행사 쿠퍼는 블랙홀 가장자리 '사건의 지평선 (event horizon)' 쪽으로 빠져들어가 시공간이 얽히고설킨 5차원 영역 안에서 딸 머피의 모습을 발견합니다. 그리고 우주로 나오기 전 지구에서 쌍을 맞춰 나눠 가졌던 시계를 활용, 초침을 모스 부호처럼 움직이게 하여 정보를 알림으로써 딸이 인류를 구원할 중력 방정식을 완성하도록 돕죠.

그렇다면 모든 물질은 물론 빛마저도 빨아들인다고 하는 블랙홀 주변으로 빠져들어 갔을 때 쿠퍼는 과연 어떤 소리를 들었을까요?

미국 항공우주국 나사에 따르면 어떤 블랙홀들은 어마어마한 에너지를 가진 음파를 밖으로 내보낸다고 합니다. 지구로부터 비교적 가까운 페르세우스 은하단(페르세우스 자리와 물고기 자리에 걸쳐 있는 대은하단의 일부)에 있는 엄청난 질량을 가진 블랙홀에선 '가온 다'(피아노 건반 가운데의 '도')보다 57옥타브 낮은 음파들이 우르르 쏟아져 나오고 있다고 하네요.

2003년 나사의 찬드라 엑스레이 천문대에서 천문학자들이 최초로 포착한 그 블랙홀의 소리는 인류가 우주에서 탐지한 그 어떤 소리보다 더 깊은 저음을 내고 있다고 합니다.

 지구로부터 2억 5천만 광년 떨어진 곳에 있는 페르세우스 은하단의 가운데에 위치한 이 블랙홀로부터 수십만 광년 떨어진 곳으로 퍼져나가는 가스 속의 파문이 발견되었는데 이것이 바로 음파의 강력한 증거라고 합니다. 이 음파를 잘 연구하면 우주에서 가장 큰 구조물인 은하의 성장과정을 알아낼 수 있을 것이라고 하죠.

 이 페르세우스 은하단 블랙홀 위아래로 검은 구멍이 관측되었는데요. 이 검은 구멍들은 분출 당시의 물질들이 은하단의 가스를 뒤로 밀어내면서 생겨난 것인데, 이 검은 구멍에서 퍼져나가는 위쪽의 음파들이, 물질의 분출로 인한 은하단 가스의 가열현상, 즉 별 생성과정의 비밀을 푸는 열쇠가 될 수 있다는 것입니다. 페르세우스 은하단 블랙홀 위아래 검은 구멍들이 만들어지는 데는 초신성 1억 개 분량의 에너지가 필요한데, 이 에너지가 바로 이 블랙홀 음파를 통해 운반되기 때문이죠.

 페르세우스 은하단 블랙홀의 음파를 악보상의 음표로 표기하면 B♭('시'의 반음 아래 음)으로 나타낼 수 있다고 하는데요. 인간 가청영역 몇백만 배의, 몇십억 배 낮은 주파수대의 소리라서 그냥 맨귀로는 들을 수가 없다고 합니다. 하지만 초신성 1억 개 가량의 에너지를 안고 있기 때문에 이 블랙홀의 음파 음, 즉 B♭ 음은 25억 년 동안이나 계속해서 유지된다고 합니다. 다만 우리가 알지 못할 뿐, 페르세우스 은하단 블랙홀의 음파는 수많은 별들의 탄생 비밀을 간직한 채 '라'와 '시' 음표 사이의 소리로 지금 우리가 바라보는 밤 하늘 별들을 스쳐 지나가고 있는 것은 아닐까 하는 생각도 듭니다.

 또다른 천문학 연구팀은 나사의 '로시 엑스레이 시간 탐험 인공위성'이 수집한 자료들을 통해 우주에서 가장 작은 블랙홀일 가능성이 큰 블랙홀 'GRS 1915'와 'IGR J17091'의 소리 신호(정확하게는 X레이 무늬)를 잡아냈다고 합니다. 그 소리 신호는 심전도 신호와 비슷하여 '심장박동'이라는 별명을 갖게 되었다고 하는데요. 'IGR J17091' 블랙홀은 전갈자리 방향으로 1만 6천 광년~6500광년 걸리는 거리에 위치하는 것으로 파악되고 있고, 질량은 블랙홀이 될 수 있는 이론적 최소치인 태양 크기의 3배 미만으로 추정된다고 합니다.

 태양보다 14배 큰 'GRS 1915' 블랙홀은, 'IGR J17091' 블랙홀에 비해 5배나 커서인지 '심장박동' 소리가 20배 더 또렷한 반면, 그 소리의 주기는 1/8배 정도 느린 40초 안팎이라고 합니다. 40초마다 한 번씩 거의 빛의 속도에 가까운 가스를 분출시키며 '심장박동' 소리를 퍼뜨리고 있는 것이죠.

그러고 보면 블랙홀도 그 크기에 따라 다른 소리를 내는 셈인데요. 비교적 높은 소리를 내며 크기가 작아 '가장 작은 블랙홀 1순위'에 올라 있는 'IGR J17091' 블랙홀, 그보다 큰 'GRS 1915' 블랙홀, 그리고 위 2개의 블랙홀보다 훨씬 낮은 저음을 내는 페르세우스 은하단의 블랙홀을 보니 광활한 우주공간에서 마치 기적처럼 울려퍼지는 테너, 베이스, 바리톤 노래 소리를 듣는 듯한 느낌이 듭니다.

그렇다면 딸과의 약속, 인류를 구원할 새 별을 찾아내 반드시 지구로 돌아오겠다는 그 약속을 지키려 알 수도 없는 공간 속으로 몸을 던진 아버지, 그 아버지의 우주보다 더 큰 사랑을 품은 영화 '인터스텔라'의 블랙홀은 과연 어떠한 음악 소리를 내고 있을까요?

어쩌면 그 음악 소리는, 영화 속 아버지의 감동적인 사랑에 공명하는 우리들 가슴속 소리와 아주 많이, 많이 닮아 있는 것인지도 모릅니다.

별 사이 공간에도 '음악'이 흐른다

>>> > >

첨단 우주과학에서 비롯한 줄거리에 가족애를 잘 담아내 우리나라에서도 천만 관객을 기록한 영화 '인터스텔라'. 교육적으로도 드라마적으로도 훌륭한 영화 '인터스텔라'에 나오는 한스 짐머의 유려한 배경음악은 신비로운 우주의 모습만큼이나 우리의 귀를 사로잡는데요. 그렇다면 영화가 아닌 진짜 말 그대로의 인터스텔라- '별 사이의 공간'에서도 '음악'이 울려퍼진다는 걸 알고 계셨나요?

미국 아이오와대학 물리학 교수인 돈 거네트에 따르면, 별 사이 공간에서는 이온화된 가스인 '플라즈마' 속 전자들의 파장이 수백~수천 헤르츠 사이의 소리 주파수를 발생시킨다고 합니다. 미국 우주항공국 나사가 1977년 발사한 최초의 항성간 탐사 우주선 보이저 1호가 전송한 데이터들을 분석한 결과인데요. 보이저 1호가 별 사이의 공간을 통과하면서 '듣고' 수집한 '음악'의 음정과 주파수를 통해 별 사이 공간에 차 있는 가스의 농도를 알 수 있다고 합니다.

별들은 태양풍이 퍼뜨린 거대한 거품 같은 자력에 둘러싸여 영향을 받고 있는데, 이 자력 속을 통과할 때는 300Hz의 소리가 나고, 이 자력을 벗어났을 때는 가스의 농도가 짙어지면서 2000~3000Hz의 소리가 난다고 합니다. 이 음악 소리들은 2012년 10월~12월과 2013년 4월~5월 태양의 폭발 활동이 있었을 때 울려퍼졌다고 합니다.

태양의 자기장이 분출하면 뜨거운 자기구름(CMEs: Coronal Mass Ejections)이 태양풍에 의해 별 사이의 공간으로 폭풍처럼 퍼져나가는데, 이 자기구름이 플라즈마 속을 통과할 때 기타를 치는 손가락처럼 가스를 진동시켜 소리가 난다는 것이죠. 거네트 교수는 이 음악 소리가 태양풍에 의한 것뿐 아니라 태양계 바깥의 충격파들에 의해서도 발생할 수 있을 거라 추측하고 있다고 합니다.

별 사이의 공간뿐만 아니라 별들 역시 음악 소리를 내고 있는데요. 이러한 별들의 진동으로 인한 소리를 연구하는 '항성 진동전파학'이라는 학문도 있습니다. 항성 진동전파학에 따르면 별(항성)들은 고유의 진동을 가지고 있어서 그 진동에 따라 특유의 소리를 내는데, 별의 나이, 크기, 화학적 원소 구성에 따라 그 소리가 다르다고 합니다. 프랑스 연구팀이 코로 우주망원경을 통해 수집한 'HD49933 항성'의 소리들에 대한 연구가 과학저널 '사이언스'에 실리기도 했죠.

별의 표면이 흔들릴 때 발산하는 미묘한 빛의 변화 신호들을 우리가 들을 수 있는 소리로 바꿔 별 내부의 상황을 가늠할 수도 있다고 하네요. 지구의 지진파를 통해 지구 내부의 상황을 판단하는 것과 마찬가지로 말이죠. 과학저널 '네이처'에 따르면 별이 내는 소리 속의 '쉬익' 하는 소음(히스 노이즈。Hiss noise。자기 테이프에 녹음된 소리 중 고음역대에 발생하는 '쏴' 하는 잡음)의 양을 분석하면 별의 표면에 작용하는 중력과 별의 진화 정도를 판단할 수 있다고 합니다. 느리게 회전하는 별들의 소리는 음조의 변화가 적고, 거대한 별들일수록 '쉬익' 하는 소리를 내는 히스 노이즈가 많다는 것이죠.

별들이 내는 이러한 소리들을 이용해 음악을 만드는 사람들도 있는데요. 미국 뉴저지의 레게록 그룹 '에코 무브먼트(Echo Movement)'는 케플러 망원경으로 발견한 두 개의 별, 즉 '케플러 4665989'와 '케플러 10291683'이 내는 원음 데이터를 그대로 사용하여 노래를 만들었습니다. '케플러 4665989'의 원음 데이터를 음향 컴퓨터 소프트웨어에 넣어 음정을 만들고 '케플러 10291683'이 내는 떨리는 음들을 자연음 그대로 넣어 선율을 뽑아냈다고 합니다.

2012년 7월 '에코 무브먼트'가 새 앨범을 내면서 진행한 콘서트에는 미 항공우주국 나사와 관련된 다수의 과학자들도 참석했다고 하는데요. 과학을 좋아하는 음악인들과 음악을 사랑하는 과학자들의 아주 특별한 만남 속에서 서로 다른 분야에 대한 이해와 소통의 우주가 새롭게 생성되지 않았을까 하는 생각이 드네요.

대통령들의 악기와
'음악과학 신화'

>>> > >

몇년 전 전직 대통령 한 분이 전북창조경제혁신센터를 방문하여 탄소 섬유 소재의 기타를 연주하는 모습이 여러 매체를 통해 보도된 적이 있었습니다. 윤기나는 까만색 몸체를 가진 탄소 기타의 도드라진 하얀색 6개 줄을 코드에 맞춰 잡고 자연스럽게 손가락을 튕기던 그 대통령의 모습이 꽤 인상적이었는데요. 그 대통령은 고교시절인 1960년대 말 야외에서 기타를 치고 있는 모습을 보여주기도 했고 또 "기타를 치는 것이 행복했다"고 회고하기도 했죠.

전북창조경제혁신센터에서 그 대통령은 자신의 연주 실력을 보여주려 기타를 친 것이라기보다 탄소 소재의 기타를 만들어낸 과학기술의 경제적 효과를 강조해서 자신의 정책 방향을 보여주려 한 것이었을 텐데요. 실제로 탄소 기타의 소재인 탄소 섬유는 철과 비교해 볼 때 무게는 4분의 1에 지나지 않지만 강도는 10배, 탄성은 7배에 달하며 잘 녹슬지 않고 열에도 강해 철을 대신할 수 있는 꿈의 소재라고 합니다. 그래서 항공기, 미사일, 자동차, 새시, 건축용 빔, 교량, 선박, 골프채, 테니스 라켓 소재로도 쓰이며 최근에는 인공장기 소재로도 활용하는 방법이 연구되고 있다고 하죠.

그 대통령은 여러 가지 탄소 소재 제품 중에서도 대중적으로 인기가 많은 악기인 기타를 연주하는 모습을 보여줌으로써 더 효과적으로 자신의 경제 정책을 홍보한 것입니다.

한편, 2002년 대통령 선거 때에는 노무현 전 대통령이 기타를 치며 '상록수'를 부르는 유세 광고를 방송에 내보내기도 했었죠. 미국의 빌 클린턴 전 대통령은 TV 프로그램에 출연하여 능숙한 색소폰 솜씨를 뽐내며 음악을 좋아하는 유권자들의 마음을 움직이기도 하였습니다. 사실 이렇게 악기가 국가적 차원이나 정치적 차원에서 활용된 것은 역사적으로 꽤 오랜 유래를 가지고 있습니다. 거의 인류의 문명과 뿌리를 같이하고 있는 것이죠. 인간 삶의 원형이라고 여겨지는 신화를 보면 그 사실을 잘 알 수가 있습니다.

그리스 신화에서 제우스와 므네모시네 사이에서 태어난 9명의 뮤즈 여신들인 칼리오페, 에우테르페, 테르프시코레, 에라토, 메르포메네, 타레이아, 폴림니아, 우라니아는 리라, 플루트 등의 악기를 연주하고 춤과 노래를 부르면서 책과 글, 천문, 시, 희극, 비극 등을 담당합니다. 또 지혜의 여신 아테네는 플루트를, 전령(傳令)의 신 헤르메스는 리라와 목동의 피리를 만들었다고 하죠.

인도 힌두신화에서는 창조의 신 브라흐마가 언어를 창조한 말과 학문과 예술의 여신 아내 사라스와띠를 보며 음악을 만들었다고 하죠. 사라스와띠 여신은 네 개의 팔로 현악기인 비나를 연주합니다.

중국 고대 전설 속의 제왕 또는 신으로 3황 5제 중 최고의 제왕으로 꼽히는 복희씨는 비파(琴)를 만들어 사냥이나 먹을 것을 채취할 때 이 비파를 타며 노래를 부르도록 하게 했다고 하죠.

우리나라 단군신화에서도 마찬가지입니다. 삼국유사에서 단군의 아버지 환웅이 천제 환인으로부터 받아 지니고 내려왔다는 3개의 천부인은 동북아시아 샤머니즘과의 관련성을 살펴보고, 현재의 무속도구나 고고학적 유물과 비교해볼 때 청동검, 청동거울, 청동방울 세 가지로 추측된다고 하는데요. 여기서 청동방울이 당연히 악기 역할을 한 것이겠죠.

이스라엘 히브루대학교 유발 하라리 역사학과 교수의 저서 「사피엔스」에 따르면 인류가 수렵채취 시기를 지나 정착생활을 하며 농업혁명을 이룬 뒤, 급속하게 늘어난 인구를 통제하는 강력한 수단의 하나로 신화를 만들어냈다고 하는데요. 이처럼 신화라고 하는 것이 현생 인류 초기에 있어 일종의 이데올로기로 작용하여, 의식주의 생산 방법 등을 전승하고 나름의 윤리와 도덕과 법률의 역할을 수행하며 집단을 꾸리고 유지하는 중차대한 역할을 수행했다고 할 때, 거기에 빠짐없이 악기가 등장한다는 것은 그만큼 악기가 인류에게 있어 중요한 의미를 가졌다고 볼 수 있는 것입니다.

자연의 소리와는 구별되게 조화스러우면서도 신비한 소리를 내고 사람들로 하여금 경외감을 느끼게 하여 제의와 통치 행위에 두루 쓰인, 한마디로 당시의 악기가 가진 지위는 지금의 과학기술이 가진 지위에 비견될 만한 것이라 볼 수 있는 것이죠.

실제로 3만여 년 전 호모 사피엔스가 동물의 뼈 등을 이용해 만든 피리는, 그들이 오랜 시간 공기와 소리의 관계를 관찰하고 구멍을 뚫어보는 등의 실험을 통해 얻어낸 당대 최고의 과학지식이 녹아 있는 것이라고 할 수 있습니다. 작은 구멍은 높은 소리를, 큰 구멍은 낮은 소리를 낸다는 원시 공기역학과 음향학이 호모 사피엔스의 피리에 적용되어 있는 것이죠.

또 위의 그리스, 중국, 인도의 신화에 나오는 리라, 비파, 비나 등 현악기는, 줄의 길이에 따라 소리가 높거나 낮게 난다는 물리학적 사실을 발견한 고대인들이, 줄을 일정한 비율에 따라 짧게 혹은 길게 악기 몸통에 묶어 들어보는 청음 실험을 통해 획득한, 그 시대에 있어 가장 첨단의 과학지식을 적용해 만든 악기들인 것입니다.

근대과학이 금속을 비롯한 여러 가지 물질들을 녹이고 실험적으로 섞어 금을 만들어내려 한 연금술(alchemy。 화학(chemistry)의 어원이 됨)에서 크게 영향받아 발전한 '실험 중심'의 과학이라고 한다면, 근대 이전의 과학은 하늘 위 별들의 움직임 등을 관찰하여 농경에 도움이 되는 법칙을 발견해낸 '관찰 중심'의 과학이라고 할 수 있습니다. 그런데 특이하게도 이 근대 이전의 '악기 과학'은 뼈에 구멍을 뚫어 보거나, 줄을 길이를 다르게 하여 묶고 튕겨보는 등, 관찰을 넘어 능동적으로 물질을 조작하는 '실험' 행위를 통해 얻은 물리과학 지식을 활용하여 악기를 만들었다는 점에서 과학사적으로도 과학철학적으로도 커다란 의미를 가지는 것입니다. 이렇게 악기를 만들어내는 당대 최고의 과학지식을 신화화하여 사회와 국가의 이데올로기로 활용하는 전통은 그 뒤로도 계속해서 이어집니다.

신라 신문왕 때 바다의 용이 된 아버지 문무왕과 하늘의 신이 된 김유신이 동해의 거북 머리처럼 생긴 신기한 섬에 보낸 대나무를 베어 피리를 만들어 부니 적들이 물러가고 바다가 잠잠해지며 나라가 평안해졌다는 '만파식적(萬波息笛。 모든 격랑을 잠재우는 피리)' 설화가 바로 그것입니다.

또 높이 3.4m, 두께 2.4cm에 무게가 19톤이나 나가는 거대한 성덕대왕 신종을 만들 때 아기를 집어넣었다고 하는 '에밀레종(성덕대왕 신종의 다른 이름) 설화' 또한 마찬 가지입니다. 이 엄청나게 큰 에밀레종 역시 당대 최고의 과학기술인 주물기술, 즉 금속을 녹이고 틀에 부어 형태를 만들어내는 기술이 쓰였습니다. 또 종에서 진동이 다른 두 개의 소리가 나게 하는 맥놀이 현상이 발생하도록 해 소리가 오랜 여운과 함께 수 킬로미터 밖까지 퍼져 나가게 하는 그 당시 최고의 음향 과학지식이 사용되었습니다. 한마디로 신라라는 한 국가의 과학기술 역량이, 악기의 의미를 넘어선 악기로서의 종을 만드는 데 총동원되었던 것이죠.

1730년대에 만들어진 200여 톤 무게의 러시아 '차르 대종' 또한 마찬가지입니다. 여자 황제였던 러시아 안나 대제의 지시에 따라 만들어진 이 대종은 여자 황제와 아들, 천사와 러시아 정교회 성인들의 모습이 화려한 무늬로 장식되어 있는데요. 태평성대와 부국강병을 기원하는 뜻을 담아 만들어졌다고 합니다.

1750년대에 만들어진, 세계적으로 가장 유명한 종 중의 하나인 미국 필라델피아 '자유의 종'은, 미국이 대영제국으로부터 얻어낸 독립을 기념해 제조한 것으로서, 말 그대로 '자유'라는 미국의 건국이념을 상징하는 것이죠.

이처럼 소리를 내는 '악기'가 정치적·사회적 의미로서 사용되어온 역사를 통해 볼 때, 그 대통령이 첨단 과학기술의 산물인 탄소 기타를 직접 연주하는 모습을 보여주며 일종의 홍보 행위를 한 것은 어쩌고 보면 너무나 당연한 일인 것입니다. 현재에도 음악은 국가와 군가, 각종 국가행사의 행사곡, 그리고 여러 선거의 캠페인송 등으로 활용되며 사람의 이목을 집중시키는 특유의 능력을 통해 국가적 차원의 역할을 곳곳에서 행하고 있으니까요.

하지만 음악과 악기는 그러한 국가적·정치적 역할 말고도 다른 중요한 기능을 당연히 가지고 있습니다. 치유의 기능이 바로 그것이죠. 음악은 뇌의 줄무늬체(striatum。 기저핵에서 주로 정보를 받아들이는 영역)에서 마약 성분인 메타 암페타민을 방불케 하는 호르몬인 도파민을 분비시켜 고통을 완화시키며 높은 수준의 면역항체인 이뮤노글로빈A의 생성을 촉진시킵니다. 트로트면 트로트, 발라드면 발라드, 댄스곡이면 댄스곡, 사람들은 나름대로 자기가 좋아하는 음악을 들으면서 기쁨과 즐거움을 얻는 등의 치유 효과를 보는 것이죠.

몸이나 마음이 불편한 사람들 또한 음악을 통해 심신의 건강이 개선되기도 합니다. 광장공포증을 가진 대학생이 리듬, 템포, 선율, 가사를 즉흥적으로 만들고 지어내는 과정을 통해 광장공포증의 원인이 무엇인지를 인식하여 자신의 증상을 극복해내기도 하고, 전쟁터에 다녀온 뒤 정신적 트라우마에 시달리던 군인이 어렵사리 마음을 먹고 밴드 활동을 하게 되면서 "음악이 없었다면 난 말 그대로 죽었거나 노숙생활을 면치못 했을 거야"라며 "음악이 내 인생을 구했다"고 말하게 만들어주기도 합니다.

백혈병으로 고통받는 환자들은 파헬벨의 '라장조 캐논'과 바흐의 '브란덴부르크 협주곡', 'G선상의 아리아', 헨델의 '수상 음악', 드뷔시의 '바다', '월광'을 듣거나 연주하며 고통을 줄이고 마음의 평안을 얻기도 합니다. 언어를 익히지 못하고 비명 이외에는 소리를 내지 못하며 밤이나 낮이나 편히 잠자지 못하고 벽으로 걸어가거나 손을 사용해 문고리를 잡지도 못하는 등, 전반적 발달장애와 운동계획 장애를 지닌 자폐증 아이의 증세를 호전시켜 악기를 연주하게 만들기도 하죠.

특히 기타는 '국민 악기' 피아노와는 또다른 차원에서 위와 같은 치유의 기능을 담당하고 있습니다. 우선 기타는 피아노처럼 멜로디와 화성 연주 능력을 갖춘 것은 물론 뛰어난 리듬 생성 능력을 가지고 있습니다. 록, 포크, 컨트리, 펑크의 리듬에서 기타는 결코 빼놓을 수 없는 필수 요소이죠. 특히 스페인 음악이나 보사노바의 리듬에서 기타를 빼놓는 건 상상할 수 없는 일입니다. 피아노보다 더 뛰어난 탁월한 리듬 창조 능력으로 기타는 음악치료에서 아주 중요한 역할을 담당하고 있는 것이죠.

이런 다양한 리듬 생성 능력을 통해 음악치료를 받는 사람들은 뇌에 다양한 자극을 받아 여러 면에서 건강이 호전됩니다. 게다가 음악치료를 받는 사람들, 특히 어린이들은 자기와 비슷한 크기의 기타 사이즈에서 친밀감과 신뢰감을 느껴 더 좋은 치료 효과를 보기도 한답니다. 언제나 눈 높이에서 자기를 바라봐주고 언제 어디든 동행할 수 있으며 어두운 밤 친한 친구처럼 침대 머리맡에 두고 잠들 수도 있기 때문이죠.

또 조율사의 전문적인 조율을 필요로 하는 피아노와 달리 기타는 자기가 마음먹은 대로 변칙적 조율을 할 수가 있습니다. 보통 6번 줄은 미, 5번 줄은 라, 4번 줄은 레, 3번 줄은 솔, 2번 줄은 시, 1번 줄은 미, 이렇게 조율을 하지만 어떤 사람들은 손가락으로 프렛을 짚지 않고 그냥 줄만 튕겨 맑고 깨끗한 소리를 내는 개방현의 장점을 살리기 위해 자기만의 방법으로 조율을 해서 기타 연주와 작곡을 하기도 합니다.

우리나라에서도 '어지 포 고잉', '더 서클게임' 등의 노래로 잘 알려진 캐나다 출신의 포크록 가수 조니 미첼(Joni Mitchell)이 바로 그런 사례 중의 하나인데요. 특유의 기타 조율법을 기반으로 독특한 멜로디와 코드를 진행해, 곡을 만든 자기 자신은 물론 듣는 사람들 역시 그 아름다운 음악을 통해 치유의 경험을 얻게 됩니다. 노래와 소리 자체가 주는 진동에 공명하여 커다란 미적 쾌감을 만끽하게 되는 것이죠.

위에서 살펴본 것처럼 기타 등 여러 종류의 악기를 통해 만들어지는 음악들은 사회, 국가 차원 뿐만 아니라 개인 차원에서도 중요한 의미를 가지는 것이라고 볼 수 있는데요. 그렇다면 앞으로 어떤 정치 지도자들이 어떤 과학기술이 적용된 어떤 악기에 대해, 어떤 관심을 보여 국가를 평안하게 하고 시민사회와 그 안의 개개인들을 행복하게 만들려 노력할까요? 앞으로 우리나라 대통령들의 새로운 '악기 신화'들이 어떻게 쓰이게 될지 상당히 궁금해집니다.

대통령의 노래 취향, 정치색과 얼마나 닮았을까

>>> > >

문화가 달라서일까요? 우리나라와는 다르게 미국에서는 대통령이 아주 사적인 부분에 속하는 자신의 음악 취향까지 국민들에게 밝히곤 하는데요. 오바마 대통령의 경우 대중문화 전문지 '롤링스톤'과의 인터뷰에서 스티비 원더, 존 콜트레인, 밥 딜런, 마일즈 데이비스 같은 거장들의 음악은 물론 몇몇 래퍼들의 것까지 포함해 자신의 아이팟에 2000여 곡의 음악이 들어 있다고 밝히기도 했습니다.

오바마 대통령이 대중문화 매체의 인터뷰에까지 응하며 국민과 소통하는 모습을 보고 있노라면, 몬드리안의 구성을 이용하여 국민들에게 예산을 알기 쉽고 투명하게 설명하는 오바마 행정부의 정책이 결코 우연하게 나온 것이 아니라는 생각이 드는데요. 오바마는 2012년 1월 뉴욕에서 가진 대선자금 모금 행사에서 소울 가수 엘 그린(Al Green)의 '렛츠 스테이 투게더(Let's stay together)'의 한 소절을 멋지게 불러 청중들의 열광적인 반응을 불러일으키기도 했죠.

같은 해 2월 백악관에서 있었던 공연에서는 블루스 음악의 전설 버디 가이(Buddy Guy)와 비비 킹(B.B. King), 믹 재거(Mick Jagger) 등과 함께 어울려 자신의 정치적 고향 시카고가 노래 제목에 들어간 '스윗 홈 시카고(Sweet home Chicago)'를 열창하기도 했습니다.

　미국 백악관 홈페이지 브리핑룸 항목에는 아예 '음악과 예술 공연' 코너가 따로 있어 백악관에서 열리는 문화예술 공연을 보여주고 있는데요. 정치인으로서 선거 캠페인이나 대중 친화적 이미지 향상을 위해 음악을 이용하는 것이야 우리나라 역시 마찬가지입니다만, 미국에서는 대통령이 좀 더 빈번하게 음악인들과 만나 자연스럽고 친근하게 음악을 즐기는 모습을 보여주는 것 같습니다. 대통령의 이러한 '음악 친화적' 활동은 음악을 좋아하는 국민들에게 친근감을 주는 한편, 그 음악에 대한 국민들의 관심을 불러일으키기 때문에 음악인들의 입장에서도 또 음반산업 차원에서 살펴봐도 여러 가지 면에서 '땡큐'인 것이죠.
　공화당 측 대통령이었던 부시도 좋아하는 노래들을 밝혔는데요. 워싱턴타임즈에 따르면 아들 부시 대통령은 2005년 자기 아이팟에 250곡의 노래가 있다고 얘기하며 조지 존스, 앨런 잭슨 같은 컨트리 가수들을 좋아한다고 말했다고 합니다. 즐겨 듣는 음악으로는 우리나라에도 잘 알려진 더 낵(The Knack)의 '마이 샤로나(My sharona)', 존 포저티(John Fogerty)의 '센터필드(Center field)', 밴 모리슨(Van morrison)의 '브라운 아이드 걸(Brown eyed girl)'과 같은 노래들을 꼽았다고 하네요. 아들 부시는 존 하이야트(John Hiatt)의 '서클 백(Circle back)'과 같은 빠른 템포의 로큰롤 음악도 좋아했는데, 2004년 대선 선거운동을 하면서 도넛을 너무 많이 먹어서 찐 살을 빼려 자전거를 타는 동안 듣기 위해서였다고 합니다. 재미난 점은 아들 부시가 좋아한 노래들 중에는 그를 싫어한 뮤지션들의 곡들도 포함돼 있다는 것입니다. 위에서 언급한 아들 부시의 애청곡 '센터필드'를 부른 존 포저티의 경우 "변화를 위해 투표하자"고 외치며 부시에 반대하는 전국 콘서트를 다녔으니까요.
　음악을 좋아한 것은 물론 그것을 정치적으로도 아주 잘 활용한 미국 대통령으로 빌 클린턴을 빼놓을 수 없는데요. 잘 알려져 있다시피 그는 멋진 색소폰 연주 실력을 가지고 있었죠. 1992년 대선 기간 유명한 미국의 방송 토크쇼인 '아르세니오 홀 쇼'에 출연하여 엘비스 프레슬리의 '하트 브레이크 호텔(Heartbreak Hotel)'을 프로 연주자 못지않게 연주하여 유권자들, 특히 젊은층에게 엄청난 반향을 불러일으켰습니다. 고교 시절 재즈 트리오에서 활동하며 색소폰 연주에 자신이 붙여 존 콜트레인 같은 대가가 되어볼까 생각까지 했다는 그답게 훌륭한 연주였죠. 클린턴은 음악인들과의 친분도 두터워서 1993년 그를 위한 MTV '로큰롤 인오규럴 볼(Rock and Roll Inaugural Ball)'에서는 1990년대 최고 뮤지션들이었던 U2, R.E.M 등이 참여했고, 나중에 그의 이름을 딴 재단이 창립 10돌을 맞이했을 때엔 U2의 보노, 레이디 가가, 어셔 등 내로라하는 음악인들이 공연에 참석했다고 합니다. 그는 조안 바에즈의 '윈즈 오브 디 올드 데이즈(Winds of the old days)', 엘튼 존의 '필라델피아 프리덤(Philadelphia Freedom)', 사이먼 앤 가펑클의 '브릿지 오버 트러블드 워터(Bridge Over Troubled Water)' 등의 노래를 좋아했는데요. 그의 애호곡 중 플리트우드 맥의 '돈 스톱(don't stop)'은 대선 캠페인 주제가로 쓰이기도 했죠. 밴 모리슨의 '브라운 아이드 걸'도 좋아했는데, 묘하게도 이 노래는 그가 속한 민주당과 앙숙인 공화당 출신 아들 부시 대통령의 애호곡이기도 합니다.

클린턴은 대통령 임기 중에도 백악관 행사 때 재즈 연주를 즐겨 퇴임 뒤 '재즈 올스타 갈라쇼'에서 평생 재즈에 공헌한 사람들에게 주는 명예 공로상을 수상하기도 했습니다. 클린턴은 한국에서도 음악과 관련된 일화를 남겼는데요. 그는 한국을 방문하여 김영삼 대통령과 만났던 1993년 청와대 영빈관에 머물며 수영을 즐길 때 자신이 좋아하는 엘비스 프레슬리, 재즈 등의 음악이 흘러나왔다며, 비록 북핵문제로 갈등을 빚기는 했지만 한·미 동맹이 소중하다는 것을 다시금 느꼈으며 그것을 유지해야겠다는 다짐을 하며 한국을 떠나왔다고 자서전 '나의 인생'에 기록하기도 했습니다.

그밖의 미국 대통령들 중 아버지 부시 대통령은 컨트리 음악을 즐겼다고 하구요. 카터 대통령은 밥 딜런을 좋아했다고 하네요. 레이건 대통령은 프랭크 시나트라의 '낸시(Nancy)'를, 존 F.케네디 대통령은 영국의 민요 '그린 슬리브스(Greensleeves)'를 좋아했다고 합니다. 트루먼과 닉슨 대통령은 피아노를 수준급으로 아주 잘 쳤다고 하죠.

우리나라 대통령들의 애호곡들도 조금이나마 알려져 있는데요. 이승만 대통령은 '희망가', '타향살이'를 즐겼다고 합니다. 윤보선 대통령은 '유정천리'를 가끔 불렀다고 하구요. 박정희 대통령은 자신이 직접 작사한 '새마을 노래'와 '잘 살아보세' 등을 자주 노래했다고 합니다. 당시 금지곡이었던 이미자의 '동백아가씨'를 좋아했다는 얘기도 전해지죠. 최규하 대통령은 '비내리는 고모령'과 '울고 넘는 박달재', 전두환 대통령은 '방랑시인 김삿갓', '38선의 봄', 노태우 대통령은 '베사메 무초', 김영삼 대통령은 가곡 '매기의 추억'과 '아침이슬', '한계령', '아름다운 것들' 등 가수 양희은의 노래 대부분을 좋아했고 최신가요도 애청했다고 합니다. 김대중 대통령은 '목포의 눈물', '선구자', 노무현 대통령은 '상록수', '임을 위한 행진곡', '부산 갈매기', '작은 연인들', 이명박 대통령은 '만남', '사랑이여'를 즐겨 들었다고 하죠.

박근혜 대통령은 솔리드의 '천생연분'과 거북이의 '빙고' 등 비교적 최근의 노래들을 부르기도 한 것으로 알려졌는데요. 정치적 소통은 물론 사회·문화적 소통의 의미에서 전·현직 대통령들, 아니 앞으로의 대통령들도 자신이 좋아하는 노래들을 알려 국민들과 함께 즐겨보는 건 어떨까 하는 생각도 한 번 해봅니다.

15

ISSUE°

음치라도 가수, 아니 래퍼가
충분히 될 수 있는 이유

≫ > >

음치에 대한 과학적 연구는 뜻밖에도 상당히 오래 전부터 시작되었습니다. 1878년 캐나다 출신의 진화론적 과학 저술가이자 소설가였던 그랜트 앨런은 어린 시절부터 제대로 된 음악교육을 받았고 신경학적 질병도 없었지만 지독하게 음치였던 30살 남성에 대해 연구했습니다. 그는 이를테면 도와 레처럼 연속으로 이어지는 음을 구분하지 못했고 비슷한 멜로디를 구별하기는커녕 곡조를 따라 부르지도 못 했다고 합니다. 그로부터 100여 년 뒤인 1984년에는 미국의 행태신경학자 노먼 거쉰이 3개 국어를 능숙하게 구사하며 집에서 음악을 자주 접하고 피아노 레슨을 받았음에도 불구하고, 연속되는 두 개 음의 차이를 구분하지 못했던 사람의 비슷한 사례를 연구했습니다.

하버드 의대 사이키 루이 박사는 음치가 뇌의 인지 영역과 운동 영역을 연결하는 신경섬유가 단절되거나 뇌의 특정 회로 이상으로 말미암아 발생하는 현상이라고 밝혔는데요. 근래의 조사에 따르면 음치 현상은 지구 인구의 최소 10%에서 나타나는 것으로 추정된다고 합니다.

더 자세하게 들어가서 최근 자기공명영상(MRI)의 최신 기법으로 대뇌피질 신경다발의 연결상황을 시각화하는 DTI(Diffusion Tensor Imaging。 두뇌 속 신경계의 연결을 볼 수 있도록 해주는 기술) 연구를 살펴보면, 뇌 오른쪽 측두엽과 전두엽 영역 속에는 말의 이해를 담당하는 베르니케 영역(Wernicke's area)과 말의 표현을 담당하는 브로카 영역(Broca's area)을 연결하는 '신경 고속도로'인 궁형속(arcuate fasciculus)
이 있다고 합니다. 음치의 경우 일반인에 비해 이 '궁형속'의 크기가 작거나 신경섬유
의 숫자가 적으며 특히 음치들의 오른쪽 뇌 반구에서 이 '궁형속'의 커다란 줄기가 발
견되지 않았다고 하네요.

　그러나 여기서 흥미로운 사실은 음치라고 불리는 사람들이 위에서처럼 신경회로의
문제를 가지고 있음에도 불구하고 문장의 억양이나 운율을 지각하는 데에는 그다지
커다란 어려움을 겪지 않는다는 사실입니다. 단도직입적으로 말해서 가수까지는 아
니더라도 노력 여하에 따라 음치가 래퍼가 되는 것은 충분히 가능한 일이라 여겨집니
다. 실제로 스스로 음치라고 대놓고 말하며 래퍼로 활동한 사람들이 있는데요. 2008
년 '이별후애'라는 노래를 발표한 래퍼 '원써겐'(본명 박진우)이나 2014년 올해 '견딜
만해'라는 곡을 내놓은 '매드 클라운'(본명 조동림)이 바로 그들이죠.
　미국 디트로이트 태생의 래퍼 션 포브스의 경우 어렸을 적 알 수 없는 원인으로 인해
청각의 90%를 잃고도 에미넴을 발굴해낸 음반 레이블과 계약을 맺고 활동을 시작했
는데요. 청각장애로 인해 높은 음을 들을 수 없고 복잡한 코드를 사용한 노래를 할 수
없었지만 리듬 위주로 기타를 익히면서 그 능력을 토대로 힙합 뮤지션이 되었다고 합
니다. 이가 없으면 잇몸으로, 음치라면 비트로, 가수가 아니라면 래퍼로, 뮤지션의 꿈
을 이룰 수도 있는 것이죠.

랩은 음악적 말하기일까,
말로 하는 음악일까

»» › ›

"우리 집에는
매일 나 홀로 있었지
아버지는 택시드라이버
어디냐고 여쭤보면 항상
"양화대교"
아침이면 머리맡에 놓인
별사탕에 라면땅에
새벽마다 퇴근하신 아버지
주머니를 기다리던
어린 날의 나를 기억하네

엄마 아빠 두 누나
나는 막둥이, 귀염둥이
그날의 나를 기억하네
기억하네
행복하자
우리 행복하자
아프지 말고 아프지 말고
행복하자 행복하자
아프지 말고 그래 그래"

-자이언티 '양화대교' 중에서

말하기와 노래 부르기에서 음높이를 사용하는 일은 매우 근본적인 유사성을 가지고 있습니다. 랩 음악을 할 때처럼 어떤 특별한 조건 아래에서는 뱉어진 말이 노래처럼 들리기도 해서 굉장히 헷갈리는 경우가 많죠. 하지만 조금 더 치밀하게 살펴보면 말하기와 노래 부르기 사이에는 상당히 중대한 차이점이 있습니다.

말하기와 노래 부르기가 확연히 다른 이유는 선율을 따라 노래할 때 음정의 변화가, 말하기를 할 때의 음정 변화보다 훨씬 더 또렷하게 지속되기 때문입니다. 다양한 문화권 안에서 발전되어온 노래는 한 옥타브 안에서 5개나 7개의 음의 세트에서 선택한 음들을 뽑아서 만들어집니다. 궁, 상, 각, 치, 우의 중국 5음계나 도, 레, 미, 파, 솔, 라, 시의 서양 장음계처럼 온음과 반음이 특정한 간격으로 이뤄진 음계를 쓰는 것이지요. 말하기의 억양에는 이런 것들이 없습니다. 말하기에는 또 음악에서처럼 다장조, 가단조 등등의 조(Key)와 C메이저, A마이너 등등의 화성 코드 같은 음악적 위계나 구성이 없습니다. 한마디로, 말하기에는 노래에서처럼 조성(tonality。調性)이 존재하지 않는 것이죠.

캐나다 '몬트리올 신경과학연구소'의 로버트 자토레 박사는 2012년 과학저널 '플로스 바이오로지'에 단순한 말하기로 발성된 문장의 주파수와 노래로 불려진 문장의 주파수를 실험한 연구 결과를 발표했는데요. 자토레 박사는 말하기와 노래하기의 음성에 인위적인 조작을 가했습니다. 말하기와 노래하기 음성을 50% 압축시켜서 각각의 주파수들의 변화를 살펴보고, 또 말하기와 노래하기 음성을 50% 부풀린 뒤 다시 각각의 주파수들의 변화를 살펴보았습니다.

그랬더니 말하기 음성과 말하기 음성을 왜곡시킨 음성의 주파수는 서로 큰 차이를 나타내지 않은 반면, 노래하기 음성과 노래하기 음성을 왜곡시킨 음성의 주파수는 차이가 상대적으로 많이 나는 것을 발견했습니다. 노래하기의 경우 선율의 변화가 다양하기 때문에 조금이라도 왜곡이 가해지면 그만큼 원래 주파수의 곡선과 차이가 확연해지는 것이죠.

말하기에 비해 노래하기는 만들거나 지각하는 과정에서 훨씬 더 많이 음높이의 정확성이 필요합니다. 서양의 음계나 성조를 비롯한 세상의 많은 음악체계에서 특정하게 고정된 음들 사이의 주파수 간격은 필수적으로 지켜져야 합니다. 이 음들 사이의 주파수 간격 시스템에서 아주 조금이라도 일탈이 생기면 듣는 사람들은 그것을 실수라고 여기게 되죠. 흔히들 "음정이 안 맞는다", "음정이 불안하다"고 하는 경우가 바로 이러한 경우인 것이죠.

반면에 말하기 억양에서는 단지 아주 느슨한 음 사이의 주파수 관계만이 필요합니다. 노래하기에서 인식되는 음 실수는 금방 들켜버리고 말지만 똑같은 크기의 음 실수는 말하기 억양에서 거의 문제가 되지 않습니다. 행태학적 연구를 살펴보면 문장이 애매하거나 신호와 소음이 음성 신호를 방해할 정도의 비율로 들리지 않는 한, 말하기로 발성된 문장에서 모든 원천적인 주파수 억양을 제거해도 이해하는 데 아무런 영향이 없다고 합니다.

위의 자이언티 노래 가사 중에서 "행~복하~자~" 하는 부분을 "행.복.하.자."처럼 ARS(자동응답시스템) 상에서 스타카토의 끊어 읽는 소리로 들어도 뜻을 알아차리는 데 아무런 문제가 없듯이 말입니다. 그렇다면 말하기와 노래하기의 접경지대를 오가며 자유롭게 때론 과격하게 속사포 같은 문장들을 쏟아내며 리듬과 멜로디 위를 윈드서핑하는 랩은 과연 말하기와 노래하기 둘 중 어느 쪽에 더 가까운 것일까요?

색소폰과 피아노, 베이스를 연주하는 음악인이자 피바디 음악학교 단원으로 활약하며 존스홉킨스 대학병원에서 이비인후과와 머리·목 외과 담당 부교수로 재직하고 있는 찰스 림브는 재즈 뮤지션과 힙합 래퍼들을 대상으로 음악이 뇌에 미치는 영향을 연구해왔는데요. 그는 수년간 프리스타일 래퍼들과 재즈 뮤지션들의 즉흥 연주 당시 뇌를 fMRI(기능성 자기공명영상) 장비로 촬영하여 데이터를 쌓아왔다고 합니다. 미국 매사추세츠 브루클린에 있는 유명한 예술극장인 쿨리지코너 극장에서 여는 '영화 속의 과학(Science on Screen)' 시리즈에 연사로 나와 미국의 대표적 래퍼인 에미넴 주연의 영화 '8마일'에 대해 발표를 하기도 했죠.

그의 연구에 따르자면 즉흥 재즈 연주나 즉흥 프리스타일 랩을 하는 음악인들의 뇌 영상을 살펴본 결과 감정이나 행동의 억제를 담당하는 뇌 부분인 전전두엽보다는 자기 개인적인 삶과 관련된 생각과 기억을 담당하는 내측 전두엽 부분이 상당히 활성화되었다고 합니다.

그중에서 특히 프리스타일 래퍼들의 뇌 영상 사진을 분석해 보았더니 그들이 프리스타일 랩을 하는 동안 뇌 속의 언어중추가 음악적 뇌를 관장하는 부분보다 더 활성화되었다고 하는군요.

프리스타일 랩의 운율 속에서 문자의 문법보다는 독특한 어휘를 짜내어 의미를 부각시키기 위해 뇌 언어중추가 활성화된 것으로 보인다고 밝혔는데요. 그의 연구 결과가 맞는다면, 힙합 래퍼들의 음악은 노래하기보다는 말하기에 더 가까운 형태의 예술 장르로 간주할 수 있겠네요.

'창조적 소음'을 들으면
기막힌 아이디어가 떠오른다?

>>> > >

"나는 이 노래를 '헬터 스켈터'라고 부르기로 했습니다. 이 노래는 그저 우스운 노래 입니다. 그래서 우리는 그렇게 부르기로 했습니다. 왜냐하면 난 소음을 좋아하니까 요." 세계의 많은 음악 평론가들이 헤비메탈의 효시로 평가하고 있는 비틀즈의 노 래 '헬터 스켈터(Helter Skelter。허둥지둥 한다는 뜻)'에 대해 폴 매카트니는 '소음'을 좋아하기 때문에 이 노래를 만들고 제목도 그렇게 지었다고 말했습니다.

시끄럽게 쟁쟁거리는 기타 디스토션 소음(?)과 함께 처음부터 격렬하게 치고 달리는 폴 매카트니의 강렬한 보컬이 지금 들어도 상당히 인상적인 '헬터 스켈터'가 세상에 나 오자, 당시 평론가들은 역사상 가장 시끄럽고 거친 노래가 나왔다는 평을 내놓았는데 요. 그만큼 충격적으로 다가왔던 이 '창조적 소음'은 이후 엄청난 음악적 파동으로 번 져 쥬다스 프리스트, 메가데쓰, 블랙 사바스, 아이언 메이든, 메탈리카 등 수많은 헤비 메탈 밴드들을 낳는 산파 역할을 하게 되었죠.

한 음악 서바이벌 프로그램에서 '피해의식', '리플렉션'과 같은 팀들이 헤비메탈 음 악을 들고 나와 다시금 그 강렬한 '소음'에 대한 기억을 떠올리게 하기도 했습니다. 그 렇다면 이러한 음악을 비롯한 '소음'들은 혹시 창조성과 어떤 비밀스러운 관계라도 가지고 있는 것일까요?

미국 일리노이대학 어바나 샴페인 캠퍼스 경영학과 교수 라비 메타 연구진의 '소음은 항상 나쁜가? 은은한 소음이 창조적 인지능력에 끼치는 효과 탐사' 연구를 보면 소음과 창조성이 가진 비밀스런 관계의 일단을 엿볼 수 있을 것 같습니다. 메타 교수팀은 소음이 창조성에 끼치는 영향력을 알아보기 위한 5개의 실험 중 첫 번째 실험에서 65명의 실험 참가자들을 대상으로 연구를 진행하였습니다.

65명을 16개의 그룹으로 나눠 그룹별로 4명 정도의 실험 참가자들을 반원을 그려 앉게 하고 그 원 가운데에 스테레오 스피커 두 개를 배치하여 실험 참가자들이 같은 거리에서 소리를 듣도록 했습니다. 그 소리들은 카페에서 여러 사람들이 대화를 나누는 소리, 도로변 소음, 조금 떨어진 건설현장의 소리들을 녹음한 뒤 MP3 파일로 만들어 데시벨을 조절할 수 있도록 한 것이었습니다.

메타 교수팀은 실험 참가 그룹들 하나하나로 하여금 무작위로 배정된 0데시벨, 50데시벨, 70데시벨, 85데시벨의 소음들 중 하나를 듣게 했는데요. 무작위로 지정받은 소음을 듣는 동안 실험 참가자들은 컴퓨터 화면 속에 나타난 RAT 문제들을 풀었습니다. 창의력 테스트의 일종인 RAT(Remote Associates Test)는 언뜻 보면 전혀 무관한 듯한 단어 서너 개를 제시하고 그들 사이의 관계를 찾아내게 하는 것으로 창의력을 측정할 때 많이 쓰이는 테스트입니다.

예를 들면 1. 막대기(stick), 친구(friend), 꼬챙이(pal), 공(ball) 2. 사람(man), 바퀴(wheel), 높은(high) 3. 집(house), 마을(village), 골프(golf) 4. 열쇠(key), 담장(wall), 이전(previous) 5. 다리(leg), 팔(arm), 개인(person) 이렇게 5개의 문제들을 내고 각 문제별로 제시된 단어 3개의 공통점을 답으로 적게 하는 것이죠.

답은 다음과 같습니다. 1. 핀(pin) 2. 의자(chair) 3. 녹색(green) 4. 돌(stone) 5. 의자(chair) 이러한 실험을 해본 결과 70데시벨의 소음을 듣고 RAT 문제를 푼 그룹들의 성적이 가장 높았다고 합니다.

메타 교수팀의 소음이 창조성에 끼치는 영향력을 알아보기 위한 5개의 실험 중 4번째 실험에서는 실험 참가자들로 하여금 '구두 광내기 문제'를 풀도록 하였습니다. "당신은 새로운 고용주가 주최하는 연회에서 연단에 나가 회사를 소개하게 되었습니다. 그런데 검은색 정장을 말쑥하게 차려입고 가려는데 구두가 눈에 띄게 흠집이 나 있는 걸 집에서 나가기 직전 발견했습니다. 구두약은 떨어졌고 검은색 정장에 맞는 구두는 이것밖에 없고 다른 정장을 입으려니 다른 정장도 없고 연회에 시간 맞춰 가려면 2분 안에 출발해야 하는데 근처 가게들은 다 문을 닫고 오로지 차로 5마일 남짓 가야 하는 곳에 있는 쇼핑몰만이 문을 열었습니다. 이때 당신은 어떻게 하겠습니까?"라는 질문에 답하라는 테스트였는데요. 가능한 한 많은 해결책을 제시하라고 한 이 테스트에서도 적당한 소음 수준인 70데시벨의 소리를 들은 실험 참가자 그룹의 성적이 더 좋았다고 합니다.

68명의 실험 참가자들이 내놓은 188개의 아이디어를 68명의 평가자들이 판단하여 61개의 독특한 아이디어를 선정하는 등 점수를 매겨본 결과 적당한 소음 수준인 70데시벨의 소리를 들은 실험 참가자 그룹에서 더 독특하고 독창적이며 혁신적인 아이디어들이 많이 나왔다는 것이죠.

하지만 이보다 조금 더 큰 소음 즉, 교통량이 많은 시내 주요 도로에서 발생하는 소음인 85데시벨의 소음을 들으면 정보 처리능력이 감소되어 창조성을 떨어뜨린다고 합니다. 반대로 아예 소음이 없거나 너무 적어도 창조적 인지능력이 잘 발현되지 않는다고 합니다. 소음 수준과 창조성 사이에는 거꾸로 된 U자 형태의 함수관계가 성립한다는 것인데요. 소위 머리를 식힌다고 할 때의 머리가 식은 상태, 다시 말해 집중력이 일정한 정도로만 산만해진 상태에서 사람은 틀 바깥의 생각, 추상적인 사고와 뇌의 추상적 처리 작업을 하게 되는데 이것이 바로 창조성 증가의 전형적인 특징이라는 것입니다. 그러나 너무 큰 소음은 너무 많은 산만함을 유도하여 추상적 사고 처리과정의 양을 감소시키고 결과적으로 창조성을 발휘하는 데 해가 된다는 것입니다.

다시 말해 조용한 방에 틀어박혀 계속해서 안 풀리는 문제를 풀기 위해 끙끙거리거나 지나친 소음 속에서 스트레스 받으며 있기보다는 바깥에 나가 적당한 소음이 발생하는 카페 같은 곳에 앉아 있으면 추상적 사고나 창조적 아이디어를 떠올리는 데 도움이 될 수 있다는 얘기입니다. 레스토랑에서 듣는 대화나 배경음악 소리들은 주로 60~70데시벨 안팎이라고 하니 메타 교수의 연구가 맞아떨어지는 셈이죠.

미국 퍼듀대학교 화학과 자료를 보면 라디오, 텔레비전 소리, 거실에서 듣는 음악 소리가 대부분 70데시벨 정도라고 하는군요. 전화벨 소리는 80데시벨 정도로 좀 높습니다. 오래 들으면 약간의 불쾌감이 드는 이유가 있습니다. 차 안에서 듣는 시내 교통 소음은 85데시벨입니다. 또 보통 피아노 연습하는 소리는 60~70데시벨, 1m 거리에서 사람이 크게 부르는 노래 소리는 70데시벨, 크게 치는 피아노 소리는 92~95데시벨이고 첼로도 의외로 소리가 커서 82~92데시벨입니다. 바이올린은 84~103데시벨, 오보에는 90~94데시벨, 플루트는 85~111데시벨, 2m 좀 안 되는 거리에서 듣는 록 음악 연주는 120데시벨 정도가 된다고 합니다. 물론 사람마다 개인차가 있는 법이니 이러한 데시벨 기준들을 일률적으로 적용하기에는 무리가 있을 것입니다만 생각이 탁 막혔을 때 위의 자료들을 활용해보면 도움이 될 가능성도 있는 것이죠.

배경이 되는 소음을 좀 더 정확히 측정해서 창조적 생각을 꼭 해보겠다 싶으신 분들은 스마트폰 앱에서 데시벨을 측정해주는 '사운드미터'와 같은 앱을 활용하셔도 좋을 것 같다는 생각이 드는데요.

시속 104km로 달리는 승용차 소리, 철길 위를 달리는 열차 객차 안에서도 적당한 크기의 피아노 연주곡을 들을 때처럼 창조적 인지능력을 향상시키는 70데시벨 정도의 소음이 발생한다고 하니, 가슴 답답하고 막막할 때 춘천 가는 기차에라도 훌쩍 몸을 실어 달려가본다면 꽉 막혀 있던 일의 해결책이 짠~ 하고 머리 속에서 드라마틱하게 떠오를지도 모를 일입니다.

뇌과학으로 본
시와 음악의 '혈연관계'

>>> > >

"오동나무 꽃으로 불 밝힌 이곳 첫여름이 그립지 아니한가?
어린 나그네 꿈이 시시로 파랑새가 되어오리니
나무 밑으로 가나 책상 턱에 이마를 고일 때나
네가 남기고 간 기억만이 소근소근거리는구나
모처럼만에 날아온 소식에 반가운 마음이 울렁거리어
가여운 글자마다 먼 황해가 남실거리나니
나는 갈매기 같은 종선을 한창 치달리고 있다
(하략)"

-정지용의 시 '오월 소식' 중에서

계절의 여왕이라고 불리는 5월에는 정지용의 시 '오월 소식'이 문득 떠오릅니다. 그 아름다운 시구들을 가만가만 읽다보면, 자신도 모르게 입 안에서 가벼운 몸짓으로 춤추는 말소리의 화사한 움직임들을 느끼게 되죠. 역시 시와 음악은 부정하려야 부정할 수 없는 '혈연관계'를 가지고 있는 것일까요?

'오월 소식'에 이어 정지용의 대표시 '향수'를 입으로 소리내며 읽어내려가다 보면 시와 음악을 구분하는 일이 부질없게 느껴지기도 하는 것입니다.

　우리나라 고전문학 시가들이 지금은 비록 널리 읊어지고 있진 않지만, 그 운율인 삼사조나 사사조가 4비트, 8비트 음악으로 녹아들어 여전히 꾸준한 생명력을 보여주고 있는 것을 보면 더더욱 그렇습니다. 물론 운율이나 리듬, 선율을 느낄 수 없는 시들도 있지만, 곰곰이 따져보면 어떠한 규칙적인 리듬이나 선율이 없이 그저 우연적 소리들에 의해 이루어지는 '우연성의 음악'처럼 무리듬·무선율의 시들 속에서도 우연한 음악적 요소들을 발견할 수 있겠다는 생각을 하게 됩니다.

　이러한 시와 음악과의 관계에 대한 연구는 상당히 오래 전부터 있어왔는데요. 고대 그리스 철학자 플라톤과 아리스토텔레스가 '선율과 리듬이 언어에 의존하기 때문에 음악은 언어에 의존한다'고 주장한 이래, 시와 음악이 서로 닮은 체계라는 '시-음악 상동설', 시는 의미의 체계이고 음악은 소리의 추상적 체계라고 하는 '시-음악 상이설', 시와 음악은 서로 다른 체계이지만 서로 보완될 수 있다는 '시-음악 변증법적 관계설'이 시대에 따라 부각되었다가 잦아들었다가 하고 있는 것이죠.

　근래에는 뇌과학을 통해 시와 음악의 관계를 밝혀보려는 연구들이 나오고 있습니다. 영국 엑스터대학교 의과대학의 인지신경학자 애덤 지먼 교수는 '의식연구' 저널에 게재한 글에서 시와 같이 감정이 부여된 글을 읽는 사람들의 뇌 반응이, 음악을 듣고 감동을 받는 사람들의 뇌 반응과 유사하다는 사실을 밝혀냈습니다.

　지먼 교수 연구진은 엑스터대학교 박사후과정 학생 10명과 대학원생 2명 등 13명의 오른손잡이 자원자들을 대상으로 연구를 진행했는데요. 우선 19~20세기 소설에서부터 실용문에 이르기까지 좋은 생각을 떠올리게 하는 아주 기본적인 16개의 짧은 산문 구절들과 쉽거나 어려운 16개의 소네트(14행 1연으로 이루어진 서정시), 그리고 자원자들이 스스로 고른 8개의 시를 준비해뒀습니다. 40개의 구절들을 8묶음으로 나눈 뒤 기능성 자기공명영상(fMRI) 장치 속에서 자원자 1명당 5번씩 무작위로 보여지는 구절들을 읽게 했는데, 자원자가 방금 읽은 게 무엇이었는지 생각해보는 것을 막기 위하여 다음 구절을 보여주기 전에 주의를 딴 데로 돌리는 실험방식을 도입하였다고 합니다.

그랬더니 어떤 구절을 읽더라도 읽기와 관련된 뇌 부위는 활성화되었지만, 연구진이 감정을 자극하는 것이라고 판단한 구절들을 읽었을 때에는, 음악을 듣고 척추에 전율을 느낄 때 활성화된다고 하는 뇌의 오른쪽 부위들이 비슷하게 반응을 했다는 것이죠.

또 연구진이 선택한 시 구절들은 성찰과 관련된 뇌 부위 '중앙 측두엽'을, 자원자들이 스스로 고른 시 구절들은 기억과 관련된 뇌 부위 '후대상피질'을 활성화시켰다고 합니다. 무언가를 읽을 때의 뇌는 측두-두정엽, 후두-두정엽과 브로카 영역, 전두엽이 관여한 것에 반해, 시 구절들을 읽었을 경우에는 이 부분들에 더해 인간의식과 다른 사람의 믿음에 대한 이해와 관련된 것으로 알려진 후대상피질(posterior cingulate cortex)과, 서술적 기억 및 장기 기억의 저장과 관련된 중앙 측두엽(medial temporal lobe)이 더 활성화되었다는 것입니다.

한마디로 사람들의 뇌는 시와 산문을 읽을 때 각각 다르게 반응하며, 감정이 부여된 시를 읽으면 음악을 듣는 것과 유사한 반응을 보인다는 연구 결과인 것이죠. 이와 같은 지면 교수팀의 연구 결과는 연구 대상이 13명에 불과하다는 점 등에서 아쉬운 부분이 많지만 문학과 예술과 과학의 관계를 융합적으로 살펴보려고 한 시도라는 점에서, "모든 종교와 예술과 과학의 뿌리는 하나이다. 이 모든 열망들은 인간의 삶을 고귀하게 만드는 데 방향 맞춰져 있다. 단순한 물질적 존재의 영역으로부터 끌어올려져 개개인들이 자유를 향해 가도록 하는 것이다."라고 한 아인슈타인의 '고귀한' 말을 떠올리게 합니다.

사실 시와 음악의 관계를 규명하고자 하는 연구는 누가 보더라도 당장으로서는 전혀 돈이 되지 않는 연구인데요. 그렇게 '돈이 안 되는' 것임에도 불구하고 지면 교수팀이 이렇게 '순수'한 지적 연구를 진행한 이유는 역시 아인슈타인이 말한 '열망'이 강력하게 작용했기 때문인 것일까요?

아래와 같은 시에 노래를 붙인 가곡 등을 듣는 사람들이 서정시냐 초현실주의 시냐 하는 '장르에 따른 뇌 반응'에 대해 알아보려 나서는 경우, 그것은 과연 지나친 지적 사치의 발로일 뿐인 것인지 다시 한 번 생각해보게 됩니다.

"그리움을 아는 사람만이
내가 무엇 때문에 고통스러워하는지 알 것입니다
홀로 외로이
그리고 모든 즐거움을 떠나서
나는 높은 하늘 저쪽을 바라다봅니다
아! 나를 사랑하고 나를 아는 이는 먼 곳에 있네
눈앞이 어지럽습니다, 애간장이 타들어갑니다,
그리움을 아는 사람만이
내가 무엇 때문에 고통스러워하는지 알 것입니다"

-독일 작곡가 슈베르트, 슈만, 볼프가 가곡으로 만든 괴테의 시 '미뇽의 노래' 중에서

"내 불쌍한 심장은 한 마리 올빼미
사람들이 못을 박고 빼고 또 못을 박네
피, 열정, 올빼미는 한계점에 이르네
나를 사랑하는 모든 사람들
나는 그들을 고용하네"

-프랑스 작곡가 루이 뒤레가 곡을 붙인 아폴리네르의 초현실주의 시 '올빼미'

"아름다운 5월에,
나의 눈물에서 피어나는 것은,
장미, 백합, 비둘기, 태양,
나 그대의 눈을 바라보면,
내 영혼을 담고 싶네
(하략)"

-독일 작곡가 슈만이 하이네의 시 '노래의 책'에서 16편의 시를 가사로 뽑아
작곡한 연가곡 '시인의 사랑(Dichterliebe)' 중에서

미술·음악 '투잡' 지드래곤의
창조성 높일까?

>>> > >

"머리끝부터 발끝까지 비주얼은 쇼크

내 감각은 소문난 꾼 앞서가는 축

남들보다는 빠른 걸음

차원이 다른 젊음 얼음얼음얼음

홀드 업(HOLD UP) 나나나나나

네 심장 소리에 맞게 뛰기 시작해

막이 끝날 때까지 예(YEAH)

아이 캔트 베이비 돈트 스탑 디스(I CAN'T BABY DON'T STOP THIS)"

-지드래곤 작사·빅뱅 노래 '판타스틱 베이비(Fantastic baby)' 중에서

　　한국을 대표하는 아이돌 그룹 '빅뱅'의 리더 지드래곤은 2015년 서울시립미술관에서 '피스마이너스원: 무대를 넘어서' 전시회를 열었는데요. 대중음악 스타가 대표적인 공공미술관과 협업하여 전시를 연 것은 지드래곤의 경우가 처음이었습니다. 상당히 드물고 실험적인 시도로서 미술계, 대중문화계는 물론 일반인들의 관심도 동시에 끌었죠. "머리끝부터 발끝까지 비주얼은 쇼크"라고 읊는 위 노래의 가사에 걸맞게, 공연

무대와 방송, 뮤직비디오 등에서 뛰어난 패션 감각을 자랑하고 있는 지드래곤은 마이클 스코긴스, 제임스 콜라, 권오상, 박형근 등 국내외 현대미술 작가 12명과 함께 자신의 작품을 선보였습니다.

2015년 서울시립미술관 대중음악스타 기획전 지드래곤의 '피스마이너스원'에 전시된 작품 중에서 거울을 배경으로 창을 든 천사와 밑에 깔린 악마의 상으로 지드래곤의 이중적 면모를 형상화한 권오상 작가의 사진 조각상 (한겨레 자료사진)

사실 음악 하나만 잘 하기도 상당히 어려운 법인데, 이렇게 미술에까지 재능을 보이는 지드래곤 같은 사람들을 보면 상당히 부러운 것이 사실인데요. 지드래곤처럼 음악을 하면서 다른 분야에서도 재능을 뽐내는 사람들이 꽤 있습니다.

싱어송라이터 이현우, 일본 시부야계 일렉트로닉 음악의 대표주자인 재일교포 토와 테이는 디자인 학교 출신으로 앨범 표지 미술 등에서 솜씨를 뽐내고 있고, 헤비메탈 밴드 바세린에서 기타를 맡고 있는 박진은 그래픽 디자이너로서 활동하고 있습니다. 전설적 재즈 음악가 마일즈 데이비스, 영국의 록스타 데이비드 보위, 밴드 비틀즈의 멤버 폴 매카트니, 존 레논, 미국의 포크 가수 밥 딜런, 조니 미첼 등은 빼어난 그림 실력을 보여주기도 했죠. 미국의 래퍼 카니예 웨스트, 힙합 뮤지션 퍼렐 윌리엄스는 의류 제품 디자인을 직접 맡아서 하는 등 패션 사업에서도 맹활약하고 있습니다. 그렇다면 혹시 미술과 음악 사이에 모종의 관계가 있어서 하나를 잘 하면 다른 하나도 잘 할수 있게 되는 것일까요?

"건축은 얼어붙은 음악"이라고 표현한 독일의 대문호 괴테와 "음악에서의 악기는 그림에서의 색채와 같다."고 주장한 프랑스 낭만주의 작곡가 베를리오즈의 말에서 약간의 힌트를 얻을 수 있을 것 같습니다.

음악에도 건축과 같은, 넓게는 미술에서와 같은 아름다운 구조미가 필요하고, 미술에서도 다양한 악기 소리 같은 색깔들이 다채롭게 조화를 이뤄야 하기 때문인 것이죠. 음악과 미술의 융합적 관계는 "흩어지는 푸른 종소리"(김광균의 '외인촌'), "흔들리는 종소리의 동그라미"(정한모 '가을에')와 같은 시의 공감각적 표현에서도 잘 드러나는데요.

만약 이렇게 소리에서 색깔이나 형태를 느끼는 공감각을 실제로 느끼는 사람이 있다면 그 사람들의 예술적, 예술 외적 능력은 과연 어떻게 표현될까요? 다음과 같은 공감각증(사이네스테시아。synaesthesia)을 가진 유명 인사들의 사례를 통해 그 양상을 조금이나마 알 수 있을 것 같기도 합니다.

러시아 출신의 미국 소설가이자 시인 겸 곤충학자인 블라디미르 나보코프, 프랑스의 전위적 작곡가 올리비에 메시앙, 러시아 출신의 추상미술 태두 바실리 간딘스키, 민족적 소재의 교향시로 유명한 핀란드의 작곡가 얀 시벨리우스, 미국의 재즈피아노 연주자이자 작곡가인 듀크 엘링턴, 팝스타 빌리 조엘, 래퍼 카니예 웨스트, 힙합 뮤지션 퍼렐 윌리엄스, 양자전기역학의 재규격화 이론을 완성한 업적으로 1965년 노벨물리학상을 공동 수상한 미국의 이론물리학자 리처드 파인만 등이 공감각증을 가진 것으로 알려져 있습니다.

근래 대중적 인기를 끌었던 '해피(Happy)'라는 노래로 잘 알려진 미국의 힙합 뮤지션 퍼렐 윌리엄스는 ABC 방송 '나이트라인' 인터뷰에서 "나는 내가 듣는 것을 시각화할 수 있죠. 그래요, 그건 항상 이상한 색깔들이었어요."라고 말했죠. 또 오프라 윈프리의 'O' 매거진에서 "나는 음악에서 색깔을 본다. 그것 없이는 음악을 못 만든다."고 언급하기도 했습니다.

미국 미시간주립대학교 생리학과 교수 로버트 루트번스타인이 쓴 「천재의 불꽃: 세상에서 가장 창조적인 사람들의 13가지 생각의 도구」를 보면 노벨상을 수상한 물리학자 리처드 파인만이 "나는 방정식 기호들에서 색깔을 봅니다. 왜 그런지는 모르겠습니다. (독일 수학자) 잔케와 엠데의 책에서 베셀함수 속 희미한 그림을 보는데요. 황갈색의 'j'와 푸르스름한 보랏빛 'n'과 어두운 갈색 'x'가 주위를 날아다닙니다. 그리고 이게 도대체 학생들에게 어떻게 보일지 궁금하기만 합니다."라고 말한 것을 알 수 있습니다. 이러한 그의 공감각증이 양자 상호작용을 시각화하여 노벨물리학상을 받는 데 혁혁한 공을 세웠다는 말이 나오는 것이죠.

공감각증은 뇌 신경망이 다르게 연결되어 있거나 또다른 여분의 연결 때문인 것으로 추정되는데요. 영국 이스트런던대학의 공감각증 연구자이자 심리학 교수인 M.스필러 박사는 공감각증은 정신건강의 문제가 아니며 또 심리적인 것도 아니라고 말합니다. 자기공명영상을 통해 공감각증을 가진 사람들의 뇌를 살펴보면 그들이 단어나 음악을 들으며 색깔을 본다고 말할 때 그들의 뇌에선 진짜로 색깔을 보는 부위가 활성화된다는 것입니다. 공감각증은 감각이 뭉쳐있는 것으로서 뇌의 신경망이 합쳐지거나 또다른 별도의 신경회로가 있어서 느껴지는 것으로 생각되는데, 종종 유전적 요소도 관찰된다고 합니다. 또 부모가 공감각증을 자녀에게 물려주기도 하지만 항상 같은 종류의 공감각증이 대물림되는 것도 아니라고 합니다,

그러한 공감각증은 다음과 같이 다양한 종류로 나타나는데요.

공감각증을 가진 어떤 사람들은 숫자에서 맛을 느끼기도 하고 월요일, 화요일 등 요일을 나타내는 글자에서 색깔을 보기도 합니다. 1월, 2월 등 달을 나타내는 문자에서선, 나선, 원 등의 모양을 보기도 하죠. 알파벳 A에서 빨강을, B에서는 파랑을 보기도 합니다. 월요일은 하얗고 숫자들은 모양을 가지며 10×5와 같은 곱셈식을 보는 경우 10개의 블록이 보이고 그 블록들은 다섯 개의 구획으로 나뉘어 보인다고 하는 이야기도 있습니다.

공감각증을 가진 사람들은 같은 자극에 다른 반응을 하기도 합니다. 예를 들어 알파벳 A를 노란색으로 보는 공감각증이 있는가 하면 보라색으로 보는 공감각증도 있는 것입니다. 다른 사람이 건드려지는 것을 보면 자기 또한 건드려지는 것 같은 감정을 느끼는 '거울' 공감각증도 있고, 촉각을 색깔로 느끼는 경우도 있다고 합니다. 어떻게 보면 상당히 불규칙해 보이지만 개별적 사례로 들어가 보면 의식 상태에서 자동적으로 일관성 있게 공감각 증상을 보인다고 합니다. 이를테면 알파벳 A를 노란색으로 보는 공감각증을 지닌 사람의 경우 일관되게 A를 노란색으로 본다고 하는 것이죠.

크로메스테시아(chromesthesia)는 비시각적인 자극을 시각적 색깔로 받아들이는 공감각의 일종입니다. 소리에서 색깔을 보는 색청(色聽)은 이 크로메스테시아의 한 종류라고 하죠. 미국 캔사스대학 음악심리학과 R.E.라도시 교수 등의 '크로메스테시

아 사례 연구'에서는 음악 성조에서 일관된 관계를 가지고 색깔들을 보는 여성 예술 교사의 사례를 체계적으로 연구했는데요. 이 사례에서 그녀는 높은 옥타브에서 밝은 색깔을 보고, 낮은 옥타브에서는 어두운 색깔을 본다고 했습니다. 빠른 장조 코드들이 연속되면 색깔들이 빠르게 섬광처럼 스쳐지나간다고 했죠. 마치 불꽃놀이를 보는 듯하다는 것입니다.

미국 예일대학교 공공보건대학 환경과학 심리학 교수 L.E.마크스 교수의 '사이네스테시아와 그 경계에서' 연구에 따르면 크로메스테시아인 사람들은 '아~'가 들어가는 소리들에서는 빨강과 노랑 색깔을 보고 '우~'가 들어가는 소리들에서는 파랑, 갈색, 검정 색깔을 보기도 한다고 합니다.

영국 서섹스대학교 심리학과 줄리안 심너 교수 등의 '공감각증은 주로 여성들의 특성인가?' 연구에 따르면 영국인 1~2%가량이 이러한 공감각을 체험한다고 합니다. 남녀에서 비슷한 비율로 발생하구요, 특히 문자의 최소 단위에서 색깔을 느끼는 공감각증은 영국 인구의 1.39%가량이 경험한다고 하는데요.

그렇다면 이렇게 공감각증을 가진 사람은 그렇지 않은 사람에 비해 예술적인 면이나 예술 외적인 면에서 성공을 거둘 확률이 높은 것일까요? 또 후천적 노력을 통해 공감각 지각능력을 향상시킬 수도 있는 것일까요? 우선 공감각증은 학습을 통해 일시적이지만 습득될 수 있는 것 같다고 합니다.

네덜란드 암스테르담대학교 심리학과의 올림피아 콜리졸리는 '글자에 색깔이 칠해진 책 읽기를 통해 얻어지는 의사 공감각증' 연구를 진행했는데요. 자기 자신이 공감각증을 가진 올림피아 콜리졸리는 공감각증을 겪지 않는 실험 참가자들로 하여금 알파벳 중에서 E, T, A, S는 색깔을 입히고, 다른 알파벳들은 검정색으로 그냥 두어 읽게 했다고 합니다. 그랬더니 공감각증을 지니지 않은 사람들도 글자와 색깔의 관계를 익히게 됐고 그리하여 그냥 검은색 알파벳 글씨들을 읽어도 글씨의 색깔들을 기억하게 되었다고 합니다.

그 뒤 그렇게 글자와 색깔과의 관계를 기억하게 된 사람들에게 원래의 색깔과 다른 색깔을 알파벳에 그려 보여주었더니 인지 지연(cognitive delay) 현상을 보이더란 것입니다, 예를 들어 빨강색 A였던 것을 파랑색 A로 색깔을 바꿔 보여주었더니 그 알파벳이 A인 것인지 확인하는 데 시간이 더 걸리더라는 것이죠. 하지만 이러한 후천적 공감각증은 계속 훈련되지 않으면 몇 개월 뒤엔 사라지는 것으로 나타났다고 합니다.

공감각증을 가진 사람들이 후천적 경험을 통해 글자와 색깔, 모양의 연관관계를 갖게 되는 것으로 추정되는 사례도 제시했는데요. 알파벳에서 색깔과 형태를 보는 어떤 공감각증을 가진 사람이 오랜만에 자기가 다니던 초등학교 교실에 가보니 그 교실 벽에 걸린 글자의 색깔과 모양이 자기가 느끼는 글자와 색깔, 모양의 그것과 일치하더란 것입니다. 또 11명의 공감각증을 가진 사람들을 살펴보니 그들이 느끼는 글씨와 색깔의 관계가 1972년~1989년 사이에 출시된 '피셔 프라이스'의 냉장고 부착용 자석 알파벳 색깔 세트의 글씨들과 놀랍게도 일치하더란 것이죠.

미국 캘리포니아대학교 버클리 캠퍼스 심리학과 S.팔머 교수 등의 '음악과 색깔의 관계는 감정에 의해 매개된다' 연구를 보면 공감각증을 가지지 않은 일반 사람들도 소리에서 색채를 보는 것까진 아니지만 적어도 소리에서 색깔을 느낄 수는 있다고 합니다. 팔머 교수에 따르면 모짜르트의 장조 음악과 같이 빠르고 밝은 느낌의 음악을 들으면 밝은 노랑, 오렌지 색깔을 느낀다고 하는 것이죠. 그와는 반대로 블루스 곡들과 같이 느린 단조의 노래들을 들으면 말 그대로 '블루', 어두운 푸른색을 느낀다고 합니다. 이렇게 장조와 단조, 빠르고 느린 음악에서 밝고 어두운 색깔을 느끼는 것은 개개인을 넘어선 문화 현상이라는 것입니다. 대략 95%의 정확성으로 음악과 색깔의 관계를 맞출 수가 있다는 것이죠.

팔머 교수 연구진은 미국 샌프란시스코 만 주변의 남녀 50명 가량과 멕시코 과달라하라 지역의 남녀 50여 명 가량을 대상으로 실험을 진행했는데요. 요한 세바스찬 바흐, 볼프강 아마데우스 모짜르트, 요하네스 브람스의 18가지 다양한 클래식 음악을 들려주고 37가지의 색깔 표본에서 각각의 음악에 가장 어울리는 색깔을 고르도록 했습니다. 그랬더니 대부분의 사람들이 빠르고 들뜬 분위기의 노래들에는 따뜻한 색깔을, 우울한 분위기의 노래들에는 더 어둡고, 회색빛의 푸르죽죽한 색깔이 어울린다고 답했다고 합니다. 팔머 교수 연구진은 또 음악에 걸맞는 얼굴 표정을 짓게 하는 실험도 진행했는데요. 실험 대상자들은 장조의 기쁜 느낌의 음악에는 행복한 얼굴 표정을, 침울한 분위기의 곡조에는 슬픈 얼굴 표정을 지었다고 합니다.

위에서처럼 콜리촐리, 팔머 교수 연구진의 사례를 통해 볼 때 공감각증 또는 그와 유사한 공감각적 인지능력은 학습 또는 문화를 통해 습득될 수 있다는 가능성이 보이기도 합니다. 그렇다면 이러한 선천적, 후천적 공감각증은 과연 예술적·예술 외적 창조성에 영향을 끼치는 것일까요? 그것은 경우에 따라서, 또 환경적 요인과 개인의 노력 등 다양한 변수에 따라 달라지는 것으로 보입니다.

일단 특정 분야에서 뛰어난 능력을 보이는 경우가 있는 것으로 알려진 자폐증 스펙트럼과 공감각증의 관계를 살펴보면, 자폐증 스펙트럼의 사람들에게서 공감각증이 나타나는 비율이 높은 것으로 밝혀졌다고 합니다. 영국 국민보건서비스(NHS, National Health Service)의 조사에 따르면 뇌에 충격이 가해지는 사고에서 비롯된 것이 아닌 자연적 공감각증의 경우, 자폐증을 지닌 성인이 공감각증을 가진 비율은 17~19%, 자폐증이 아닌 성인이 공감각증을 가진 비율은 2% 정도 된다고 합니다. 하지만 공감각증을 가진 사람이 자폐증 스펙트럼일 가능성이 일반 사람들보다 높은 것은 아니라고 하죠.

또 마약을 사용하면 공감각 능력이 향상되어 창의성을 높일 수 있다는 얘기도 있는데요. 물론 공감각증은 LSD 같은 마약에 의해서도 경험될 수 있다고 합니다. 하지만 그렇게 얻어진 공감각증은 마약 효력이 떨어짐과 함께 사라집니다. 그리고 무엇보다 마약을 통해 얻어진 공감각증을 통해 뛰어난 예술 작품이나 예술 외적 성취가 이루어진다는 과학적 인과관계는 여러 가지 이유로 인해 밝혀져 있지 않습니다. 무엇보다 심신을 무자비하게 파괴시키는 마약의 폐해를 그 어떤 예술적·비예술적 성취로 정당화시킬 수는 없기 때문이죠.

어떤 사람들은 공감각증을 가진 사람들을 향해 추상적인 것들을 시각화할 수 있는 참 특별한 능력을 선물 받은 것이라고 부러워하며 말하기도 하는데요. 공감각증이 꼭 긍정적인 영향을 끼치는 것만은 아닙니다. 성인이 되어서 갑자기 공감각증이 생기는 경우가 있는데요. 이런 경우는 뇌졸중이나 시각·청각의 소실과 관련된 경우가 많기 때문에 꼭 병원에 가서 검사를 받아야 한다고 합니다. 뇌졸중으로 인해 공감각증을 가지게 된 어떤 사람은 제임스 본드 영화 주제곡에 통제 불가능할 정도로 흥분하는 경우도 있었다고 합니다.

또 공감각증이 사람에게 부정적인 영향을 끼쳐 병원에 찾아온 매우 드문 경우도 있다고 합니다. 운전을 할 때 교통신호와 표지판을 정말로 집중해서 봐야 하는 경우도 있고, 글자들이 모두 새로운 맛들을 느끼게 하기 때문에 책을 잘 읽지 못하겠다고 하는 경우도 있습니다. 어떤 어린이의 경우 까만 글씨로 쓰여 있는 문장에서 어떤 단어들은 유독 밝은 단어로 보이기 때문에, 하얀 종이 위의 글씨들을 지각하기 어려워한다고 합니다. 또 빨간 숫자와 노란 숫자를 합치는 경우 보통 사람들은 오렌지 색깔의 숫자를 보지만, 공감각증의 경우 특정 숫자에 대해 다른 색깔을 느끼기 때문에 이러한 색채 감각에 있어 문제를 보이기도 한다는 것이죠.

공감각증은 어린이들의 경우 더 혼란을 야기시키는 것 같다고 합니다. 어른들의 경우 세월에 따른 여러 가지 경험을 통해 이러한 혼란을 극복해 나갈 수 있으니 말이죠. 미국 힙합 뮤지션 퍼렐 윌리엄스처럼 공감각증을 가진 어떤 사람들은 이것 없이는 못 살겠다고 하지만, 다른 사람들은 자기 인생에 뭐 특별히 영향을 주지 않는다고 말하기도 합니다. 어렸을 때는 공감각증이 있었는데 커서 사라졌다고 하는 경우도 있습니다. 결론은 어떻게 이 능력을 활용하느냐가 관건인 것입니다.

보통 가족 중에 공감각증이 있으면 다른 가족도 이 증상을 가지게 되는 경우가 많아 공감각증에 유전적 요인이 작용하는 것으로 보는 분석이 많은데요. 유전자가 인간의 일생을 송두리째 좌우하는 것이 아니듯, 공감각증의 유전적 요인이 예술적·예술 외적 창의성을 담보하는 것 또한 아닐 가능성이 많습니다.

유전자가 똑같은 일란성 쌍둥이조차 커가면서 노출되는 여러 가지 환경 변수에 따라 다른 형질들이 나타나게 됩니다. 쌍둥이 중의 하나는 의대로 가고 다른 하나는 국문과로 가는 실제 사례가 생기기도 하는 것입니다. 공감각증 쌍둥이들이 서로 다른 종류의 공감각 현상을 체험하지만 어떤 사람은 음악가가 되고 어떤 사람은 IT 프로그래머가 되듯 말입니다. 공감각증을 가진 사람들이 실제로 예술계에 많이 종사하고는 있지만 다른 분야에서 활동하는 경우도 적지 않다고 합니다. 노벨물리학상을 수상한 리처드 파인만의 경우처럼 말이죠.

미국 워싱턴주립대 생물과학대학 M.스키너 교수에 의해 촉발된 후성유전학에 따르면 유전자 DNA의 구조는 똑같다고 하더라도 음식물 등에서 섭취되는 '메틸기'라는 분자가 유전자에 달라붙으면 어떤 형질은 발현이 되고 또 어떤 형질은 발현이 되지 않는다고 합니다.

세포 발생 초기 알 수 없는 환경요인으로 메틸기라는 분자가 한쪽 쌍둥이의 염색체에 있는 성장 유전자에 달라붙는 경우 그 쌍둥이의 키가 다른 쌍둥이에 비해 덜 자라게 된다는 것이죠. 메틸기 분자가 DNA에 달라붙는 정도에 따라 질병이 드러나고 안 드러나고의 차이를 만든다고도 합니다. 이렇게 여러 가지 정황들을 살펴볼 때, 공감각증이든 아니든 선천적 자질 못지 않게 후천적 환경이나 노력에 따라 더 창조적이고 풍요로운 예술, 과학이 탄생하게 되는 것이라는 생각이 듭니다.

그와 함께 머리가 근질근질할 만큼 궁금한 생각이 또 한 가지 드는데요. 공감각증을 가진 사람들은 '공감각'이라는 말에서 과연 어떤 색깔과 모양을 보고 또 어떤 소리를 들을까요? 남들은 2D로 보는 글자를 추가요금도 내지 않고 4D로 보고 듣고 느낄 수 있다는 점에서 공감각증을 가진 사람이 솔직히 쬐끔, 아주 쬐끔 부럽기는 합니다.

박태환 등 운동선수들이
경기 전 음악을 듣는 이유는?

>>> > >

인간은 협화음을 좋아합니다. 침팬지도 협화음을 선호하고 불협화음을 기피한다는 사실이 일본 규슈대학 스기모토 타수쿠, 고바야시 히로미 등의 연구에서 밝혀졌죠. 또 인간은 직립보행을 합니다. 침팬지도 직립보행은 아니지만 인간에 가장 가까운 동물답게 두 다리로 서는 능력이 다른 동물들에 비해 높습니다. 손으로 기다란 막대기 등 도구를 사용해 벌레 같은 것들을 나무 구멍에서 꺼내어 먹기도 하구요.

인간과 침팬지의 음악에 대한 이해능력이 다른 동물들과 현저한 차이를 보이는 것은, 어쩌면 이러한 보행능력 내지 손을 사용하는 능력과 깊은 관계가 있을지 모릅니다. 나이 든 사람들에게 치매를 예방하기 위해 악기를 배우라고 하는 것도 같은 맥락에 해당되는 것이겠죠. 악기 연주는 뇌의 지적 용량을 늘려주고 좌뇌와 우뇌의 연결을 강화시켜 준다고 하죠. 실제로 악기 연주를 오래한 음악가들은 뇌의 오른쪽, 왼쪽 반구를 연결하는 뇌량과 소뇌가 일반인보다 더 크다고 합니다. 또 청각과 시공간 감각을 제어하여 사람의 운동을 관장하는 대뇌피질의 회백질 양도 더 많구요.

'노래하는 네안데르탈인'의 저자이자 영국 레딩대학교에서 초기 선사시대를 가르치는 '인지 고고학자' 스티븐 미슨 교수는 인류의 직립보행이 음악을 낳았다고 주장합니다. 인간이 두 발로 직립보행을 하려면 몸의 균형을 잡기 위해 보다 세밀한 두 발 사이의 거리 조절 능력이 필요하고, 또 달리기까지 하려면 두 발이 왔다가다 교차하여 움직이게 하는 시간 감각과 박자, 리듬감이 절대적이라는 것이죠.

뇌과학에 따르면 음악가는 보통 사람들에 비해 소뇌가 더 크다고 합니다. 현대 인지 생물학에서 소뇌는 음 사이의 거리인 리듬을 인식하는 역할을 한다고 하니까, 직립보행을 시작한 인간이 제대로 걷기 위해 리듬감을 발전시키고 북과 같은 타악기를 만들어 음악의 시초로 삼았을 가능성이 높다고 할 수 있는 것이죠. 바로 여기에서 이상화와 박태환이 경기 전 음악을 듣는 이유와의 인체생리학적 접점이 생겨납니다.

2014년 소치와 2010년 밴쿠버 동계올림픽에서 스피드스케이팅 여자 500m 금메달을 목에 건 이상화 선수는 경기 전 신나는 노래를 많이 듣는다고 말했습니다. 경기 전날 마음이 진정되지 않을 때에는 클래식을 듣기도 한다고 했구요. 2008년 베이징 하계 올림픽 수영 남자자유형 400m에서 금메달을 딴 박태환 선수도 경기 전 음 재생이 뛰어난 고급 브랜드의 헤드폰을 쓰고 곡목은 자기만의 비법이라 밝힐 수 없다며 한국 댄스 음악을 들었다고만 살짝 얘기해 줬죠. '수영 황제' 마이클 펠프스는 미국의 힙합 가수 영 지지, 릭 로스, 제이지의 노래를 경기 직전에 즐겨 듣는다고 밝힌 바 있습니다.

그들이 경기 직전 들었던 빠른 템포의 음악들이 그들 소뇌에 자극을 주고 리듬감을 활성화시켜, 팔과 다리를 더욱 더 정교하고 활기차게 효율적으로 움직이게 하여 금메달을 따게 하는 데 영향을 끼쳤을 가능성이 높다고 볼 수 있습니다. 스포츠심리학을 전공한 체육과학연구원 김용승 박사는 쇼팽의 '군대행진곡(Polonaise Militaire)', 베토벤의 '전원(Pastoral)', 비발디의 사계 중 '봄(La Primavera)' 등의 음악이 경기력 향상에 도움이 된다고 밝혔는데요.

쇼팽의 '군대행진곡'은 라단조(A Minor)에 3/4 박자로 빠르기가 알레그로 콘브리오(Allegro Con Brio) 즉, 씩씩하고 빠르게 연주되는 곡입니다. 베토벤의 '전원 교향곡'은 바장조(F Major)에 4/4 박자로 빠르기가 알레그로(Allegro)로, 표제가 '천둥과 폭풍우'로 되어 있을 만큼 빠르고 격정적으로 연주되는 곡입니다. 비발디의 사계 중 '봄'(La Primavera)은 마장조(E major)에 4/4 박자로 알레그로로 연주되도록 하여 새들이 지저귀고 만물이 생동하는 느낌을 잘 표현한 곡입니다.

적어도 이 3곡만 놓고 보자면 선수들의 경기력에 도움을 주는 데에는 장조냐 단조냐, 3/4 박자냐 4/4박자냐의 여부보다는, 알레그로냐 모데라토냐 하는 노래의 '빠르기'가 결정적 요소인 것 같아 보이네요.

합창과 혼자 부르는 노래는
효과가 다르다

>>> > >

"오 친구여, 이런 음색이 아니라
좀 더 유쾌하고 기쁜 음색들로
노래하지 않으려나
환희! 환희!
환희, 신들의 아름다운 불꽃,
낙원 '엘리시움'의 딸이여
우리는 불꽃에 취해
천국 같은 신성한 곳으로 가네
그대의 신비로운 힘은
관습이 엄격히 나눠놓은 것들을
다시 하나로 합쳐놓네

모든 사람들은 형제가 되네
그대의 부드러운 날갯짓이
반짝이는 곳
친구의 친구가 된 자들이여
사랑스런 여인을 얻은 자들이여
다 함께 기뻐하세"

-베토벤 교향곡 9번 4악장 '합창' 중에서

따뜻한 봄 햇살 속에 합창하듯 일제히 새싹을 틔우는 꽃과 나무들의 모습은 참으로 눈부신데요. 독일 시인 실러의 송가 '환희에 붙여'에 선율을 붙여 만든 베토벤의 교향곡 '합창'을 듣다 보면, 환하게 찾아온 봄을 환영하는 사람들의 다양한 표정들이 눈부시게 느껴지기도 합니다. 요즘에는 클래식 합창곡뿐만 아니라 대중가요를 편곡하여 만든 합창곡들도 많이 불리는데요. '산 너머 남촌에는', '노란 셔츠의 사나이', '벚꽃엔딩' 같은 노래들을 여러 합창단들이 무대 위에서 심심찮게 공연하기도 합니다.

특히 봄이 찾아오면 단골손님처럼 라디오에서 흘러나오는 '벚꽃엔딩'을 혼자서 흥얼흥얼 따라 부르는 분들도 많으실 텐데요. 그렇다면 혼자서 부르는 '벚꽃엔딩'과 여럿이 합창으로 부르는 '벚꽃엔딩'은 과연 어떤 차이가 있을까요? 더 구체적으로 우리 마음 속에 어떤 차이를 불러일으키는 것일까요?

미국 대학들 중 생물학 분야 명문으로 손꼽히는 스크립스리서치 인스티튜트에서 신경생물학을 담당하는 래리 파슨스 박사의 연구에 따르면, 합창을 할 때에는 혼자서 노래를 부를 때 반응하지 않던 다른 부위의 뇌 영역이 활성화된다고 합니다. 혼자서 노래를 부를 때에는 중독성 마약에 대해 반응하는 지점과 같은 부위인 뇌 시상하부의 '쾌락중추' 복측 피개부가 활성화되지만, 합창을 할 때에는 거기에 더해 이른바 '사회적 뇌' 부분 역시 활발한 활동을 보인다는 것이죠.

뇌의 아래쪽 후두엽과 측두엽에 걸쳐있는 뇌 피질 중에서 가운데가 굵고 양 끝이 가는 모양으로 밭이랑처럼 솟아올라 사람의 얼굴을 인식하는 데 관여하는 방추상회(紡錘像回), 뇌의 옆면에 위치하여 다른 사람이 바라보는 곳을 감지하는 우측 상부 측두골 뇌구(腦溝。뇌에서 도랑처럼 파인 부분), 다른 사람의 몸을 관찰하는 기능을 하는 후두부 대뇌피질의 일부, 뇌의 기저부에 위치하여 기본적 시각정보 처리를 담당하는 상구(上丘。위쪽 둔덕 모양 뇌 부위), 인간의 강렬한 감정을 조절하는 편도체 등이 서로 입과 호흡을 맞춰가며 동작을 최대한 일치시켜 합창을 할 때 반짝반짝 '불'이 들어온다는 것이죠.

뇌의 집행기능을 촉진하는 전두두정엽(앞뇌 정수리 부분)의 신경망과, 감각과 관련된 전전두엽(앞뇌 가장 앞쪽 부분)의 피질도 깨어나는데요. 특히 눈과 가까운 쪽 뇌 부분인 안와전두피질, 정수리 부분 오른쪽 아래 두정피질, 후두 중간 앞쪽 피질이 사람이 협력과 관련된 행동을 할 때 유독 더 눈에 띄게 활성화된다고 합니다.

미국 워싱턴대학교 '학습과 뇌과학센터 사회인지신경과학 실험실'의 진 디세티, 필립 잭슨, 제시카 서머빌, 티에리 차미네이드, 앤드류 멜초프의 '기능성 자기공명영상 조사를 통해 본 협력과 경쟁의 신경학적 토대' 연구도 유사한 결론을 얻어냈습니다.

합창을 위해 일주일에 한두 번씩 모여 연습을 하다보면, 소속감과 함께 무엇인가를 같이 한다는 동질감과 친밀감을 느끼게 되어 외로움을 잊어버리게 됩니다. "이 노래는 소프라노 없인 못 불러", "역시 베이스가 없으면 어딘가 비어 보여" 하는 얘기들을 나누면서 서로가 서로에게 꼭 필요한 존재라는 생각을 갖게 되는 것이죠. 개인적으로도 "나는 이 합창단에서 꼭 필요한 존재야"라는 의식을 갖게 되면서 '인정 욕구'가 충족되어 행복감을 느낀다는 것입니다.

유니버시티칼리지런던의 음악교육학 교수 그레이엄 웰치 박사에 따르면, 규칙적으로 노래 교실을 다니는 어린이들은 신체적으로 호흡, 심장, 신경 계통의 발달에 도움을 받는다고 합니다. 노래를 부를 때 호흡을 조절하고 가사 속 어휘의 음운에 신경 쓰며 발성을 하기 때문인 것이죠.

교육적 관점에서 볼 때도 노래 교육을 제대로 받은 아이들은 자신들이 배운 것을 이해하는 능력과 기술이 더 좋다고 합니다. 그리고 무엇보다 다른 아이들과 함께 집단적으로 음악 작업을 하면서 소통하고 공동체에 대한 이해의 기초를 다지기 때문에, 노래 교육을 제대로 받지 않아 노래 능력이 뒤처지는 아이들에 비해 더 긍정적인 자아관념과 사회성을 가진다는 것입니다.

호주 그리피스대학 공중보건센터 돈 스튜어트 교수의 연구는 함께 노래 부르는 것의 효과를 직접적인 수치로 보여주고 있는데요. 스튜어트 교수 연구진은 그리피스대학이 위치한 퀸즈랜드 지역 5개 팀을 포함한 21개 합창단을 조사했습니다. 그랬더니 조사 대상 합창단원들의 98%가 자신들의 삶의 질을 좋거나 최상급이라고 점수를 매겼다는 결과가 나왔습니다. 그들의 81%는 자신들의 건강에 만족하거나 매우 만족한다고 답했다고 하고요. 그런데 놀라운 것은 합창단원들의 51%가 실제로는 오랜 기간 건강 문제를 가지고 있었다는 사실입니다. 일반적 호주 사람들의 평균보다 2배 가량 높은 수치인데요. 함께한다는, 그리고 서로가 긴밀하게 연결되어 있다는 유대의식이 합창단원들에게 행복감과 삶에 대한 만족감을 줬다는 것입니다.

같은 합창단원으로서 적어도 함께 노래 부르는 순간만큼은, 독일 출신 사회심리학자 에리히 프롬이 말한 '변증법적 휴머니즘'의 목표 즉, 사회적 계급이나 차별이 없는 완전히 자유로운 사람들 사이에서만 존재하는 진정한 인간 공동체가 이뤄지기 때문인 걸까요? 예전 한국방송 예능프로그램 '남자의 자격'에서 이경규, 이윤석, 김태원씨 등을 비롯한 연예인들과 일반인 출연진들이 보여줬던 행복과 감동 가득한 얼굴 표정들이 다시 한 번 눈에 선하게 펼쳐지는데요.

"노래 속으로 날 제대로 인도한 것은 엄마였습니다. 엄마는 내 목소리에 뭔가 있다는 것을 아셨죠. 내게 재능이 있다는 것을 느끼셨으니까요. 그 몇 년 전 내가 12살이었을 때 합창단에 들어가라고 등 떠민 사람도 엄마였죠. 합창단과 함께 시작하라, 그리고 너를 사로잡는 지점을 바라보아라 말씀하신 엄마의 말씀을 아직도 기억합니다."

자폐 증상의 일종인 아스퍼거 증후군을 딛고 세계적인 가수로 우뚝 선 수잔 보일(Susan Boyle)의 말처럼, 너도 나도 한마음으로 함께 입 맞추어 부르는 합창 속에서, 사람들은 삶의 한순간을 사로잡는 중요한 무언가를 봄 햇살처럼 눈부시게 발견하게 될지도 모를 일입니다.

음계는 개성이다

>>> > >

우리나라를 찾아 공연을 하기도 했던 펑크록의 전설 텔레비전의 노래 '마키문(mar-quee moon)'을 들어보면, 첫 부분의 동양적 기타 리프(riff。반복 선율)가 귀에 쏙쏙 들어옵니다. 기타 선율에 옛날 한국, 중국, 일본 등지의 음악에서 쓰던 동양적 음계를 사용했기 때문이죠. 한 옥타브에 도, 도#, 레, 레#, 미, 파, 파#, 솔, 솔#, 라, 라#, 시의 12음계를 쓰는 피아노 건반을 기준으로 볼 때, 그 중 다섯 개의 음을 주로 쓰는 5음계가 바로 동양 음계입니다.

물론 고대 그리스 등 서양에서도 음계의 시작은 5음계이긴 합니다만, 음양오행 사상 등의 영향으로 동양에서 5음계를 더 많이 오랫동안 썼습니다. 한국도 12율명이라는 12음계가 있었지만 그중에서 5개의 음을 골라 만든, 흔히들 궁, 상, 각, 치, 우(도, 레, 미, 솔, 라)라고 부르는 5음계를 주로 사용해왔죠.

우리나라 신중현의 노래 '미인'과 일본 밴드 '아시안 쿵푸 제너레이션'의 노래 '엔지에스(N.G.S)'도 이러한 동양적 음계를 썼습니다. 비틀즈의 노래 '노르웨지안 우드(Norwegian Wood)'는 인도 악기 시타르와 함께 인도 음계의 영향을 받아 만들어졌죠. 시타르는 서양 음계 속 반음의 절반인 1/4음도 낼 수가 있습니다. 인도 음악에는 한 옥타브 안에 66개의 음이 들어가는 음계도 있다고 합니다. 비틀즈의 '서전 페퍼스 론리 하츠 클럽 밴드(Sgt. Pepper's Lonely Hearts Club Band)' 앨범에서 조지 해리 슨이 작곡한 '위딘 유 위드아웃 유(within you without you)'라는 노래에서는 인도 음계 '라가(Raga)'의 분위기를 느낄 수 있죠. 사이먼 앤 가펑클의 노래 '스카보로 페어 (Scarborough Fair)'는 도리아선법이라는 고대 그리스 음계를 사용하였습니다.

현대 음악에서 주로 쓰이는 장조의 음계 구성(도–레–미–파–솔–라–시, 다시 말해 온음-온음-반음-온음-온음-온음-반음의 순서로 음 간격을 두는 음계)이나 단조의 음계 구성(라–시–도–레–미–파–솔, 즉 온음-반음-온음-온음-반음-온음-온음의 순서로 음 간격을 두는 음계)과 다른 음계(장조와 단조의 음계와 다르게 한 옥타브에서 다른 방식으로 온음, 반음의 음 간격을 두는 음계)를 쓰는 이유는 바로 노래의 개성을 위해서입니다.

블루스와 록 기타리스트들은 5음계를 즐겨 쓰고, 어떤 클래식 음악가들은 아예 자기만의 음계를 구성해서 노래를 만들기도 합니다. 베르디의 '아베 마리아'가 그와 같은 경우라 할 수 있죠. 온음만으로 구성된 6음계를 쓸 수도 있고, 온음-반음-온음-반음-온음-반음-온음-반음의 음 간격을 두는 식으로 8음계를 쓸 수도 있습니다.

스마트폰 앱인 개러지밴드에서도 믹소리디언, 일본 음계, 블루스 단조 등등 여러 가지 음계를 이용해 피아노, 기타, 베이스, 현악기를 연주할 수 있습니다. 피아노 컴패니언이라는 앱에는 여러 가지 종류의 음계 사전이 나와 있죠. 한 옥타브 안에서 특정한 7개의 음을 터치하면 거꾸로 그것이 무슨 음계인지도 알려주는 기능도 있습니다.

예를 들어 '피아노 컴패니언' 앱에서 도리안 음계를 검색해 그 음계 안에 있는 도, 레, 미b, 파, 솔,라, 시b 음을 주로 이용하여 멜로디를 만들면 도리안 음계의 특색을 가진 음악을 만들 수 있는 것이죠. 이런 앱들에 들어 있는 음계 정보를 잘 사용한다면 자기만의 개성을 한껏 살린 노래를 작곡할 가능성이 높아지게 됩니다,

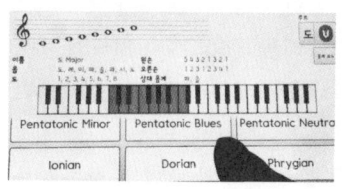

■ 스마트폰 앱 '피아노 컴패니언'을 사용해 음계(Scale)를 찾는 사진

불한당들의 세계사와
불온한 대리코드들

>>> > >

몇 해 전 카드사 고객 정보가 유출되어 카드사 사장들이 사표를 쓰고 고객들은 집단 소송까지 제기하는 일이 있었죠. 또 카드 사용 전산내역이 줄줄이 노출되는 사고가 벌어지기도 했구요. 그 얼마 뒤엔 통신사 고객 주민번호와 은행계좌 등의 고객정보가 해킹으로 털려 커다란 사회적 파장을 낳기도 했습니다.

그렇게 유출된 우리의 정보들은, 이를테면 2013년 6월의 어느 날 마포 피자집에서 어떤 피자와 파스타를 얼마나 먹었는지, 그 뒤에 공덕동 커피가게에서 어떤 커피와 음료수를 사먹었는지, 퇴근 뒤 집에서 VOD 서비스로 어떤 영화를 봤는지, 또 무슨 통신사를 이용하고 스마트폰 약정기간이 언제 끝나는지 등등 우리의 일상생활을 누군가에게 고스란히 보여주게 되겠죠.

영국 소설가 조지 오웰이 말한 '빅브라더(정보를 독점하여 사회를 통제하는 권력)'나 프랑스 후기 구조주의 철학자 미셸 푸코가 말한 '팬옵티콘(원형 감시탑)'을 근거리에서 체감케 해준 일들인 것 같습니다. '푸코'라는 이름이 뇌리에 떠오르자 제임스 조이스가 소설 '율리시스'에서 사용한 자동기술법이라도 작동된 듯, '성의 역사'를 비롯해 '고전주의 시대에 있어 광기의 역사', '지식의 고고학' 등 그의 저작들이 마치 핵반응처럼 연쇄적으로 '기억의 중생대 지층 속'에서 홀연히 발굴되는군요.

그 의식의 꼬리를 계속 물고 따라가보니 미셸 푸코는 물론 루이 알튀세, 자크 데리다, 움베르토 에코 등 20세기 서구 지성사의 핵심적 인물들에게도 절대적인 영향을 끼친 시인이자 소설가 호르헤 루이스 보르헤스(Jorge Luis Borges)가 눈앞에 현현합니다. 박찬욱 영화감독과 강금실 전 법무부장관, 진중권 동양대 교수 등이 추천한, 매혹적인 제목의 보르헤스의 단편소설집 '불한당들의 세계사'가 자연스레 제 망막으로 인화되는 듯하구요.

뒤이어 1929년 L.페브르와 M.블로크를 중심으로 형성되어, 2세대 F.브로델, 3세대 J.르고프, 조르주 뒤비 등에 의해 계승된 프랑스 역사학파인 '아날학파'가 떠오릅니다. 아날학파는 인간의 삶에 관한 모든 학문 분야를 통합, 생활사 중심으로 역사를 기술하여 1970년대 이후 세계 역사학계에 중요한 족적을 남겼죠.

또 미국 펜실베니아주립대 등 연구팀이 멕시코 동굴 석순에서 강수량 데이터를 분석하여 과학지 '사이언스'에 발표한 마야문명 멸망 원인이 660년~1000년 사이의 극심한 건조기라는 내용. 아메리카 신대륙을, 대구의 서식 경로를 쫓아가다가 발견했고 미국의 독립혁명도 영국의 대구와 차 무역 제한으로 촉발됐다는 내용. 발해 멸망의 진짜 원인은 백두산 화산 폭발일 수도 있다는 내용. 3.1운동이 당시 전세계적으로 유행했던 스페인 독감(요즘의 신종플루)에 대한 일제의 무책임한 방역정책과도 연관되어 있다는 신문기사 내용들도 떠오릅니다. 그리고 드디어 음악 화성학에 있어서의 '대리코드'들이 머리 속으로 산책을 나오는군요

푸코, 보르헤스, 브로델 등이 정치경제 중심의 역사에서 더 나아가 문화적 접근 등을 통해 '다양한 인간 삶의 역사'를 구축하는 모습에서, 코드 진행에 있어 중심적 코드들인 토닉(I, 으뜸화음), 서브도미넌트(IV, 버금 딸림화음), 도미넌트(V, 딸림화음) 코드들을 좀 더 다양하고 풍요롭게 바꿔주는 '대리코드'들의 모습이 보였기 때문입니다.

더 나아가 푸코가 그의 저서 '감시와 처벌'에서 보여준 것처럼 통제를 내면화시키는 권력에 대한 '불온한 도전'을 생각하면, 때론 진부하고 낡은 기존 코드 체계에 저항하는 '불온한 대리코드'들을 통해 뭔가 더 색다른 음악적 시도를 꿈꾸게 되기도 합니다.

바로 아래의 이미지들은 G키의 I, IV, V도인 G, C, D 코드 대신 대리로 쓸 수 있는 코드들을 검색할 수 있는 스마트폰 앱 '피아노 컴패니언'의 일부 화면들입니다. 대리코드들을 사용하려면 화성학을 잘 알아야 하기 때문에 작곡이나 반주를 시작한 지 얼마 안 된 사람들은 이러한 음악 앱이 나오기 전까지는 대리코드를 사용하는 데 상당한

어려움을 겪었죠. 대리코드를 잘 모르니 늘 쓰는 코드만 쓰게 되어 음악이 너무 단순하게 만들어지기도 했구요. 하지만 스마트폰과 소프트웨어 기술 발전에 따라 '피아노 컴패니언' 같은 화성(코드)에 대한 정보를 쉽게 접하게 되어 좀 더 새롭고 다른 음악을 만들 수 있게 되었습니다. 대학 작곡과 등에서 화성학을 정식으로 배운 사람들이 아니더라도 누구나 쉽게, 또 다양하게 음악을 만들 수 있게 된 것이죠. 이를테면 '음악 정보의 민주화', '음악 지식의 탈중심화'라고 할 수 있는 것입니다.

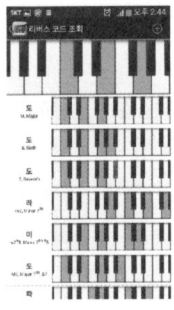

스마트폰 앱 '피아노 컴패니언(piano companion)'을 열고 '리버스 코드 조회'를 선택하여 G키의 구성음인 솔, 시, 레를 오른쪽 건반으로 누르면 왼쪽 '솔' 밑으로 솔6(G6), 솔7(G7), 미m7(Em7) 등의 코드들이 보이실 겁니다.

아래에도 다른 코드들이 더 있는데요. 그 코드들을 자기 취향에 맞게 선택해서 '솔'(G) 코드 대신 대리코드를 사용하여 코드 진행을 하시면 됩니다. G의 대리코드란, 노래에서 G코드가 들어가야 할 자리이긴 한데 G코드를 연속해서 쓰면 지루할 수 있기 때문에 조금 변화를 주기 위해 쓰는 코드입니다. 아래 G키의 버금딸림화음인 C코드와 딸림화음인 D코드도 위에서 설명한 것과 동일한 순서를 통해 대리코드를 찾아 쓰시면 됩니다.

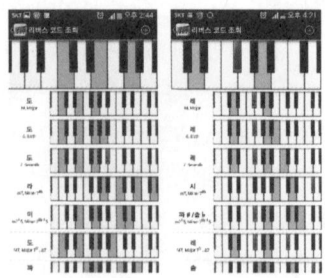

보르헤스의 '불한당들의 세계사'에 나오는 불한당 중 한명인 '잔혹한 구세주 라자루스 모렐'은 흑인 노예들을 노예 주인에게 돈을 받고 판 뒤, 몰래 탈출시켜 노예에게 그 돈의 일부를 주고 다시 다른 농장에 돈을 받고 팔아 넘겼다가 또 탈출시키는, 말 그대로 '잔혹한 구세주'입니다. 그에 대한 짧은 단편소설을 쓰면서 보르헤스는 많고 많은 음악가들 중 블루스 음악가 핸디(William Christopher Handy)를 콕 찍어 언급합니다. 아무래도 보르헤스가 그의 음악을 유별나게 좋아했기 때문이겠죠.

또 '보르헤스가 보르헤스에 대해 말하다'라는 글에서 보르헤스는 그 스스로 미국 브로드웨이 뮤지컬 '웨스트 사이드 스토리(West side story)'와 '마이 페어 레이디(My fair lady)'를 좋아한다고 밝히고 있습니다. 물론 이 노래들에는 이 노래들을 매력적일 수 있게 만들어주는 다양한 대리코드들이 여기저기 들어가 있습니다.

영국 에모리대학 신경연구센터 그레고리 번스 박사의 연구 결과에 따르면, 노래 부르는 동작을 생각만 하고 있어도 뇌의 1차 감각운동 영역인 대뇌 중심 열구(中心裂溝。 대뇌 중심의 홈처럼 파인 곳)가 활성화되어 '노래' 부르는 신체 동작과 관련된 신경세포들이 활동을 시작한다고 하죠.

번스 박사의 연구는 신기하게도 수천 년 전부터 전해져 내려오는 불교의 가르침과 통하는 부분이 있습니다. 불교 중 대승불교의 한 교파인 밀교에서는 진언(만트라)이라고 하여 마음 속의 깊고 지극히 함축된 뜻을 지닌 신비롭고 진실된 '말'들을 외우고 읊으면 신성한 존재와 합일에 이른다고 말하고 있습니다. 다시 말해 신성한 말을 노래하면 신성한 존재와 같아진다는 것입니다.

또 "말이 씨가 된다", "말하는 대로 이루어지리라"는 말들처럼 일상생활 속에서 가정이 현실이 되는 경우를 심심찮게 경험하기도 합니다. 이적의 노래 '말하는 대로'의 가사 내용처럼 말입니다. 그 말마따나 대리코드들을 통해 뭔가 색다르고 다양한 음악을 '말'하고 '노래' 부르면, 그 말과 노래를 따라 우리 또한 색다름과 다양성으로 풍요로워질 수 있을지 모릅니다.

노래와 시와 아름다움의 인식론

>>> > >

서태지와 아이들, 듀스, 김건모, 신승훈, 이승환, 015B 등이 활동하며 심심찮게 음반 판매량 백만 장을 넘기던 1990년대를 우리 가요계의 찬란한 황금기로 꼽는 분들이 많은데요. 그런 1990년대의 한편에서 문학계를 풍미했던 시인으로는 기형도가 있습니다. 마치 아름다운 배경음악 속에서 인상파적 색채의 그림을 보여주는 듯한 그의 시에는 수많은 식물들의 비유법이 꽃피어 있습니다. 노래 가사에서도 의미를 전달하는 훌륭한 수단 중의 하나인 바로 그 비유법이 활짝 만개해 있는 것이죠.

"아주 추운 밤이면 나는 이불 속에서 해바라기 씨앗처럼 동그랗게 잠을 잤다. 어머니 아주 큰 꽃을 보여드릴까요? 열매를 위해서 이파리 몇 개쯤은 스스로 부서뜨리는 법을 배웠어요. 아버지의 꽃 모종을요. 보세요 어머니. 제일 긴 밤 뒤에 비로소 찾아오는 우리들의 환한 가계(家系)를. 봐요 용수철처럼 튀어 오르는 저 동지(冬至)의 불빛 불빛 불빛."

위의 시에서처럼 '추운 삶' 속에서 희망처럼 따뜻한 태양을 바라보는 해바라기, 그 씨앗으로 은유(隱喩)된 기형도 시인의 꿈들은 그의 글들 곳곳에서 반짝반짝 반딧불처럼 은은하게 빛나고 있는 듯합니다.

다른 훌륭한 시인들의 시에서처럼 기형도 시인의 시에서도, 비유법은 언어로 쓰였으되 언어의 다리가 끊어진 길 저 건너편의 형언할 수 없는 인식과 감정상태를 드러내 보여주고 있는 듯합니다. 그의 시들을 읽다보면 어떨 때는 마치 막다른 벼랑 앞에서 용수철처럼 훌쩍 튀어올라 언어 저편의 세상으로 착지하는 느낌이 들기도 하더군요.

애끓는 짝사랑으로 밤새워 쓴 연애편지에 스스로도 감동 받았는데, 아침에 일어나 우체통에 부치기 전 다시 한 번 읽었다가, 그 유치함에 너무 놀라 편지를 북북 찢어버렸던... 그러다 문득 라디오에서 흘러나오는 절절하게 가슴을 울리는 노래 가사를 듣고 눈물 뚝뚝 흘리던 그때처럼 말이죠. 기형도 시인의 비유를 보면서 문득 불교 인식 논리학의 하나인 '인명론(因明論)'이 떠오르기도 합니다. 깨달음을 위한 인명론의 체계인 삼지작법(三支作法)에서의 삼지(三支)는 종, 인, 유(宗, 因, 喩)를 말하는데, 여기서 유(喩)와 시의 수사법인 비유(比喩)에서의 유(喩)는 '깨달음'이라는 뜻을 가진 같은 한자이기 때문입니다.

불이 나면 연기가 난다 (1단)

앞산에 연기가 난다 (2단)

그러므로 앞산에는 불이 났다 (3단)

아리스토텔레스에서 비롯된 서양의 삼단논법이 위와 같이 논리적 연결을 통해 깨달음을 얻게 하는 반면,

앞산에 불이 났다 (宗)

연기가 나니까 (因)

아궁이에 불을 때면 연기가 나듯이 (喩)

동양 불교의 삼지작법에서는 위에서처럼 논리적 연결에 더해 비유까지 깨달음의 한 방법으로 사용하는데요. 여기서 시(詩)라는 한자 자체가 사(寺)＋언(言)이 결합된 말, 즉 시가 절의 언어에서 비롯된 것이라는 점을 생각하면 더더욱 기형도 시의 비유와 불교 인명론이 비슷한 느낌으로 성큼 다가옵니다.

기형도처럼 시인이기도 했던 만해 한용운 스님은 '님의 침묵'을 비롯해 많은 훌륭한 시들은 물론 불교 개혁 이론서인 '조선불교유신론'을 쓰기도 했는데요. 독립선언서의 공약 삼 장을 지으며 불교계 대표로 3.1독립만세운동에 참여하고 수많은 강연을 하는 등 논리적 달변을 가능하게 한 배경에는 만해의 숱한 '인명론' 탐독이 있었던 것이

죠. 일간지 기자로서 논리적인 기사 쓰기와 시 쓰기를 병행했던 기형도 시인의 필력 또한, 인명론과 결코 무관치 않은 시적 비유가 가진 힘에서 비롯된 것일 수 있다는 생각을 한 번 해봅니다.

불교 인식논리학인 인명론을 더 살펴보면, 삼지작법은 종, 인, 유와 더불어 현량(現量)과 비량(比量)을 통해 깨달음을 가능하게 합니다. 종은 증명되는 것이고, 인은 종을 성취시키는 이유이며, 유는 종을 증명하기 위하여 도와주는 비유인데요. 여기서 비량은 인과 유의 두 가지를 비교하여 종을 알게 하는 추리를 말하고, 현량은 직관을 의미합니다. 불교의 현자들은 더 나아가 언어로 쓰여진 논리와 인식의 한계를 넘은, 사유뿐만이 아닌 실체로서의 깨달음을 추구하게 됩니다. 언어로는 결코 다할 수 없는 절대적 사랑을 얘기하는 기독교와 다른 종교들도 물론 마찬가지구요.

그런 깨달음들이 우리의 일상생활과 전혀 동떨어진 것이리란 법은 없습니다. 좋은 시 속에서, 그 시 속의 논리적이고도 초논리적인 아름다운 비유 속에서, 그러한 시의 비유가 심장을 뛰게 하는 리듬과 가슴을 울리는 선율에 녹아 흐르는 음악 속에서, 우리는 비록 짧은 순간이더라도 도저히 말로 다할 수 없는 그 무언가를 느끼고 깨달으며 너 나 없이 깊은 감동 속으로 빠져들기 때문입니다. 백창우 작곡가, 포크 밴드 '신세계프로젝트', 민찬홍 작곡가와 만난 기형도 시인의 시 '빈집'이나, 시 자체를 읊조리다 보면 그대로 음악이 되어버리고 마는 '안개'처럼 때론 슬프게, 때론 아이러니하게, 때론 아름답게 말입니다.

사랑을 잃고 나는 쓰네
잘 있거라, 짧았던 밤들아
창밖을 떠돌던 겨울 안개들아
아무것도 모르던 촛불들아, 잘 있거라
공포를 기다리던 흰 종이들아

망설임을 대신하던 눈물들아
잘 있거라, 더 이상 내 것이 아닌 열망들아
장님처럼 나 이제 더듬거리며 문을 잠그네
가엾은 내 사랑 빈집에 갇혔네

-기형도의 시 '빈집'

1。
아침 저녁으로 샛강에 자욱이 안개가 낀다.
2。
이 읍에 처음 와본 사람은 누구나
거대한 안개의 강을 거쳐야 한다.
앞서간 일행들이 천천히 지워질 때까지
쓸쓸한 가축들처럼 그들은
그 긴 방죽 위에 서 있어야 한다.
문득 저 홀로 안개의 빈 구멍 속에
갇혀 있음을 느끼고 경악할 때까지.
어떤 날은 두꺼운 공중의 종잇장 위에
노랗고 딱딱한 태양이 걸릴 때까지
안개의 군단(軍團)은 샛강에서 한 발자국도 이동하지 않는다.
출근 길에 늦은 여공들은 깔깔거리며 지나가고
긴 어둠에서 풀려나는 검고 무뚝뚝한 나무들 사이로
아이들은 느릿느릿 새어 나오는 것이다.
안개에 익숙하지 않은 사람들은 처음 얼마 동안
보행의 경계심을 늦추는 법이 없지만, 곧 남들처럼
안개 속을 이리저리 뚫고 다닌다. 습관이란
참으로 편리한 것이다. 쉽게 안개와 식구가 되고
멀리 송전탑이 희미한 동체를 드러낼 때까지
그들은 미친 듯이 흘러 다닌다.
가끔씩 안개가 끼지 않는 날이면
방죽 위로 걸어가는 얼굴들은 모두 낯설다. 서로를 경계하며
바쁘게 지나가고, 맑고 쓸쓸한 아침들은 그러나
아주 드물다. 이곳은 안개의 성역(聖域)이기 때문이다.
날이 어두워지면 안개는 샛강 위에
한 겹씩 그의 빠른 옷을 벗어 놓는다. 순식간에 공기는
희고 딱딱한 액체로 가득 찬다. 그 속으로

식물들, 공장들이 빨려 들어가고
서너 걸음 앞선 한 사내의 반쪽이 안개에 잘린다.
몇 가지 사소한 사건도 있었다.
한밤중에 여직공 하나가 겁탈당했다.
기숙사와 가까운 곳이었으나 그녀의 입이 막히자
그것으로 끝이었다. 지난 겨울엔
방죽 위에서 취객(醉客) 하나가 얼어 죽었다.
바로 곁을 지난 삼륜차는 그것이
쓰레기 더미인 줄 알았다고 했다. 그러나 그것은
개인적인 불행일 뿐, 안개의 탓은 아니다.
안개가 걷히고 정오 가까이
공장의 검은 굴뚝들은 일제히 하늘을 향해
젖은 총신(銃身)을 겨눈다. 상처 입은 몇몇 사내들은
험악한 욕설을 해대며 이 폐수의 고장을 떠나갔지만,
재빨리 사람들의 기억에서 밀려났다. 그 누구도
다시 읍으로 돌아온 사람은 없었기 때문이다.
3。
아침 저녁으로 샛강에 자욱이 안개가 낀다.
안개는 그 읍의 명물이다.
누구나 조금씩은 안개의 주식을 갖고 있다.
여공들의 얼굴은 희고 아름다우며
아이들은 무럭무럭 자라 모두들 공장으로 간다.

-기형도의 시 '안개'

시인의 자작곡 들으면서
식물처럼 자라볼까

>>> > >

"이제는 돌아와 조용히 살으리
지난날 괴로움 모두 잊고 살으리
아아아 아아 고목나무 가지에
흐르는 얼굴 위에 바람이 분다
아아아아
아무도 없이 살으리..."

-기형도 시인이 작사·작곡한 노래 '고목' 중에서

　　4분의 6박자, 가단조로 쓸쓸한 내면 풍경을 표현한 노래 '고목'의 악보를 보면서, 식물들과 정서적 동질감을 느끼던 기형도 시인의 모습을 또 한 번 상상하게 됩니다. 고목처럼 말라버린 표정의 얼굴에 다만 한 줄기 바람만이 살아있음을 증명해준다는 절대 고독의 감정상태가 절절하게 느껴지는데요.

　　작곡할 때 쓸쓸한 마음을 표현하기 위하여 단조 음계를 택했지만, 남자가 부르기에는 조금 높은 편인 가단조(A key)로 음악을 진행한 것을 보면 역시 평소 고음으로 노래를 즐겨 부르던 기형도 시인의 개성이 잘 드러나 보이기도 합니다.

스산한 바람이 불고 날씨가 점점 쌀쌀해지는 가을이 시작되면 뭔지 모를 쓸쓸함이 가슴 한편으로 몰려오는데요. 그럴수록 한 잔의 따뜻한 커피처럼 따뜻한 말들이 사람의 마음을 더 잔잔히 데워줄 수 있지 않을까 하는 생각이 듭니다. 사람은 물론 식물들에게도 똑같이 말이죠.

실제로 식물들은 사람의 말의 '온도'에 반응을 보인다고 하는데요. 2013년 부산대학교 의학전문대학원 인문사회의학교실의 신영혜, 제민지, 김성수, 미생물학 및 면역학교실의 안순철, 재활의학과의 이창형, 진단검사의학교실의 장철훈 연구원이 '한국인간·식물·환경학회지' 6월호에 발표한 '긍정의 말과 의도가 애기장대 종자의 발아와 생체중에 미치는 영향' 연구논문을 보면 그 사실을 체감할 수 있습니다.

이 연구에서 연구진들은 애기장대(Arabidopsis thaliana)의 종자 200개를 4개의 묘판에 각각 50개씩 심어 온도 20~22℃를 유지하면서 각각의 묘판 위에 40W 백색 형광등으로 16hr광/8hr암을 쐬었습니다. 동시에 묘판 위치에 따른 영향을 배제하기 위해 4개의 묘판을 하루에 한 번 위치를 변경해주는 등 상당히 엄격한 조건의 실험을 3번 반복해서 진행했습니다.

그리고 첫 번째 애기장대 그룹엔 기계음으로 부정적인 말을 들려줬고, 두 번째 그룹엔 기계음으로 긍정적인 말을, 세 번째 그룹엔 사람의 음성으로 직접 부정적인 말을, 네 번째 그룹엔 사람의 음성으로 직접 긍정적인 말을 들려줬다고 합니다.

하루에 2번 오전, 오후에 한 번씩 묘판으로부터 15cm 떨어진 거리에서 5분간 위와 같은 음성을 전달했다고 하는데요. 그랬더니 기계음으로 부정적 말을 전달한 애기장대 그룹의 평균 생체중은 0.27mg, 기계음으로 긍정적 말을 전달한 그룹은 0.31mg, 사람 음성으로 부정적 말을 전달한 그룹은 0.34mg, 사람 음성으로 긍정적 말을 전달한 그룹은 0.42mg이었다고 합니다. 사람의 음성으로 긍정적인 말을 전달 받은 애기장대 그룹의 성장이 가장 좋았던 것이죠.

외국의 한 연구에서는 남성과 여성의 말을 녹음한 뒤 한 달 동안 토마토에 들려준 결과, 여성의 음성을 들은 토마토가 2인치 더 성장한 것으로 나타났다(〈The Telegraph〉, 2009)고 하는데요.

위의 두 연구를 종합해보면 기형도 시인이 자신의 음성으로 직접 식물들에게 노래를 들려주었을 경우, 그 식물들은 다른 식물들보다 더 잘 자랐을 가능성이 큽니다. 기형도 시인은 보통 남성보다 높은 A키(라장조, 라단조) 등 거의 여성 키(Key)에 가까운 조성으로 노래를 즐겨 불렀기 때문에 그럴 가능성이 높은 것이죠.

20·30대 남성이 보통 크기와 보통 높이로 모음을 발성할 때의 주파수는 100~150Hz이고 여성은 200~300Hz로 조금 더 높다고 하는데요.

여기에서 수원 농업생명공학연구원이 2007년에 발표한 연구 결과를 보면, 벼에 주파수 250Hz의 음악을 들려주고 벼의 DNA 변화 여부를 검사했더니, 당 분해 대사와 관련된 알도레이즈 유전자의 활성도가 30~40%나 높아졌다고 합니다. 광합성과 관련된 루비스코 유전자도 음악을 들려준 뒤 25%나 활발해지는 등 성장이 촉진되었구요. 반면 50Hz의 음악에는 오히려 활동성이 떨어졌다고 하니, 벼를 더 잘 자라게 한 250Hz의 음악 주파수대와 여성의 음역대인 200~300Hz 주파수대에 가깝게 노래를 했던 기형도 시인의 노래가 식물들을 더 잘 자라게 했을 가능성이 높을 것이라는 생각이 전혀 엉뚱한 것만은 아닌 듯합니다.

시인이 사랑한 식물들은 그의 시와 노래를 들을 청력이 있었다?

>>> > >

처음이자 마지막 유고시집 「입 속의 검은 잎」으로 1990년대 초반 시대적 감수성을 대변했던 기형도의 시들에는 유난히 식물과 관련된 묘사들이 많습니다. 사람의 걸음 소리를 시든 배추 이파리 소리로 의인화(擬人化), 아니 의물화(擬物化)시켜 고단한 노동을 마치고 집으로 돌아오는 어머니의 모습을 처연한 아름다움으로 묘사한 "엄마 안 오시네. 배추 잎 같은 발소리 타박타박 안 들리네." ('엄마 걱정' 중에서)와 같은 문장.

또 산업화 시대 고향을 떠나와 도시 외곽을 맴돌며 살아가던 사람들의 뿌리 상실에 대한 아픔과 정서적 근원에 대한 갈망을 그린 "아버지는 흙 속에서 천천히 걸어 나오셨다. 봐라. 나는 이렇게 쉽게 뽑혀지는구나. 그러나, 아버지. 더 좋은 땅에 당신을 옮겨 심으시려고." ('위험한 가계(家系)' 중에서)와 같은 시구들이 바로 그것이죠. 더 나아가 "어디쯤일까 내가 연기처럼 더듬더듬 피어올랐던 이제는 침묵의 목책 속에 갇힌 먼 땅" ('식목제(植木祭)' 중에서)과 같은 구절들에서 그는 자기 자신을 나무나 풀꽃들과 동일시하는 모습을 보여주기까지 합니다.

1960~70년대 당시 서울 변두리 지역이었던 경기도 광명시 소하동에서 유년 시절을 보냈기 때문에, 기형도의 시 언어들은 어린 그의 삶 곁을 따라 흐르던 안양천 주변 온

갖 식물들의 '사계'로 때론 아름답게 때론 슬프게 물들어 있는 것이죠. 광기 어린 속도의 산업화 과정 속에서 안양천변 공장들이 쏟아내는 폐수로 썩어가던 강물이 한숨처럼 토해낸 안개를 모티브로 삼아 그의 신춘문예 당선작 '안개'가 태어났듯, 형형색색의 식물들은 그의 인생에서 중요한 시간과 공간 곳곳에 뿌리를 내리고 줄기와 꽃을 기억 한가득히 피워올렸던 것입니다. 안양천변에 살던 기형도가 그곳에서 함께 살던 식물들의 '사계'를 가까이에서 들었듯, 그의 기억 속 식물들 또한 기형도의 시와 노래를 '청취'했을 것입니다. 이 추정은 단지 시적 상상력에 의한 주장이 아니라 과학적 사실에 근거한 것인데요.

식물이 청력과 비슷한 능력 또는 소리 자극에 생체적으로 반응한다는 사실은 실제 실험에서도 밝혀진 바 있습니다. 호주 웨스턴대학의 식물생리학자 모니카 개글리아노 교수팀은 수경재배하는 옥수수에 한쪽 방향으로만 220Hz의 소리를 들려주었다고 합니다. 그 결과 옥수수의 뿌리가 소리 나는 방향으로 굽어 자라는 현상을 확인했습니다. 게다가 그 옥수수 뿌리들은 자기들이 들은 220Hz의 소리와 비슷한 선율의 소리를 발산했다고 합니다.

개글리아노 연구팀의 또다른 연구진은 고추 씨앗들이 페늘(회향(茴香), 달콤한 향이 극도로 강한 채소) 옆에서 더 빠르게 성장한다는 사실을 발견했다고 합니다. 그런데 이 실험에서 눈여겨볼 점은, 연구진들이 향기는 차단하지만 소리는 전달시키는 상자 안에 페늘을 두었다는 사실입니다. 고추 씨앗들이 페늘이 내는 소리를 들을 때 더 빨리 성장한다는 사실을 밝혀낸 것이죠.

기형도는 누이와 매형들이 집으로 찾아오는 날이면 그들과 함께 노래를 즐겨 불렀다고 하는데요. 중앙고등학교에 다니던 고교생 시절에는 교내 중창단 '목동'에서 바리톤으로 활동했다고 합니다. '애니 로리(Annie Laurie)', '코튼 필즈(Cotton fields)'와 같은 노래들을 즐겨 불렀다고 하죠('애니 로리'는 1682년 무렵 쓰여진 윌리엄 더글라스(William Douglas)의 시에 1834년 앨리샤 스콧(Alicia Scott)이 멜로디를 붙여 만든 오래된 스코틀랜드 노래입니다). 더글라스는 애니 로리를 너무나 사랑했지만 정치적 입장 차이가 너무나 컸던 애니 로리 부친의 반대로 결국 이별하게 됐고 그 상실감을 시로 표현했다고 하는데요. 이 노래는 나중에 미국으로 퍼져 남북전쟁 당시 군인들 사이에서 널리 불렸다고 합니다. '코튼 필즈'를 부른 CCR(Creedence Clearwater

Revival)은 1968~1972년 미국에서 로큰롤 컨트리록 장르의 음악활동을 했던 남성 4인조 밴드로 전쟁 반대 등 정치적 메시지를 노래에 담으면서도 흥겨운 리듬과 멜로디로 국내에서도 많은 인기를 얻었습니다. 고고장 댄스곡 레퍼토리로도 빅히트를 쳤습니다.

최근 영국 런던에 위치한 퀸메리대학의 연구진은 음악이나 목소리 등과 같이 일상생활에서 들을 수 있는 소리를 이용해 휴대폰을 충전할 수 있는 나노발전기를 만들었다고 하는데요. 이 나노발전기는 나노 막대기의 형태로 된 물질이 소리의 진동에 반응하는 움직임을 전기에너지로 변환하는 것이라고 하니, 이렇게 분명한 물리적 실체로서의 소리가 어떤 식으로든 식물이 가진 나노 단위의 미세한 조직에 영향을 주었음은 분명한 사실일 것입니다.

그렇다면 그의 노래 소리를 들은 식물들은 어떤 모양의 이파리와 꽃들을 피워올리며 기형도의 시 속에 울창하게 우거진 기억으로 남았을까요?

우범지역에서 클래식을 틀면
범죄가 줄어든다고?

>>> > >

우범지역에서 클래식 음악을 틀면 과연 범죄와 반사회적 행동이 줄어들까요?

외국에서는 지하철역에 클래식 음악을 틀어 의미 있는 효과를 봤다고 합니다. 이러한 시도는 1990년대 캐나다 몬트리올 지하철역에서 처음 테스트 되었는데요. 이후 같은 시도를 한 미국 뉴욕시에서는 지하철 전동차에 그려지는 낙서와 부정승차 등 1980~1990년대에 기승을 부리던 대중교통 범죄가 절반 가량 줄어들었다고 합니다. 오레곤 주 포틀랜드에서는 2010년 시범방송 기간 동안 경찰 신고 건수가 대략 40% 줄었다고 하네요. 또 2003년 클래식을 방송한 영국 런던 40여 개 지하철역 중 엘름파크 역에서는 18개월간 강도 33%, 승무원 공격 25%, 기물 파손 37%가 감소한 것으로 나타났다고 합니다. 런던 지하철역 전체적으로는 2005년에 젊은 사람들에 의한 육체적, 언어적 희롱 행위가 1/3가량 줄어들었다는 보고도 있구요.

클래식 음악 방송은 골목길이나 교실, 버스 정류장에서도 효과를 보았는데요. 2001년 미국 플로리다 팜비치에서는 길거리 범죄가 드라마틱하게 감소했고, 영국 더비의 한 학교에서는 2010년 벌칙 대신 한 시간가량 클래식 음악을 듣게 한 결과 반항과 부정행위가 50% 가까이 줄었다고 합니다. 2005년 영국 더럼 카운티의 스탠리 버스 정류장에서는 교통 시스템에 대한 공격행위가 25%, 범죄에 의한 손해가 20% 감소했다죠.

기원전 300여 년 전부터 그리스 철학자 플라톤의 "음악은 도덕법칙"이라는 말이 전해져왔다고 하는데, 그렇다면 외국에서는 도대체 어떤 클래식 음악들을 틀어줬길래 위와 같은 긍정적인 효과들이 발생하게 된 걸까요?

런던 지하철에서는 모짜르트, 베토벤, 바흐의 음악들을 자주 틀었다고 합니다. 런던 동쪽 노선에서는 비발디, 헨델, 라흐마니노프, 무소르그스키를 많이 방송했다고 하구요. 주로 18세기~19세기 클래식 음악들이 많이 울려퍼졌다고 합니다. 미국 미네소타주 미니애폴리스의 레이크 스트리트 라이트레일역에서도 베토벤, 바흐, 모짜르트, 헨델을 방송해줬다고 합니다. 캐나다 토론토의 케네디 지하철역에서는 쇼팽도 틀어줬다고 하네요.

우범지역에서 클래식 음악의 범죄예방 효과는 심리학 실험을 통해 정립된 '깨진 창' 이론으로 설명될 수 있는데요. 창문이 안 깨진 자동차보다 창문이 깨어진 자동차의 물건들이 훨씬 쉽게 빨리 도난당한다는 것이 이 이론의 내용입니다. 이 이론을 지하철역에 적용시켜보면 클래식 음악이 '창문'의 역할을 하여 부정승차나, 낙서, 그밖의 비행을 저지르려는 사람을 멈칫하게 만든다는 것입니다.

처음으로 지하철역에 클래식을 방송했던 캐나다 출신 워싱턴포스트 기자 말콤 글래드웰에 따르면 이렇게 부정승차와 낙서 등의 자잘한 범죄가 클래식 음악에 의해 줄어들면 더 죄질 나쁜 범죄로의 '중대 전환점'도 감소하게 되는 효과를 본다고 하네요.

또다른 클래식 음악의 범죄예방 이론으로는 '클래식 음악의 우범 청소년 구축 이론'과 '어른들은 들을 수 없는 젊은이에게만 들리는 고주파음 이론'이 있는데요. 전자는 지하철역 등에서 비행을 저지르는 청소년들은 클래식 음악이 듣기 싫어 지하철역에 덜 가게 되니 자연스레 범죄가 줄어든다는 이론이고, 후자는 지하철에는 25살 이하 젊은이들만 들을 수 있는 고주파음이 발생하는데, 이 고주파음이 젊은이들을 자극하여 범죄를 일으키니 이를 상쇄시키기 위해 클래식 음악을 튼다는 이론입니다.

실제로 보통의 어른들은 20Hz~16,000Hz 주파수대의 소리만을 들을 수 있는 것에 반해, 25살 이하의 젊은이들은 이 주파수대를 넘어서는 모기의 17,400Hz 고주파음까지도 들을 수 있다고 합니다(담임 선생님이나 교감 선생님 같은 어른들은 들을 수 없는 이러한 고주파음을 휴대전화 벨소리로 만들어 수업시간 중 채팅할 때 사용하는 학생들도 있다고 하네요). 같은 나이의 젊은이라도 클래식을 공부하거나 자주 듣는 젊은 이들은 이러한 고주파음에 면역이 생겨 자극을 덜 받기 때문에, 지하철역에서 클래식 음악을 틀면 젊은이들에 의한 범죄가 예방이 된다는 것이죠.

그렇다면 이러한 클래식 음악 방송을 통한 범죄예방 프로젝트에는 얼마의 비용이 소요될까요? 클래식 음악은 연주한 실연자와 연주한 음을 고정한 음반제작자에게는 저작권과는 별도로 저작인접권이 부여되어 음원을 사용하려면 어느 정도 비용이 들지만, 작곡가가 사망한 뒤 70년이 지나면 저작권이 소멸하기 때문에(2013년 7월 1일 시행 이전에 보호 기간이 만료된 저작물의 보호 기간은 저작자 사후 50년간 존속) 저작권 관련해서 지불되는 비용은 그리 많지 않다고 합니다. 직접 연주하고 녹음하면 무료로 사용할 수 있기도 하구요. 2012년 미국 미니애폴리스 레이크 스트리트 라이트레일 역에서는 대략적으로 150달러(원화로 16만 4천원 가량) 정도의 비용으로 음원을 사용했다고 하네요.

우리나라에서도 어두운 골목길이나 지하보도 등 여러 치안 사각지역에서 클래식 음악들이 울려퍼진다면, 저렴한 비용으로 과연 얼마만큼의 긍정적인 효과를 불러오게 될지 개인적으로도 음악사회심리학적으로도 매우, 그리고 상당히 궁금해집니다.

들리는 음악에 따라
사람 인상도 달라진다?

>>> > >

"허리케인의 눈, 네 자신의 휘감아도는 소리를 들어라.
세상은 제 자신의 필요에 봉사한다. 네 자신의 욕구를 잘못 대하지 말라."

-미국의 록밴드 R.E.M의 노래 '잇츠 디 엔드 오브 더 월드 애즈 위 노우 잇' 중에서

"저 얼굴 좀 보십시오. 누가 저 얼굴에 투표하고 싶겠습니까?"라는 말로 칼리 피오리나 전 휴렛패커드 회장을 깎아내려 비판의 대상이 됐던 2015년 미국 공화당 대선 경선 후보 도널드 트럼프는 미국의 전설적 록 밴드 R.E.M의 히트곡 '잇츠 디 엔드 오브 더 월드 애즈 위 노우 잇(It's The End Of The World As We Know It)'을 선거 유세에서 무단 사용했다가 다시 한 번 망신을 당한 적이 있습니다.

트럼프가 자신의 선거 유세에서 히트곡을 저작권자의 허락도 받지 않고 마음대로 사용한 것이 그때뿐만은 아닌데요. 2014년 6월에도 캐나다 출신 가수 닐 영(Neil Young)의 노래 '록킹 인 더 프리 월드'(Rockin' in The Free World)를 유세 때 틀었다가 닐 영에게서 항의를 받기도 했습니다.

그렇다면 트럼프는, 더 나아가 정치인들은 도대체 왜 이렇게 선거 유세에서 유명 가수들의 히트곡들을 틀어대는 것일까요? 히트곡을 틀면서 유세를 하면 투표권자들이 자신의 얼굴이나 이미지를 좀 더 좋게 볼 것이라는 기대가 있기 때문에 그런 것일까요?

영국 런던대학 골드스미스 칼리지 심리학과 니드야 로지스워런 교수와 조이딥 바타카리아 오스트리아 과학아카데미 과학적시각화위원회 연구위원의 '음악에 의한 감정의 이중감각적 전이' 연구를 보면 그런 기대가 공염불에 그치지 않을 가능성이 커 보입니다.

이 연구에서 실험 참가자들은 기쁜 음악을 먼저 듣고 난 뒤, 표정이 없는 다른 사람의 얼굴을 보고 '기쁜 표정'이라고 높은 비율로 응답했기 때문입니다. 반대로 슬픈 음악을 먼저 들은 뒤 표정이 없는 다른 사람의 얼굴을 본 사람들 역시 '슬픈 표정'이라고 응답한 비율이 높았습니다. 한마디로 음악에 의해 형성된 감정이, 다른 사람의 얼굴 표정을 판단하는 시각적 인지과정에도 영향을 끼쳤다는 얘기인 것이죠.

로지스워런 교수와 바타카르야 연구위원팀은 이 연구에서 먼저 30명의 실험 참가자들에게 각각 15초 분량의 슬프거나 기쁜 음악들을 들려주었습니다. 각각의 음악을 들은 뒤에 실험 참가자들에게 기쁘거나, 슬프거나, 무표정한 사람의 얼굴 사진들을 보여주었는데요. 실험 참가자들은 스크린에 1초 동안 비춰진 그 표정들을 보고 7단계의 등급 중에서 하나의 등급을 매기도록 했죠. 1은 극도로 슬픈 등급, 7은 극도로 기쁜 등급이었습니다.

모든 실험 참가자들은 스크린에 비춰진 사람의 얼굴 표정을 정확하게 판단했는데요. 그러나 기쁜 음악을 먼저 듣고 기쁜 얼굴 표정을 본 실험 참가자들은, 슬픈 음악을 먼저 듣고 기쁜 얼굴 표정을 본 실험 참가자들보다 더 높은 등급을 그 기쁜 얼굴 표정에 매겼다고 합니다. 기쁜 음악을 먼저 듣고 기쁜 얼굴 표정을 본 실험 참가자들은 그 기쁜 얼굴 표정이 실제보다 더 기쁜 감정을 드러내는 것이라 느꼈던 것입니다.

반대로 슬픈 음악을 먼저 듣고 슬픈 얼굴 표정을 본 실험 참가자들은, 기쁜 음악을 먼저 듣고 슬픈 얼굴 표정을 본 실험 참가자들보다 더 낮은 등급을 그 슬픈 얼굴 표정에 매겼다고 합니다. 슬픈 음악을 먼저 듣고 슬픈 얼굴 표정을 본 실험 참가자들은 그 슬픈 얼굴 표정이 실제보다 더 슬픈 감정을 드러내는 것이라 느꼈던 것이죠.

기쁜 음악을 들은 뒤 무표정한 얼굴 표정을 본 실험 참가자들은, 슬픈 음악을 들은 뒤 무표정한 얼굴을 본 실험 참가자들에 비해 무표정한 얼굴에 대해 더 높은 등급을 매겼습니다. 다시 말해 기쁜 음악을 들은 실험 참가자들은 무표정한 얼굴 표정을 보고 기쁜 표정이라고 느낀 비율이 더 높았고, 슬픈 음악을 들은 실험 참가자들은 무표정한 얼굴 표정을 보고 슬픈 표정이라 느낀 비율이 더 높았다는 것입니다.

먼저 음악을 듣게 하고 나중에 얼굴 표정을 판단하게 하는 '음악 먼저 듣고 판단하기' 효과는 무표정한 얼굴 표정을 판단하게 했을 때가 다른 경우들, 즉 슬픈 얼굴 표정, 기쁜 얼굴 표정을 판단하게 할 때보다 거의 두 배나 컸다고 합니다.

로지스워런 교수와 바타카르야 연구위원팀은 또 15명의 실험 참가자들을 대상으로 전기생리학적인 실험도 진행했는데요. 감정을 자극하는 음악을 먼저 들려주고 표정 없는 얼굴의 감정 상태를 판단하게 하는 동안 EEG(뇌전도。electroencephalography。腦電圖)를 통해 실험 참가자들의 뇌파를 기록했습니다.

특정한 자극에 대해 발생하는 대뇌의 전기적 반응을 두피 부위에서 기록한 뇌파 기록인 ERP(event-related potential。사건 관련 전위)를 분석한 결과, 얼굴을 인식하는 데 특화되어 있는 N170 요소가 음악을 먼저 듣고 표정 없는 얼굴을 본 지 0.05초~0.15초 만에 측정되었다고 합니다. 이 시간은 뇌 속 뉴런의 정보 처리가 아주 초기단계에 있는 시간인데요. 다시 말해 기쁜 음악을 듣고 표정 없는 얼굴을 보자마자 0.05~0.15초 만에 그 표정 없는 얼굴을 기쁜 표정이라고 인지했다는 얘기입니다. 물론 슬픈 음악을 먼저 들었을 땐 그 표정 없는 얼굴을 슬픈 표정이라 인지했다는 얘기이구요.

음악을 들은 뒤 본 얼굴 표정에 대해 0.05~0.15초 만에 그 감정상태를 판단했다는 얘기는, 얼굴 표정을 보고 그 감정이 어떤지를 의식적 지각의 범위 바깥에서 판단했다는 얘기와도 같은 것인데요. 다른 말로 하자면 의식적 사고에 의한 판단이 아니라 무의식적이고 자동적인 판단이라는 것입니다. 기쁜 음악을 듣고 그 기쁜 감정상태에서 본 표정 없는 얼굴을, 자동적으로 기쁜 감정의 얼굴이라 판단했다는 말인 것이죠. 기쁜 음악을 틀면서 선거 유세를 하면, 선거에 나온 후보의 이미지도 투표권자들에게 무의식적으로 기쁘게 또 밝게 느껴질 수 있다는 얘기인 것입니다.

이 연구는 음악에 의해 촉발된 감정이 나중에 접한 시각물(얼굴 표정)의 내용에 대한 지각에 영향을 끼칠 수 있다는 것을 밝힌 첫 결과물인데요. 긍정적이거나 개인이 좋아하는 음악 발췌물에 대해서는 왼쪽 전두, 측두엽이 주로 반응하고, 부정적인 음악 발췌물에 대해서는 오른쪽 전두, 측두엽 부분이 주로 활성화되는 것을 보여준 미국 위스콘신-매디슨대학 심리학 정신의학과 교수 R.J.데이비슨 등의 '긍정적이거나 부정적 영향이 주어지는 동안에 나타난 전두엽과 두정엽의 뇌전도 비대칭' 연구, 청각 자극이 시각 자극과 동시에 일어날 때, 청각 자극은 시각 자극이 발생시키는 감정의 지각에 영향을 끼친다는 네덜란드 틸부르그대학 W.E.한세르 인지신경심리학과 교수팀 등의 '음악은 시각적 자극의 영향 평가에 영향을 미친다' 연구 등과 함께 종합해서 살펴보면 음악이 시각적 판단에도 영향을 끼친다는 사실을 부인하기 어려워 보입니다.

"누가 인간의 얼굴을 가장 정확하게 볼까? 사진가? 거울? 아니면 화가?"

입체파 화가 파블로 피카소는 인간의 얼굴을 어떻게 보는 것이 좋은 것인가에 대해 위와 같은 질문을 던졌는데요. 피카소가 만약 로지스워런 교수와 바타카르야 연구위원팀의 연구 결과를 하늘에서 보고 있다면 다음과 같이 질문을 바꿀지도 모르겠습니다.

"누가 인간의 얼굴 표정을 가장 많이 바꿀까? 철학자? 과학자? 화가? 아니면 음악가?"

음의 반복이 없으면
음악도 없는 것일까?

⟫ ⟩ ⟩

"레레 레레레옹
레레레 레레레옹 레레레옹
레레 레레레레 레레
눈에 띄게 흰 피부에 입술은 피빨강
꼿꼿하게 핀 허리에 새침한 똑단발   (중략)
쉐이프 오브 마이 하트(Shape Of My Heart)
난 나잇값을 떼먹은 남자
콜미(Call Me) 레옹 Call Me 레옹 Call Me 레옹
Call Me Call Call Call Call Call Call Me   (중략)
왜 그렇게 무뚝뚝하나요
상냥하게 좀 해줄래요, 마이(my) 레옹?
나도 어디서 꿀리진 않아
내 초이스(Choice)는 틀리지 않아
아임(I'm) 마, 마틸다 I'm 마, 마 마틸다
I'm 마, 마틸다 I'm 마 I'm I'm 마 I'm 마   (하략)"

- 2015년 무한도전 영동고속도로 가요제에서 박명수, 아이유가 부른 노래 '레옹' 중에서

유행하는 노래들을 듣다보면 무심결에 특정 소절을 따라 부르고 있는 자신의 모습을 발견하는 경우가 다들 왕왕 있으시죠? "내가 지금 왜 이 가사를 흥얼거리고 있지?" 반문하면서도 입술은 자기도 모르게 선율과 리듬에 맞춰 달싹거릴 때가 있습니다. 심하면 하루 종일 그 멜로디와 가사가 머릿속을 떠나지 않고 빙글빙글 맴돌기도 하죠.

위에서 보듯 2015년 무한도전 영동고속도로 가요제에서 박명수, 아이유가 불러 음원차트 상위권을 차지했던 노래 '레옹' 또한 반복되는 가사들이 상당히 많이 눈에 띕니다. 그렇다면 이러한 음악에서의 반복은 노래의 흥행이나 듣는 사람들에게 어떤 영향을 끼치는 것일까요?

미국 남가주대학 마샬경영대학 마케팅학과 교수 죠셉 누네스 교수팀의 '나는 그렇게 소리 나는 방식을 좋아한다: 팝송 인기차트에서 악기 편성이 끼치는 영향' 연구를 보면 음악적 반복과 노래 흥행 사이의 관계를 짐작할 수 있을 듯합니다. 누네스 교수팀은 1958년부터 2012년까지 55년간 빌보드차트에서 1위를 차지한 1029곡을 분석했는데요. 여기에 더해 90위 안에 들어가지 못한 1,451곡까지도 대조해 보았다고 합니다.

그 결과 히트곡들의 인기는 가사의 단순함과 그 가사들이 얼마나 자주 반복되는지와 깊은 관련이 있다는 사실을 발견해냈습니다. 여기서 중요한 점은 히트곡들과 빠르기와의 상관관계보다, 가사의 반복성에 대해 더 큰 연관성이 드러났다는 것입니다. 히트곡들에서는 제한된 어휘가 반복되는 경우가 상당히 많다는 것이죠.

이것은 인간의 뇌가 적은 노력으로 더 많은 결과물을 얻으려는 경향이 있기 때문이라는데요. 반복되는 단어나 구절을 계속 들으면서 기시감(이전에 본 적이 있는 듯한 느낌) 아니 기청감(이전에 들은 적이 있는 듯한 느낌)이 생겨 "아! 나 이거 알아. 어디선가 들은 적이 있어."라고 말하며 처음 듣는 노래에 대해 뭔가 알아낸 것에 만족감을 느낀다는 것입니다. 처음 들었지만 특정 부분이 반복되기 때문에, 한 소절에 뒤따르는 다음 소절이 어떻게 진행되는지 쉽게 알아맞힐 수 있고 또 그걸 적중시키는 데서 오는 쾌감을 즐긴다는 것입니다.

현대 대중음악의 전형이라고 할 수 있는 비틀즈의 노래 하나만 예로 들어보아도 잘 알 수 있습니다. 비틀즈는 '백 인 더 유에스에스아르(Back in the U.S.S.R)'라는 곡에서 '백 인 더 유에스'라는 구절을 12번이나 반복합니다.

작곡가 주영훈이 작사 작곡한 코요태의 '기쁨모드'의 일부분과 비슷하다고 표절 논란을 빚었던 메간 트레이너의 2014년 히트곡 '올 어바웃 댓 베이스(All about that bass)'에서는 '베이스'라는 단어가 무려 40번이나 되풀이됩니다. 이같은 음악적 반복은 한국 히트곡에서도 마찬가지인데요. 슈퍼주니어의 '쏘리쏘리'에서는 '쏘리'(Sorry)라는 단어가 16번, 그와 발음이 비슷한 '쇼리'(Shawty)라는 단어 또한 16번씩이나 등장합니다.

이와 같이 소절의 반복은 음악이 생겨날 때부터 있었던 전형적인 특징으로 보이는데요. 그리스 시대에 합창단들은 쉽게 귀에 들어오는 선율을 반복해서 불렀던 가면 쓴 배우들의 이름을 따서 명칭이 지어졌습니다. 또 바흐, 헨델 등을 비롯한 바로크 음악과 모짜르트, 하이든 등 고전주의 음악이 유행했던 18세기의 작곡가들은 노래를 만들 때 특히 반복과 그것의 변형을 중요시했죠. 한마디로 말해 음악에 있어 반복을 사용한 작곡법은 하루 이틀에 걸쳐 이뤄진 것이 아니라는 말입니다. 인류가 수천 년간의 음악 경험을 통해 축적해온 일종의 음악법칙인 셈이죠.

이러한 음악적 반복이 인간의 지성이나 감성에 끼치는 영향은 엘리자베스 헬무쓰 마르굴리스 미국 아칸소대학 음악인지학과 교수팀의 '다양한 사례 속에서의 음악적 반복의 발견' 연구에서도 찾아볼 수 있는데요.

평범한 짧은 문장을 계속해서 반복하여 발음하다 보면 마치 노래하는 것처럼 들린다는 '말에서 소리로의 환각 현상' 즉, 반복된 문장의 의미에 포만감을 느껴 더이상 그 의미에 주목하지 않고 문장의 억양이나 음의 높낮이, 리듬, 음의 길이 등으로 듣는 사람의 집중력이 옮겨간다는 기존 연구에 더해, 마르굴리스 교수팀은 음악학, 심리언어학, 신경과학, 인지심리학 등의 방법을 동원해 음악 청취자들이 음악적 반복을 어떻게 지각하고 또 그에 반응하는지 조사한 것입니다.

아칸소대학 학생 등 연령대 17~36살의 29명(남자 13명 여자 16명)을 대상으로 진행한 이 실험에서 마르굴리스 교수팀은 하이든의 '피아노 소나타 41번 가장조', 슈만의 '음악수첩 왈츠 4번 작품번호 124', 베토벤의 '현악 4중주 4번 작품번호 18' 등의 음악 발췌물들을 조작하고 조합하여 만든 소리 자료들을 들려주었는데요. 그 결과 실험 참가자들은 음절이나 음의 높낮이 등에 상관없이 반복되는 소리의 소절들을 들었을 때 그것이 음악적이라는 판단을 내렸다고 합니다.

피아니스트이기도 한 마르굴리스 교수는 "반복은 확장된 현재의 감각을 경험하게 한다. 그것은 방향성과 집중에 대한 감각이다."라는 말로 반복이 음악에서 가져다 주는 마법과도 같은 '몰입 효과'를 설명합니다.

인간의 뇌는 익숙한 음악을 들으면 뇌의 감정 영역이 활성화된다고 하죠. 이것은 그 음악을 좋아하든 싫어하든 마찬가지라고 하는데요. 반복되는 특정 노래의 일부분을 취향에 상관없이 문득문득 따라 부르고 있는 모습이 설명되는 느낌입니다.

1옥타브를 평균율의 12개 반음으로 분할한 12음, 즉 도, 도#, 레, 레#, 미, 파, 파#, 솔, 솔#, 라, 라#, 시를 같은 음의 반복 없이 배열하는 12음 음악의 창안자 아르놀트 쇤베르크조차도 "음악에 있어서의 지성이란 반복 없이는 불가능한 것으로 보인다."고 결국엔 인정했습니다.

반복이라는 인간의 음악적 의도 대신, 우연성에 음악의 중심점을 둔 카를하인츠 슈톡하우젠도 마찬가지로 "반복이라는 것은 신체의 리듬에 기초해 있다. 심장박동, 걸음걸이, 숨쉬기에서 우리는 그것을 확인할 수 있다."라고 했습니다. 좋든 싫든 이쯤 되면 음악적 반복에 대해 할 말 다 한 것이겠죠.

'아리랑 정신'과 리메이크

>>> > >

"조선인들에게 아리랑은 쌀과 같은 것입니다. 다른 노래들은 이 노래에 비하면 드물게 불리는 편이죠. 그렇기 때문에 언제 어디서든 누구나 이 아리랑을 들을 수 있습니다."

"조선인들은 즉흥곡의 명수입니다. 완성된 곡이나 음계 없이도 노래를 아주 잘합니다."

-1896년 '한국의 목소리 음악'이란 논문에 아리랑의 한 종류인 '문경새재아리랑'을
서양식 악보로 처음 채보해 실은 미국인 선교사 H.B.허버트 박사의 말 중에서

문화재청은 2015년 9월 24일 한민족의 희로애락을 담은 민요 아리랑을 국가지정 중요무형문화재 제129호로 지정한다고 밝혔습니다. 이에 따라 밀양아리랑, 정선아리랑을 비롯해 향토민요 또는 통속민요로 불리는 모든 아리랑 계통의 악곡이 중요무형문화재로 지정되었는데요.

이는 특정 재능 보유자가 있어야만 중요무형문화재로 지정할 수 있었던 문화재 보호법을 2014년 개정한 데 따른 것으로서, 무형유산 자체로서의 아리랑을 국가 차원에서 보호하게 되었다는 뜻입니다. 2012년 유네스코 인류무형유산으로 등재된 지 3년만의

일이죠. 국제 스포츠 대회에서 남북 합동 응원가로 쓰이기도 한 민족음악으로서의 아리랑의 보존 및 전승이 제도적으로 보장받게 된 셈입니다.

현재 '아리랑'이라는 제목으로 전승되는 민요는 약 60여 종 3600여 곡에 이르는 것으로 추정되고 있는데요. 늦은 감이 들긴 하지만 이제라도 우리 민족의 소중한 문화적 자산이 국가적으로, 제도적으로 보호받게 되어 그나마 다행이라는 생각이 듭니다. 하지만 제도보다 더 중요한 것은 한국 사람들의 일상과 문화 속에 아리랑이 녹아들 수 있도록 하는 일일 텐데요. 현재 실제 생활 속에서 아리랑을 접하기란 도무지 쉽지가 않기 때문이죠. 서울, 경기, 강원, 충청, 전라, 경상 곳곳의 전수자들이 그 지역 아리랑 전승을 위해 많은 노력을 기울이고 있지만 방송 등의 매체에서 아주 간혹 아리랑을 틀어주는 것을 우연히 듣게 되지 않는 이상 1년에 한두 번 듣는 것 자체가 어려운 실정입니다. 3600여 종에 이른다고 하는 아리랑 곡들 중 실제로 들어본 경우는 아무리 기억을 뒤져봐도 손꼽아볼 정도밖에 안 되는 것이죠.

1905년 일제가 을사늑약을 체결하여 조선을 침략하자 이를 온 세계에 알리려고 고종의 밀서를 받아 헤이그 평화회의를 거쳐 미국 루스벨트 대통령에게 전하려 했던 미국 선교사 H.B.허버트, 고종의 외교고문을 지내고 '대한제국사' 등의 책을 펴내며 애정을 쏟았던 바로 그 한국 땅에 묻힌 '푸른 눈의 독립투사' 허버트 박사가 살아있다면 골백번은 격세지감을 느낄 만한 아리랑의 현재 상황인데요.

이러한 상황 속에서 미국 코넬대학 심리학과 C.L.크러먼슬 교수팀의 '대중음악의 계승되는 기억의 돌출부' 연구는 모종의 희망과 숙제를 동시에 안겨주는 것 같습니다. 크러먼슬 교수팀에 따르면 젊은 사람들은 부모들이 듣는 음악에 감정적 연결고리를 느끼며 그 음악들을 즐긴다고 합니다. 10~20대 시절에 듣는 음악들과 그 기억들은 '기억의 돌출부'를 형성하여 생애 전체에 영향을 미치는데, 심지어 그들이 태어나기도 전, 즉 부모와 조부모의 10~20대 시절 한창 인기 있었던 음악들에게서도 영향을 받는다는 것입니다. 한마디로 개개인의 음악적 유산이 세대를 넘어 대물림 되는 것이죠.

크러먼슬 교수팀은 20대의 실험 참가자 62명을 대상으로 그들의 음악적 배경과 그들 부모가 태어난 연도를 물어보았습니다. 그리고 1955년~2009년 연도별로 빌보드 차트 1, 2위를 차지했던 노래들을 들려주었죠. 1955년 엘비스 프레슬리의 '하트 브레이크 호텔(Heart break hotel)', '돈트 비 크루얼(Don't be cruel)', 1963년 비치 보이스의 '서핀 유에스에이(Surfin' USA)', 1964년 비틀즈의 '아이 원트 투 홀드 유어 핸드(I want to hold your hand)', 1970년 사이먼 앤 가펑클의 '브릿지 오버 트러블드 워터(Bridge over troubled water)', 1973년 토니 올란도의 '타이 어 옐로 리본 라운드 디 올 오크 트리(Tie a yellow ribbon round the ole oak tree)', 1979년 더 낵의 '마이 샤로나(My sharona)', 1981년 다이애나 로스와 라이오넬 리치의 '엔들리스 러브(Endless love)', 1983년 마이클 잭슨의 '빌리 진(Billie Jean)', 1988년 조지 마이클의 '페이쓰(Faith)', 1993년 휘트니 휴스턴의 '아이 윌 올웨이즈 러브 유(I will Always Love You)', 1994년 에이스 오브 베이스의 '더 사인(The sign)', 2000년 산타나의 '스무쓰(Smooth)', 2004년 어셔의 '번(Burn)', 2009년 레이디 가가의 '포커 페이스(Poker face)' 등의 노래들이 바로 그 노래들입니다.

그리고 그들 노래 중에서 어떤 노래들을 알고 있는지, 또 그 노래들을 얼마나 좋아하는지 적어내도록 하였습니다. 또 그 노래들에 대한 개인적 기억이 있는지 묻고, 만약 그렇다면 그 기억들이 부모와 함께 들은 기억인지, 혼자 들은 기억인지, 아니면 다른 누군가와 함께 들은 기억인지 알아보았습니다.

그랬더니 짐작대로 최근의 음악일수록 기억은 더욱 강렬했습니다. 하지만 놀라운 것은 그 다음이었습니다. 그들은 1960~1969년, 1980~1984년 자신들이 태어나기도 전에 나온 노래들에 대해 '기억의 돌출부' 현상을 보여주었는데요. 즉, 부모·조부모가 10~20대에 들었던 히트곡들에 대해 지금 10~20대인 젊은이들이 개인적이고 향수 어린 감정을 드러냈던 것입니다. 이때의 향수 어린 감정은 행복감과 슬픔, 다정함이 섞인 것이라고 말합니다.

크러먼슬 교수팀은 이를 두고 음악 취향의 대물림이라고 판단했는데요. 이러한 음악 취향의 대물림은 바로 부모와 자식들간의 음악적 소통을 통해 나타난다는 것입니다. 어느 문화를 막론하고 음악은 아이들을 키울 때 중요한 역할을 하는데요. 공식적으로 유치원 등에서 노래와 율동을 통해 신체적 지각능력을 키우죠. 하지만 비공식적으로는 부모들이 자장가를 불러주거나 노래를 가르치거나, 들려주면서 아이들을 양육합니다.

아이들이 선율의 높낮이 구조와 리듬, 그리고 음악의 구절 나누기 등등 신체적으로나 심리적으로나 변화가 일어나는 시기, 모든 것을 처음으로 경험하며 빠르게 학습하고 인지능력을 형성해가는 바로 그 시기에 부모들은 의식적으로든 무의식적으로든 음악을 통해 자신들의 문화적 가치를 자식들에게 전달하고 또 그러한 과정을 통해 가족의 정체성을 만들어 나간다는 것이죠.

부모들이 클래식 음악을 주로 들으면 듣는 대로, 대중음악을 주로 들으면 듣는 대로 아이들은 그에 관한 개인적인 기억과 취향을 가지게 되고 그 음악들을 다시 들으면서 감정적 반응을 보이게 된다는 것입니다. 가족들이 다 함께 휴가를 떠나면서 부모나 조부모들이 차에서 틀어놓은 음악을 듣거나, 음악인들에 대해 얘기를 꺼내놓는 걸 들은 영향 또한 클 수밖에 없다는 것이죠.

한마디로 노래는 부모를 통해 문화적으로 감성적으로 중요하게 전승될 수 있다는 것입니다. 반대로 부모를 통해 들려지지 않는 노래들은 후대에 들려지지 않을 가능성이 커지는 것이죠. 방송 등의 매체도 찾는 사람이 있어야 그 노래를 틀어주고 또 그렇게 틀어진 음악을 들은 다른 사람들이 또다른 과정을 통해 계속 전파해야 그 노래의 생명력이 지속될 수 있는 것이기 때문에, 그러한 음악 확산의 기초 토대로서 부모와 자식 간의 '음악 유산 대물림'은 아주 중요한 요소로 작용하게 됩니다.

아리랑 또한 널리 불리고 사랑받기 위해 이러한 '음악 유산 대물림'이 필수적으로 요구될 것입니다. 다시 말해 아이들과 함께 부모들이 아리랑을 많이 들으면 들을수록 후대에 아리랑이 전승되어 사랑 받을 확률 또한 높아지게 되는 것입니다.

윤도현밴드가 2002년 9월 평양에서 공연을 하고 있는 모습. '아리랑'을 부르던 윤씨가 눈물을 보이자, 평양 시민들은 우레와 같은 박수로 정을 나눴다.

아리랑의 리메이크 활동 또한 이러한 '음악 유산 대물림'에 많은 도움이 될 것 같은데요. 현재의 감성을 입혀 아리랑을 재해석하고 재창조하면 아무래도 젊은 사람들이 접근하기 더 쉽기 때문이죠. 리메이크 된 아리랑을 듣다보면 아리랑의 원형에 대한 관심도 커지게 되고, 그렇게 아리랑에 대한 관심의 저변이 넓어지는 과정을 통해 전승 또한 자연스럽게 이뤄지리라는 생각이 듭니다.

실제로 신해철, 윤도현 등에 의한 아리랑의 리메이크는 적지 않은 대중의 관심을 모았는데요. 보통 세마치 장단으로 3/4박자, 9/8박자의 3박 계통인 전통민요 아리랑을 대중음악에서 주로 쓰이는 4박 계통의 음악으로 풀어낸 리메이크들이었습니다. 신해철이 2006년 독일 월드컵 응원가로 발표한 '돌격 아리랑'은 16비트의 빠르고 강렬한 록 스타일의 노래였고, 윤도현의 '아리랑'은 4박 계통의 리듬으로 바꿔 부른 그루브 감이 통통 튀는 것이었죠. 또 나윤선이 부른 '정선아리랑'은 3박을 11박으로 바꾸고 재즈에서 많이 쓰이는 텐션 코드를 가미하여 편곡한 것이었습니다.

120여 년 전 허버트 박사가 바라본 아리랑, 우리의 조상들이 자기 흥에 따라 즉흥적으로 리듬과 선율과 가사를 변형해가며 목청껏 불렀던 바로 그 아리랑의 정신을 생각해보면 아리랑의 리메이크는 어쩌면 너무나 자연스러운 것인지도 모르겠습니다.

요즘 히트곡들의 가사가
형편없는(?) 까닭은

>>> > >

"기브 미 댓, 드롭 댓(Give Me That, Drop That)

기브 미 댓(Give Me That) 맙소사

아이 러브 잇(I Love It) Love It Love It 맙소사

유 러브 잇(You Love It) Love It Love It

예 아임 레디(Yeah I'm Ready) 맙소사

씬스(Since) 88 태어날 때부터

에브리데이(Everyday)가 우린 버쓰데이(Birthday)

아이 고 하드(I Go Hard) 신이 날 땐 아무도 날 심판하지 못해 절대

양, 옆, 앞, 뒤 다 줄 맞춰 내가 지휘할 테니까

교양 없이 듣는 예능 심포니(Symphony) 오늘은 토요일

무한대를 그려봐 렛츠고(Let's Go)

붐(Boom) Boom Boom 무슨 말이 필요해

셧 업 앤드(Shut Up And)

드롭(Drop) Drop Drop 더 베이스(The Bass)

-무한도전 영동고속도로가요제에서 황광희, 태양, 지드래곤이 노래한 '맙소사' 중에서

요즘 노래들은 예전 노래들에 비해 덜 서정적이고 시대상을 반영하지 못하며, 특히 히트하고 있는 댄스곡 등의 대중음악들 상당수는 춤과 선율과 리듬에 종속된 채 공허한 단어와 단순한 영어로 가사가 채워지고 있다는 비판들이 있는데요. 그러한 관점에서 보면 위의 노래 '맙소사' 또한 마찬가지의 비판을 피해갈 수 없어 보입니다.

하지만 다른 관점에서 보면 얘기는 달라집니다. 그중 첫 번째 근거를 들자면, 요즘 음악에서는 다른 그 무엇보다 사운드가 중심이 되고 있기 때문입니다. 가사보다도, 어쩌면 멜로디보다도 사운드에 더 공을 들이고 있는 것이죠. 국내외를 막론하고 근래의 대중음악들이 전자음 등의 사운드에 관심을 기울이는 것은 우선 좀 더 다양한 음색 등을 사용함으로써 표현의 영역을 확대할 수 있는 까닭입니다. 게다가 거의 모든 노래가 컴퓨터에 저장되고 인터넷으로 검색되는 디지털 시대에, 선율에 중심을 둔 음악들은 표절 위험과 그에 따른 부정적 파장이 큰 반면, 사운드에 중점을 둔 음악은 그러한 표절 우려를 줄여주는 장점이 있습니다.

무슨 얘기냐 하면, 선율은 1옥타브를 평균율의 12개 반음으로 분할한 도, 도#, 레, 레#, 미, 파, 파#, 솔, 솔#, 라, 라#, 시의 12개 음만을 사용하여 만들어지지만, 신시사이저, 컴퓨터 등 전자기기를 통해 만들어내는 사운드는 1옥타브 안에서 이론적으로 무한대에 가까운 음들을 만들어 사용할 수 있기 때문입니다. 그만큼 표절의 위험이 적어지는 것이죠.

예를 들어, 피아노 건반 위에서 가온 '다' 즉 4번째 높은 '도'(C4)의 주파수는 261.63Hz입니다. 그리고 그보다 반음 높은 음인 '도#'의 주파수는 277.18Hz입니다. 여기서 사운드는 261.63Hz와 277.18Hz사이 주파수들, 즉 261.64~277.17Hz 사이의 무수한 음들의 소리를 낼 수 있는 것이죠. 사운드는 여기에 더해 음색도 엄청나게 다양하게 활용할 수 있기 때문에 표절 방지에 더 유리할 수 있습니다. 주파수(Hz)와 진폭이 같아도 그 파형이 다르면 음색이 달라지기 때문에, 음색까지 다르게 조합하면 사운드의 종류는 더욱더 다양해지기 때문이죠.

신시사이저가 나오기 전엔 비틀즈가 한 옥타브 안에서 22개의 슈루티(sruti) 즉 22개의 다른 소리를 낼 수 있는 인도 악기 시타르의 음색을 절묘하게 사용해 '노르웨지언 우드'라는 명곡을 만들기도 했는데요. 이것은 평균율의 12음 선율을 벗어나, 서양인 입장에서 볼 때 '새로운 소리'인 시타르의 독특한 사운드에 주목해 만든 결과물인 셈입니다.

싸이, 지드래곤, 캘빈 해리스, 모비 등 국내외 뮤지션들이 자신들의 음악에서 큰 비중을 두고 있는 사운드는 신시사이저와 컴퓨터 음악의 발달에 따라 점점 더 형형색색의 소리 형태들을 자랑하고 있는데요. 사운드가 왜 점점 다양해질 수 있는지는 신시사이저의 원리를 보면 금방 알 수가 있습니다. 신시사이저의 사운드 합성 방식은 크게 세 가지입니다.

우선 주파수 변조 방식인 FM(Frequency Modulation) 방식이 있습니다. 주파수 발생장치인 오실레이터와 주파수 조절장치인 모듈레이터 등을 사용하여 주파수의 합성과 변조를 통해 다양한 전자음을 만드는 사운드 합성 방식입니다. 정현파(正弦波。sine wave。아래 그림 참조)라고 하는 순수하고 단조로운 톤의 사운드 주파수의 강약과 길이, 음량을 조절하여 기계적이면서도 다양하며 신비로운 음색을 잘 구현하는 사운드 합성 방식입니다. 야마하 DX시리즈, TG시리즈, MU80 등의 신시사이저에서 주로 사용하는 방식입니다.

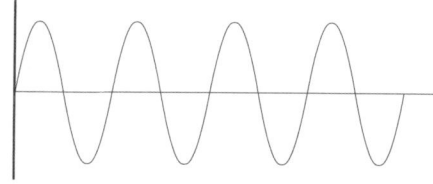

그 다음으로는 전기진동부호변조 즉 PCM(Pulse code modulation) 방식이 있습니다. 피아노 기타 등 실제 악기를 사운드 그대로 디지털화해서 컴퓨터에 저장하여 음악 시퀀서 프로그램을 통해 불러 쓰는 방식입니다. 그만큼 악기의 원음 재현능력이 뛰어납니다. 필요에 따라 약간의 변형만을 가해서 사용하기도 하죠. 롤랜드의 SC시리즈, JV시리즈, 야마하 AWM(Advanced Wave memory) 신시사이저에서 채택하고 있는 방식입니다.

AI 방식은 위의 FM 방식과 PCM 방식을 함께 쓰는 방식인데요. 실제 악기음을 내는 PCM 방식에 주파수를 변조하는 FM 방식을 섞어서 다양한 음색의 사운드를 만드는 음 합성 방식입니다. 코르그 신시사이저에서 주로 사용하는 방식인데요. 여러 형태의 샘플링 음원들의 조합을 통해 다양한 사운드를 만듭니다. 피아노 등 실제 악기의 원음 재현뿐만 아니라 음색의 다채로운 편집을 통해 다양한 전자음을 만들어내 여러 음악 장르에 이용이 가능합니다.

여기에 더해 컴퓨터에서 큐베이스, 로직 등의 음악 시퀀서 프로그램을 통해 사운드를 만들기도 합니다. 큐베이스 등의 음악 시퀀서 프로그램에 플러그인 형태로 '가상 악기(VSTi)'들을 불러내어 사운드를 만드는 것입니다. 또 스펙트라소닉의 '옴니스피어' 프로그램을 불러내어 전자 사운드에 "싸~"하는 소리의 백색잡음을 넣는 등 다양한 사운드를 합성할 수도 있습니다. 네이티브 인스트루먼츠의 '콘탁트' 프로그램을 사용하면 지구상의 모든 사운드를 샘플로 불러들여 마음대로 오리고 자르고 붙이는 편집 작업을 통해 새로운 사운드를 만들어낼 수 있습니다.

신시사이저, 컴퓨터를 이용한 사운드 합성을 통해 바람 소리, 물방울 소리, 파도 소리 등등 자연의 사운드들도 음악 속으로 더 '자연'스럽게 녹아들 수 있게 되었는데요. 이러한 사운드의 발전은 "바흐가 평균율을 만들어 한 옥타브 안에 12개음들만 사용하게 하는 바람에, 동양 음계의 다양한 소리들은 물론 인간의 삶과 자연 속 여러 가지 음들이 음악으로부터 쫓겨나게 되었다."고 푸념하던 사람들의 찌푸린 얼굴 주름살을 웃음의 오선줄로 바꿔버렸죠. 생생한 물방울 사운드를 편집해 넣어 만든 일본 시부야계 밴드 코넬리우스의 음악 '드롭'을 들어보면 그 사실을 더할 나위 없이 잘 느낄 수 있습니다.

사실 일상과 자연 속 사운드를 이용한 음악의 역사는 녹음기술과 함께 발전해 왔는데요. '무지 꽁끄레떼'(콘크리트 뮤직, concrete music)라고 하는 '구체 음악'은 악기가 떨어지는 소리, 발 구르는 소리, 사람의 고함 소리 등 일상의 모든 사운드를 자유롭게 녹음하여, 이를 다시 기계적, 전기적으로 변형하고 합성시켜 음악으로 만들어냈습니다. 1948년 프랑스의 방송국 기사였던 피에르 셰페르, 같은 프랑스의 작곡가 올리비에 메시앙, 독일의 칼하인츠 슈톡하우젠이 대표적 구체 음악가이죠. 그에 앞선 1944년에는 이집트 작곡가 하림 엘 답이 녹음한 사운드를 활용하여 음악을 만들기도 했습니다.

이러한 '구체 음악'의 뿌리가 면면히 이어져 신시사이저, 컴퓨터 음악 등의 사운드 기술로 발전했다고 볼 수 있는 것입니다. 위에서 보듯 녹음기, 신시사이저, 컴퓨터 사운드 카드, 음악 소프트웨어 등 오랜 음향기술의 축적을 통해 만들어지고 있는 근래의 사운드 중심 음악들은 말 그대로 사운드의 참신성과 대중성에 승부를 겁니다. 가사도 중요하지만 그보다 더 중요한 것은 바로 사운드 그 자체인 것이죠. 그래서 가사를 쓰더라도 공들여 합성하고 만들어낸 사운드에 맞게 가사를 씁니다. 가사가 뿜어내는 자음과 모음의 사운드가 새롭게 만들어낸 전자음 사운드에 방해가 되지 않도록 주의하는 것이죠. '브아걸', '비' 등의 음반 작업에 참여한 작곡가 겸 편곡자 이근우 음악 프로듀서의 말에 따르면 "요즘엔 아예 사운드 중심으로 편곡부터 먼저 하고 가사나 노래를 나중에 만들어 녹음한다."고 합니다.

진짜 말하고 싶은 메시지가 있다면 랩에 담으면 됩니다. 랩은 그 가사가 가진 메시지와 별도로 단어 자체가 가진 사운드가 전자 사운드에 쉽게 녹아들 수 있기 때문입니다. 이 또한 사운드 위주의 음악에서 자주 발견되는 현상입니다.

음악의 장르에 따라 가사의 비중과 의미가 다르기 때문에, 일률적으로 가사가 반드시 서정적이거나 깊은 의미를 담아야 하는 것은 아니라는 반론이 가능하기도 합니다. 특히 댄스곡이나 일렉트로닉 같은 음악에서는 더더욱 그러한 것 같습니다. 일례로 누구나 명곡으로 인정하며 고개를 끄덕이는 스웨덴 그룹 아바(ABBA)의 '댄싱 퀸(Dancing Queen)'을 들어봐도 그 사실을 충분히 알 수 있습니다.

"당신은 춤출 수 있죠 자이브를 출 수 있어요
당신의 인생에서 멋진 시간을 가질 수 있어요
저 소녀를 봐요 저 모습을
춤추는 여왕에 빠져 보세요
금요일 밤 불빛은 낮게 비추는데
갈 곳을 찾아봐요
누군가 신나는 음악을 틀고 있는 곳,
스윙춤을 추는 곳

당신은 왕을 찾으려 들어옵니다
누구라도 왕이 될 수 있어요
(하략)"

- 아바 '댄싱 퀸' 중에서

누구나 걸작으로 여기며 들을 때마다 어깨를 들썩거리게 되는 '댄싱 퀸'의 가사는 선율과 리듬에 비해 별다를 게 없습니다. 하지만 뛰어난 멜로디와 그 선율을 눈부시게 뒷받침해주는 편곡과 사운드에 누구나 감탄을 금치 못하죠. 댄스곡에서는 아무래도 가사 보다는 선율이나 리듬, 사운드가 중요한 법이기 때문입니다.

핀란드 헬싱키대학에서 실험심리학, 청각인지신경학, 음악신경미학 연구를 하고 있는 엘비라 브라티코 박사팀은 뇌 기능성 자기공명영상(fMRI)을 통해 즐거운 음악을 듣는 청취자들에게는 가사보다 소리의 요소들이 더 큰 영향을 끼치고, 슬픈 노래의 경우 가사가 더 중요한 영향을 끼친다는 연구 결과를 내놓기도 했죠. 즐거운 음악의 경우 밝은 음색과 빠른 템포, 신나는 리듬의 악기 사운드가 들어간 음악들이 감정과 관련된 뇌의 변연계 활동을 촉발시켰다는 것입니다.

이러한 여러 가지 상황을 정리해보자면 댄스곡과 일렉트로닉과 발라드와 포크와 록 등 음악에는 저마다 다른 작사 기법과 의미의 자리매김이 있는 것으로 보입니다. 물론 지금까지만 말입니다. 앞으로 더 가사에 비중을 둔 댄스 음악이나 일렉트로닉 히트곡이 나오지 말란 법은 그 어디에도 없습니다. 예상을 깨고 더욱 새로운 모습을 보여주는 것, 그것이 바로 가사보다도 선율보다도 사운드보다도 더 중요한 '음악의 절대 원소'이기 때문입니다.

신해철의 '음악 유산'

>>> > >

신해철은 작고하기 몇 달 전 한 신문과의 인터뷰에서 "사회적 발언을 하거나 정치 이야기를 하는 게 다 음악이라고 생각한다. 정치와 사회와 음악이 상관없다고 생각하는 순간 음악이 이상해진다."고 말했습니다.

자신이 한 말처럼 신해철은 자신의 노래와 가사에 존재와 자아를 성찰하는 철학적 내용은 물론 간통죄 폐지, 동성동본 결혼 허용 주장 등의 사회적 내용과 파병 반대, 서거한 대통령에 대한 추모 등 정치적 내용까지 담아냈죠. 게다가 그는 특정 대선후보를 지지하고 나서기도 했습니다. 아이돌에서 시작하여 정치적 음악인으로까지 변신해가는 그의 음악적 궤적은 한마디로 우리 대중음악사에서 전례가 없는 일이었죠.

대중음악 역사가 우리보다 오래 되어서인지, 문화가 달라서인지 서구권에는 그런 전례가 많습니다. 1969년 미국에서는 재니스 조플린, 지미 헨드릭스, 조안 바에즈, 그레이트풀 데드 등 당대 최고의 뮤지션들이 '우드스톡 페스티벌'에서 평화와 반전을 노래했고, 1978년 영국에서는 '인종주의에 반대하는 록(RAR, Rock Against Racism) 페스티벌'에서 유명 음악인들이 콘서트를 통해 국민전선과 같은 극우 백인민족주의자들에 대항하는 정치적 캠페인을 벌였습니다. RAR은 2002년 '인종주의를 싫어하는 사랑의 음악(LMHR, Love Music Hate Racism)'으로 변신하여 활동을 계속했죠.

또 1985년에는 아일랜드 가수 밥 겔도프의 주도로 퀸, U2, 엘트 존, 마이클 잭슨, 듀란듀란 등 슈퍼스타들이 기근에 시달리는 에티오피아를 돕기 위해 '라이브 에이드(Live Aid)' 콘서트를 열었고, 2005년에는 G8 국가 정상들에게 "제3세계의 부채문제 해결에 나서라"며 세계 10개 도시에서 '라이브8' 콘서트를 열어 수십억 명이 중계방송을 보기도 했습니다. 셀린 디옹, 스티비 원더, 마돈나, 본 조비, 안드레아 보첼리, 폴 매카트니, 엘튼 존, U2 등 인기가수들이 무료로 참여했습니다.

스타 음악인들의 좀 더 정치적인 근래의 활동 사례로 미국 펑크록 밴드 그린데이(Green Day)를 찾아볼 수 있습니다. 2004년 발표한 앨범 '아메리칸 이디어트(American Idiot)'에서 실명만 거론하지 않았을 뿐, 거의 대놓고 미국 대통령 부시를 '바보천치(idiot)'라고 조롱합니다. 이 음반은 평론 면에서나 상업적인 면에서나 모두 큰 성공을 거두며 2006년 기준으로 미국에서 600여만 장, 세계적으로 1500여만 장이 팔려나갔죠.

대중적으로 엄청난 인기를 자랑하는 실력파 뮤지션 존 메이어(John Mayer)도 부시 정부가 이라크와 아프간에서 전쟁을 벌이던 2006년 발표한 노래 '세상이 바뀌길 기다리리(Waiting on the World to Change)'에서 지도자들의 부정과 잘못 돌아가고 있는 세상에 대해 자신과 자신의 세대가 침묵하고 있다는 점에 불만을 토로합니다. 그의 앨범은 현재까지 수천만 장이 팔렸고 그 자신은 그래미상을 7번이나 받았으며, 2007년 미국 시사주간지 '타임' 선정 '가장 영향력 있는 인물 100'에까지 올랐습니다.

이렇듯 사회·정치적 메시지를 노래하는 서구 음악인들에 대해 서구권 팬들은 콘서트 참여, TV 시청, 음반 구매 등 상업적으로 폭발적인 반응 못지않게 의미 있는 정치적 반응 또한 드러내 보이는데요.

미국 캘리포니아대학 산타바바라 캠퍼스 음악학부에서 1년에 두 번 발간하는 온라인 저널 '음악과 정치'에 2010년 발표된 글 '정치적 대중음악, 정치적 팬? 음악 팬들의 블로그 내용에 대한 분석'을 살펴보면, 정치적 메시지를 담은 노래를 부르는 유명 대중음악인들의 팬들은 비정치적 톱 클래스 대중음악인들의 팬들에 비해 좀 더 많은 정치적 내용의 블로그 글들을 올린다고 합니다.

　이 대학 음악학부 연구자 마크 피델티와 린다 키피는 노동, 평화, 환경, 인권 활동가들에게 그들이 영향받은 음악가들의 이름을 묻는 설문조사를 하였습니다. 또 정치토론 사이트에도 설문 참여 글을 올리고 여러 단체의 대표 구성원들에게도 이메일을 돌려 같은 내용의 조사를 했습니다.

　그랬더니 밥 딜런, 레이지 어게인스트 더 머신, 피트 시거, 존 레넌, 필 오크스, 우디거드리, 밥 말리, 닐 영, 조안 바에즈, U2 이렇게 10명의 음악인들이 가장 영향을 많이 준 것으로 꼽혔는데요. 그들 음악인 10명 각각의 팬 블로그 중에서 10개씩의 팬 블로그 즉 100개의 팬 블로그를 샘플로 선택하여 컴퓨터 프로그램으로 그 블로그 글들의 내용을 분석했다고 합니다. 물론 비정치적 톱 클래스 대중음악인의 팬들이 블로그에 쓴 글들과 함께 말이죠. '언어 조사와 단어 계산(Linguistic Inquiry and Word Count)' 소프트웨어를 통해 블로그 글들에서 정치적 용어 사전의 단어들에 부합되는 문장의 비중을 알아내고 '사회과학용 일괄 통계처리(Statistical Package for the Social Sciences)' 소프트웨어를 사용하여 각기 독립적인 블로그 글들간의 평균 차이를 검증했다고 하는데요.

　그 결과 정치적 대중음악인의 팬들이 블로그에 쓴 글들 중 1.1%가 정치적 용어 사전의 단어들에 부합되는 문장들이었던 반면, 비정치적 대중음악인의 팬들이 쓴 글들 중 정치적 용어 사전의 단어들에 부합되는 문장들은 0.5%에 그쳤다고 합니다. 정치적 메시지를 드러내는 유명 대중음악인의 팬들이 비정치적 톱 클래스 대중음악인들의 팬들보다 2배 가까이 많은 정치적 글들을 쓰는 것으로 나타났다는 것이죠.

　만약 신해철이 불의의 사고 없이 서구권 국가들의 사례에서 본 것처럼 정치적 음악활동을 계속 펼쳐나가고, 그에 영향을 받은 다른 유명 대중음악인들도 좀 더 오랜 시간에 걸쳐 비슷한 활동을 해나갔다면 국내 팬들의 상업적·정치적 반응은 위와 같은 조사에서 과연 어떤 결과로 나타나게 되었을까요? 역사에 있어 가정은 부질없는 일이라고는 하지만, 신해철이 남긴 다양성이라는 음악적 유산은 그 의미가 매우 깊은 것이기에 부질없더라도 다시 한 번 물어보게 됩니다.

너무나 안타깝게도 그는 지금 우리 앞에 없지만, 그의 노래를 기억하는 팬들이 있는 한 음악인 신해철은 계속해서 한국 대중문화의 중요한 유산으로 남을 것입니다. 정치적인 음악도 대중적인 음악도 모두 신해철이 우리에게 남겨준 유산이겠죠. 그 둘의 관계는 모두 신해철의 삶에 있어 따로 떼어 분리할 수 없는 불가분의 것입니다. 만약 우리가 그 둘 중 어느 한쪽만을 선택하여 받아들인다면 그가 남긴 소중한 유산을 온전히 상속한다고 말할 수 없을 것이라는 생각이 듭니다.

사이먼 앤 가펑클이 정치적 노래를 불렀다?

>>> > >

남녀노소를 불문하고 누구나 한번쯤 들어봤을 불후의 명곡 '험한 세상 다리가 되어(브릿지 오버 트러블드 워터, Bridge over troubled water)'로 유명한 2인조 그룹 '사이먼 앤드 가펑클'의 아트 가펑클(Art Garfunkel)은, 2015년 2월 한국을 찾아 그의 감미로운 목소리를 직접 듣길 갈망해오던 한국 팬들의 귀를 호강시켜주었습니다.

그룹 SG워너비의 이름 뜻이 "사이먼&가펑클 같은 팀이 되고 싶다(Simon & Garfunkel wannabe)"일 정도로 사이먼과 가펑클의 음악은 아직도 우리나라 음악계에 많은 영향을 끼치고 있는데요. 비록 그의 '영혼으로 이어진 친구' 폴 사이먼은 함께 오지 않아 조금 아쉬웠지만, 남자 보컬로서는 드물게 천사의 목소리라는 찬사를 듣는 그의 솔로 공연만으로도 팬들의 가슴은 벅차올랐죠.

아트 가펑클은 2015년 내한공연에서도 '험한 세상 다리가 되어'를 불렀습니다. 이 노래는 여러 가지로 구구절절한 사연이 많은 노래인데요. 우선 1970년 이 노래를 발표하고 콘서트 활동을 잠깐 한 뒤 그룹 '사이먼 앤 가펑클'은 음악적·음악 외적 의견 차이로 해체를 하게 됩니다. 둘은 '톰과 제리'라는 이름으로 활동하던 시절부터 말 그대로 고양이와 쥐처럼 상당히 티격태격하며 아슬아슬하게 그룹을 유지해왔는데요. '험한 세상 다리가 되어'를 작업 중이던 1969년 가펑클이 영화 '캐치-22'에 출연하게 되면서 수 개월간 곡 작업이 지연되어 갈등이 커집니다. '캐치-22'는 조셉 헬러의 2차 세계대전을 배경으로 한 풍자적 반전(反戰) 동명소설을 마이크 니콜스 감독이 영화화한 작품이었는데요. 원래 사이먼도 이 영화에서 맡은 부분이 있었는데, 촬영 시작 전에 '짤려' 나갔다고 하죠. 게다가 마이크 니콜스 감독은 사이먼 앤 가펑클의 노래들이 주요 배경음악으로 쓰여 그들에게 엄청난 음악적 흥행의 영광을 안겨준 영화 '졸업'을 연출한 감독이기도 합니다. 기쁨과 불화의 불씨를 동시에 안겨주어 본의 아니게 사이먼과 가펑클의 이합집산하는 인생 드라마를 일정 부분 연출한 셈이 된 것이죠.

또 '험한 세상 다리가 되어' 앨범의 12번째 수록곡을 놓고도 둘 사이에 갈등이 있었는데요. 가펑클은 미국인들의 쿠바 방문을 금지한 닉슨 미국 대통령을 비판하는 정치적인 노래 '쿠바 시, 닉슨 노(Cuba Si, Nixon No)'를 마지막 12번째 트랙에 넣자는 사이먼의 의견에 반대했다고 합니다. 사이먼은 바흐의 합창곡 '페울리 오(Feuilles Oh)'를 편곡해 부른 것을 넣자고 하는 가펑클의 의견에 거부 의사를 밝혔다고 하구요. 그렇게 의견 차이를 좁히지 못한 그들은 결국 자신들이 주장한 두 곡을 모두 빼고 '험한 세상 다리가 되어' 앨범에 11곡만 넣어 발표하게 되었다고 합니다.

이때 수록하지 못한 '페울리 오'는 나중에 가펑클이 다시 작업하여 자신의 솔로 앨범에 '페울리 오/우주 비행사들은 달로 가는 길에 죽은 영혼들을 지나쳐 갔나?(Feuilles Oh/Do Spacemen Pass Dead Souls On Their Way To The Moon?)'라는 이름으로 실어 세상에 내놓았다고 하죠. 사이먼이 고집했던 노래 '쿠바 시, 닉슨 노'는 미국 마이애미대학에서 가졌던 공연을 녹음한 라이브 앨범 '백 투 컬리지'에 실렸습니다.

'험한 세상 다리가 되어' 앨범은 1970년 '올해의 노래', '올해의 녹음' 등 그래미상을 7개나 수상했고 미국에서 10주 동안 1위에 오르는 등 거의 1년 반동안 차트에 머물며 1300만 장의 앨범 판매를 기록하는 등 전세계적으로도 큰 사랑을 받았는데요. 특이하게도 우리나라에서는 상대적으로 푸대접을 받은 것 같습니다. 그렇게 말씀드리는 이유 중의 하나는 바로 김세환, 송창식, 윤형주가 부른 '험한 세상 다리가 되어'가 KBS 심의규제에서 방송부적격으로 분류되어 금지곡 목록에 올랐다가 2008년에서야 비로소 해제되었기 때문이죠. 1055곡 중 417곡이 '험한 세상 다리가 되어'와 함께 풀렸다고 하는데 '피디 저널'에 따르면 체제 부정, 현실성 없음, 외설 퇴폐 등이 당시 규제의 이유였다고 합니다.

또 사이먼 앤 가펑클의 '험한 세상 다리가 되어' 앨범에 수록된 노래 중 마지막 트랙에 실린 노래 '세실리아'도 우리나라에서는 금지곡이었는데요. 노래의 가사는 자기의 침대 위에서 자신의 연인인 세실리아가 다른 남자와 뒹굴고 있는 걸 보고, 그녀에 대한 믿음이 깨져 가슴이 무너지고 너무나 괴롭지만 무릎을 꿇고 다시 돌아오길 바란다는 내용을 담고 있습니다. 1975년 한국정부가 발표한 대통령 긴급조치 9호에 따르면 국가안보와 총화에 악영향을 줄 수 있는 것, 외래풍조의 무분별한 도입과 모방, 패배·자학·비관적인 내용, 선정·퇴폐적인 것들을 골라내 이미 나와 있는 음반까지 폐기토록 하는 방침을 세웠다고 하니, 전세계적으로 희대의 명반으로 불리는 사이먼과 가펑클의 '험한 세상 다리가 되어' 앨범 속 명곡들조차 한국에서는 금지곡이라는 굴레를 벗어날 수 없었던 것이죠.

항간에서는 '험한 세상 다리가 되어'의 가사 중에 "세일 온 실버 걸(sail on silver girl)"이라고 노래 부르는 부분 때문에 이 노래가 마약인 헤로인에 관련된 것이며 그 때문에 금지곡이 된 것이라고 하는 루머가 돌았는데요. 그건 잘못된 소문입니다. 왜냐하면 사이먼은 그 부분의 가사를 쓸 때 당시 여자 친구였던, 그리고 나중에 그의 부인이 된 페기 하퍼가 자기 머리에서 회색 머리카락 몇 개가 난 것을 보고 당황하는 모습을 보이자 그 모습을 보고 농담처럼 읊어 적은 것이었다고 하니까요. 게다가 당시에 사이먼은 가스펠 그룹 '더 스완 실버톤즈(The Swan silver tones)'의 노래를 많이 듣고 있을 때여서 '실버'라는 단어가 무의식중에 스며들었을 가능성이 높았던 것이죠. 사이먼은 실제로 '험한 세상 다리가 되어'가 잠재적으로 가스펠의 영향을 받았다고 말하기도 했습니다.

또다른 쪽에서는 그들의 노래가 한국에서 금지곡이 되었던 게 베트남 전쟁에 반대하는 내용의 가사가 포함되었기 때문이라고도 하는데요. 그 가사 때문에 금지곡이 됐는지는 분명치 않지만 베트남 전쟁에 반대하는 메시지의 가사가 그들의 노래에 있는 것은 맞습니다. 그 노래는 의외로 한국 사람들도 대부분 잘 알고 있는 노래 '스카보로 페어'입니다.

'스카보로 페어'의 노래 가사 뒷부분에 보면 "그녀에게 가죽 낫으로 거두라 말하세요 (Tell her to reap it in a sickle of leather)" 바로 다음 부분에 살짝 노래가 겹치면서 속삭이듯 "전쟁은 고함치고, 진홍색 부대 속에서 활활 타올라요(War bellows, blazing in scarlet battalions)"라고 노래 부르고 "파슬리, 샐비어, 로즈마리, 백리향(Parsely, sage, rosemary, & thyme)" 다음 부분에도 "장군들은 군인들에게 죽이라고 명령해요(Generals order their soldiers to kill)"라고 읊습니다. "그걸 모아 꽃다발로 만들어 달라고 해줘요(And gather it all in a bunch of heather)"의 다음 부분에는 "또 싸우라고 하죠. 그들이 오래 전에 잊어버린 명분을 위해(And to fight for a cause they've long ago forgotten)"라고도 읊조립니다.

원래 '스카보로 페어'는 중세시대부터 영국 잉글랜드 지방에서 불리던 민요였는데요. 사이먼이 가펑클과 떨어져 영국에 있던 동안 듣고서 감명을 받아 편곡하고 가사를 덧붙여 새롭게 만들었습니다. 그런데 가사를 덧붙일 때 자신의 또다른 전쟁 반대 노래인 '사이드 오브 힐'의 가사 일부를 여기에 가져다 썼습니다. "장군들은 군인들에게 죽이라고 명령해요", "또 싸우라고 하죠. 그들이 오래 전에 잊어버린 명분을 위해"라고 노래 부르는 이 부분이 바로 '스카보로 페어'에 다시 쓰인 부분입니다. 잔인한 전쟁으로 인해 언덕 위에 쓰러져 사람들에게 잊혀진 채 스러져 가는 작은 소년의 삶을 슬퍼하는 내용을 '스카보로 페어'에서 재차 노래한 것이죠.

위의 노래들을 들다보면 대학에서 영문학을 전공하고 로스쿨에도 진학했던 경력이 있어서 그런지, 사이먼의 가사는 상당히 운율이 뛰어날 뿐 아니라 현실에 대한 생각을 정교한 문학적 표현을 통해 노래에 녹여낸다는 생각이 다시 한 번 피부로 느껴지게 됩니다.

가펑클은 대학 때 건축학을 공부했고 그 뒤엔 노래, 연기에 이어 시를 써서 '스틸 워터(Still Water)'와 같은 시집을 낸 색다른 이력을 가지고 있기도 한데요. 10년 전 성대결절로 인해 맞은 가수로서의 큰 위기를 눈물까지 흘리는 과정을 통해 이겨냈다고 하는데, 아마도 '험한 세상 다리가 되어'준 음악들이 그 아픔을 이겨낸 원동력이 되지 않았을까 싶습니다.

사이먼과 가펑클의 노래 '험한 세상 다리가 되어'는 엘비스 프레슬리, 아레사 프랭클린, 린다 클리포드 등에 의해서도 불려졌는데요. 다들 훌륭하고 멋진 가수들이긴 하지

만 적어도 이 노래만큼은, 가펑클의 감미로운 목소리로 불려질 수 있었던 것에 대해
작곡자 사이먼이 크게 감사해야 하지 않을까 하는 생각이 듭니다.

유재하의 '애드 나인(add9) 코드'와
문화 융합

>> > >

1989년 제1회 유재하 음악경연대회에서 금상을 받은 싱어송라이터 조규찬은 한 예능 프로그램에서 "유재하의 노래 '그대 내 품에'의 도입부 첫 코드에 당시 잘 쓰지 않았던 '애드 나인(add9)' 코드가 쓰였다. 그 음악을 듣고 친구와 아무 말도 하지 못하고 서로 바라봤다."고 말해 사람들로 하여금 '애드 나인' 코드에 대한 궁금증을 불러일으켰었죠.

당시 고등학생이던 조규찬과 그의 친구가 충격과 함께 감동을 선사 받았던 add9 코드. 이 add9 코드는 불협화음에 가까운 음이 포함되어 있는 코드로서, 잘 쓰이면 듣는 이에게 신선한 긴장감을 불러일으키는 코드입니다.

C코드가 도, 미, 솔 세 가지의 협화음으로 이뤄졌다면, Cadd9 코드는 도, 미, 솔 세 가지 음에다가 도에서 9번째 위로 올라가는 음, 불협화음에 가까운 음인 '레'를 추가(add)하여 만든 코드입니다(도→레→미→파→솔→라→시→도→레 순서를 세어보면 도에서 한 옥타브 위, 즉 8번째 음인 도를 지나 그 다음 9번째 음인 '레'를 확인하실 수 있습니다). 여기서 도, 미, 솔에 비해 레는 아무래도 덜 어울리는 음인 것이죠. 어울리는 3개의 음에 덜 어울리는 1개의 음을 묶어 하나의 코드를 만들었으니 처음 들으면 왠지 이상하고 익숙지 않게 들리는 것입니다.

'음악적 표현 요소에 관한 실험'에서 형용사 검사표를 만들어 음악에 대한 기분 반응을 연구한 K.헤브너에 따르면, 사람들은 단순한 협화음 화성을 들을 땐 '행복한', '우아한', '평온한'이라는 형용사를 떠올렸고, 복잡한 불협화음 화성을 들을 땐 '흥분되는', '동요되는', '활발한'이라는 형용사를 떠올렸다고 하는데요. 당시 발라드 곡들에서 잘 쓰이지 않던 '불협화음'이 포함된 add9 코드를 사용하여 발라드 곡을 만들어 불렀기 때문에 조규찬을 포함한 당시 유재하의 음악 청취자들은 말 그대로 '흥분되는' 감정을 느꼈던 것입니다.

물론 이 add9이라는 코드는 세계 음악사적으로 볼 때 이미 오래 전부터 쓰여오던 코드이긴 했지만, 유재하는 당시 한국의 대중음악 문화에서 일반적이지 않던 새로운 시도로 add9 같은 코드들을 사용하고 그 위에 자신만의 독특한 개성이 담긴 선율과 가사를 담아냄으로써 한국 대중음악사에 길이 남을 명반을 만들어낸 것이죠.

'음악의 사회 심리학'을 쓴 P.R.판스워드와 '음악의 객관적 심리학'을 쓴 R.W.런딘이 "화성에 대한 인간의 반응은 문화적 현상이다. 그가 속한 문화권의 음악들로부터 얻어진 경험으로 인해 선율적 예상감이 형성되곤 하는 것처럼, 화성적 예상감도 점차 획득되는 것이다. 일반적인 방식으로 감상자가 익숙해져 있는 화성적 실체에 일치하지 않는 화성으로 된 음악은 이상하다거나 다르게 느껴지는 것이다."라고 한 것을 보면 더 잘 이해가 됩니다. 여기에 더해 add9 코드를 재즈 관점에서 살펴보면, 이 add9 코드는 '텐션' 코드라고 불리는 코드의 하나인데요. 여기서 '텐션'은 바로 '긴장'을 의미합니다. 위에서 언급한 대로 add9 코드는 협화음에다가 불협화음에 가까운 음을 추가하여 만든 코드이기 때문에 듣는 사람이 '긴장감'을 느낀다고 하여 그 이름도 '텐션' 코드가 된 것이지요.

재즈 음악 자체가 미국에 끌려온 아프리카 흑인들이 부르던 노동요와 흑인들이 기독교 교회에 다니게 되며 알게 된(유럽 클래식 음악의 영향을 받은)교회 음악이 섞여 만들어진 블루스에서 비롯된 것입니다. 즉, 재즈는 흑인문화와 백인문화라는 서로에게 이질적인 문화들이 섞여 만들어진 융합 음악인 것이죠. 따라서 재즈에서 불협화음과 협화음이 어우러진 add9 같은 텐션 코드들이 쓰이거나 만들어지는 것은 어찌 보면 너무나 당연한 현상인 것입니다.

판스워드와 런딘의 방식으로 얘기한다면 한 문화와 다른 문화가 만날 때, 그 문화들 속의 이질적인 음악과 선율과 화성 또한 함께 만나게 되면서 긴장감과 그에 따른 새로운 음악 효과가 생겨나게 된 것이죠.

　아무튼 음악은 이렇게 자신과 다른 것들까지도 잘 조화시켜 자기 안에 품으면서 아름다운 소리의 미학을 꽃피워가고 있는데요. 그렇다면 우리 사회에서 음악 이외의 영역들, 굳이 콕 집어 얘기하자면 정치나 경제 등의 영역에선 이질성들이 과연 어떻게 관계맺음 되고 있을까요? 우리 사회의 정치, 경제 등 영역의 리듬과 화성, 선율이 음악처럼 잘 조화를 이루고 있는지 새삼 궁금해집니다.

오바마 대통령과 '어메이징 뮤직'

>>> > >

"놀라운 은총은 이 얼마나 감미롭게 들리는지
그 소리는 나와 같은 몹쓸 사람도 구원하였습니다
나는 볼 수 없었지만 이제 볼 수 있게 되었고
그 은총은 나의 마음에 두려움을 가르쳐 주었습니다
그리고 다시 나의 모든 두려움을 걷어내 주었죠"

-영국 성공회 사제 존 뉴턴이 과거 흑인 노예 학대를 참회하며
가사를 쓴 것으로 알려진 찬송가 '어메이징 그레이스' 중에서

　오바마 대통령은 2015년 미국 사우스캐럴라이나 주 찰스턴 교회 총기 난사 사건에서 희생된 클레멘타 핑크니 목사 장례식에서 찬송가를 불렀습니다. 백인 우월주의자에 의해 저질러진 이 인종 증오범죄에서 희생된 사람들의 이름을 하나하나 큰 소리로 외쳐 부르며 추모의 뜻을 표했죠.
　오바마가 부른 찬송가는 바로 미국인들의 또다른 국가라고도 할 수 있는 '어메이징 그레이스(Amazing grace)'였습니다. 대통령의 입에서 뜻밖에 터져나온 노래 소리에 참석자들은 신선한 감동을 느끼고 그 뜻에 공감하며 함께 노래를 따라 불렀죠. 그 노

래를 부르며 인종주의라는 몹쓸 행태에 대한 증오를 넘어, 용서와 사랑으로 하나가 되는 모습을 보여주었습니다. 인간의 선하고도 강한 의지와 그러한 아름다운 뜻을 하나로 묶는 노래의 힘이 감동적으로 어우러진 장면이었는데요.

이렇게 노래가 가진 힘에 대한 연구는 사회학적으로는 물론 음악학, 심리학, 인지과학, 뇌과학적으로도 꾸준히 이어져 오고 있습니다. 미국 오하이오주립대학 음악인지 뇌과학센터의 D.휴런 교수는 '음악은 진화론적으로 적용된 것인가'라는 논문에서 음악이 사회적 관계와 개인간의 신뢰를 향상시키는 데 도움을 준다고 말합니다. 대중적으로 인기 있는 노래들은 사회적인 기능을 가진다는 것인데요. 생일축하곡, 민속음악, 걸스카우트 노래, 스포츠 경기에서의 응원가, 군가 등은 집단적 정체성을 환기시켜 개인과 개인, 개인과 집단의 관계를 강화시킨다는 것이죠.

그에 따르면 인간의 음악은, 「이기적 유전자」의 저자로 널리 알려진 진화생물학자 R.도킨스가 주장하는 '밈(Meme)'처럼 문화적인 유전자로서 다음 세대로 전해진다는 것입니다. 1700년대부터 지금까지 세대를 초월하여 입에서 입을 통해 계속 불리고 있는 '어메이징 그레이스'처럼 말이죠.

호르몬 등의 생리학적 연구를 통해 음악의 사회적인 힘을 밝히려는 연구도 있는데요. 일본 나라교육대학 내분비, 유전, 생물학 교수 하지메 푸쿠이는 '음악과 시각적 긴장이 남녀의 테스토스테론과 코티솔에 끼치는 영향' 연구에서 음악을 들으면 테스토스테론 분비가 줄어드는데, 테스토스테론 수치가 줄어들면 공격성과 갈등, 성적인 대립, 성적인 경쟁이 감소하게 되어 결과적으로 집단의 단결력이 강화된다고 말합니다.

또 미국 캘리포니아대학교 버클리 캠퍼스의 신경생리학자 W.J.프리먼 교수는 '뇌의 사회: 사랑과 증오의 신경과학'에서 산모들로 하여금 모유를 내게 하는 호르몬이자, 남녀간의 성관계 때 분비되어 둘 사이의 유대감을 높이는 호르몬인 옥시토신이 최면상태와 음악을 들을 때에도 분비된다고 말합니다. 신생아와 엄마의 유대감을 높이고 남자와 여자 사이의 친밀감을 향상시키는 옥시토신이 음악을 들을 때에도 흘러나오기 때문에 음악을 통해 사람들이 정서적으로 뭉칠 수 있다는 것이죠. 그리하여 노조원들이 집회 때 노래를 부르거나, 종교단체에서 노래를 만들거나 함께 부르는 등의 음악활동을 하며, 대학에서 동창들끼리 교가를 부르는 등의 행위를 통해 하나가 된다는 것입니다.

스웨덴 스톡홀름대학교 심리학과 M.샌드그렌 교수 등의 논문 '노래 부르기는 삶을 더 행복하게 할까? 노래 부르기 레슨을 받는 프로, 아마추어 가수들에 관한 경험적 연구'에서는 노래 레슨을 30분 정도만 받아도 사회적 소속감에 영향을 주는 신경 전달 물질인 옥시토신 수치를 높인다는 연구 결과를 내놓기도 했습니다.

음악은 이성간의 친밀감도 향상시켜준다고 합니다. 일본 아오야마 가쿠인대학교 심리학과 수미 시게노 교수 연구진의 '배경음악이 일본 성인 남녀의 대화 상대방의 인상에 끼치는 영향' 연구에 따르면, 배경음악을 깔고 하는 이성간의 대화가 그렇지 않은 쪽보다 상대방에 대해 좋은 이미지를 갖게 만들어준다고 합니다. 10대, 20대의 데이트 상대를 찾는 일본 남녀 32명을 대상으로 20분간의 대화를 하는 동안 록, 랩, 클래식 음악을 배경음악으로 들려주었더니, 음악을 들으며 대화한 16쌍이 배경음악을 듣지 않고 대화한 16쌍에 비해 상대방에 대한 매력이나 친밀감을 느낀 비율이 더 높았다는 것입니다.

이렇듯 음악은 사회학적인 차원을 넘어 심리학, 생리학적으로도 사람과 집단간의 유대감을 높이는 힘을 가지고 있는 것이 분명해 보이는데요. 이렇게 음악 등을 통해 향상된 사회적 유대감은 그냥 기분이 좋거나 마음이 든든하다는 등의 정신적인 만족도를 높이는 선에서 끝나고 마는 것이 아닙니다. 사회적 유대감은 개인의 심신 건강을 증진시키는 등 실제적인 면에서도 긍정적인 영향을 끼친다는 연구 결과들이 많이 있습니다. 가족, 이웃과 친구 등 사회적 유대감을 가진 관계망을 통해 여러 가지 사회적 도움을 주고받는 경우 심혈관, 신경내분비, 면역기능 등에서의 긍정적 영향이 의미 있는 수준으로 발견된다는 것이죠.

미국 유타대학 심리학과 B.N.우치노의 '사회적 도움과 건강: 질병 발생과 잠재적으로 연관되어 있는 생리학적 과정에 대한 고찰' 연구에 따르면, 사회적 유대감을 통해 느끼는 소속감은 인간이 성공적으로 생존하는 데 있어 기본적인 요소일 뿐만 아니라 건강에 기여하는 호르몬 분비에도 영향을 끼치는 것이라고 합니다. 심장질환을 가진 환자들에게 극심한 스트레스는 혈류역학적인 변화에 기인한 혈관의 수축으로 국소 빈혈을 촉발시킬 수 있는데, 사회적 유대감을 통해 얻어지는 사회적 도움은 이러한 스트레스를 완충시키는 역할을 해준다고 합니다.

미국 노스캐럴라이나대학 샬럿 캠퍼스의 정신과 교수 K.M.그루언의 '파트너와의 따뜻한 교류가 옥시토신, 코티솔, 노르에피네프린, 혈압에 미치는 영향' 연구와 미국 스탠포드 의대 정신행동과학과 J.M.터너-코브 교수 등의 '사회적 도움과 전이성 유방암 환자의 침 속 코티솔' 연구에 따르면 유대감을 통한 사회적 도움은 스트레스를 많이 받을 때 분비되는 코티솔 분비에 영향을 끼친다고 합니다.

스웨덴 스톡홀름의 카롤린스카연구소 생리약물학과 K.우브나스 모베르그 교수 등의 '옥시토신이 긍정적인 사회적 상호작용과 감정의 이점을 매개할 가능성' 연구에 따르면 사회적 도움이 옥시토신 분비를 촉진시킨다고 합니다. 옥시토신은 뇌나 주변부 생리학적 시스템에서 스트레스에 대항하는 역할을 수행하기도 하는데, 유대감 있는 사회적 교류는 옥시토신 분비를 자극하고 그 옥시토신은 혈압과 코티솔 분비를 낮추는 한편 부교감 신경 활동을 촉진시킨다고 하는 것이죠. 코티솔이 과다하게 분비되면 인슐린 작용을 방해해 혈당이 더욱더 증가하게 되는 등 당뇨병의 원인이 되기도 하는데, 사회적 도움은 그러한 코티솔의 분비를 줄이기도 한다는 얘기입니다. 또 부교감 신경 활동을 활발하게 하여 공포나 분노를 가라앉히는 데 도움을 주기도 하구요.

미국 아이오와대학 심리학과 S.K.루트겐도르프 교수 등의 '자궁경부암, 난소암 환자에게 있어 인터류킨-6과 사회적 도움의 활용' 연구에 따르면 사회적 도움은 말초혈 관계에서 자연살생세포(natural killer cell)의 활동을 증가시킨다고 합니다. 이 자연살생세포는 선천적인 면역을 담당하는 혈액 속 백혈구의 일종으로, 간과 골수에서 성숙하여, 바이러스에 감염된 세포나 암세포를 직접 파괴하는 면역세포이기 때문에 결국 가족, 이웃, 친구 등의 정서적 교류를 통한 사회적 도움이 암 치료에 도움을 준다는 것이죠.

미국 오하이오주립대 콜롬버스 캠퍼스 정신과 교수 J.K.키콜트-글레이저 등은 '적대적 군사 상호작용, 염증 발생 전 사이토카인 생성, 그리고 상처 치료' 연구에서 유대감 있는 사회적 도움은 수포 등의 상처에서 염증성 사이토카인의 강하고 급격한 증가와 관련이 있다고 말합니다. 생리 활성 물질인 사이토카인의 종류에는 인터류킨-1, 인터류킨-6, 종양 괴사 인자(tumor necrosis factor-α) 등이 있는데, 사회적 도움은 이들 면역계를 자극하는 단백질들을 증가시켜 상처 치료에 도움을 준다고 합니다.

반면 이러한 유대감 있는 사회적 도움은커녕 사회로부터 격리당하는 왕따, 이지메 피해자들의 경우 심각한 건강상의 문제가 발생합니다. 미국 퍼듀대학 심리학과 교수

K.D.윌리엄스의 '도편추방제' 연구와 N.I.아이젠버거 등의 '배척은 상처를 입히는가? 사회적 배제에 대한 기능성 자기공명영상 연구'에 따르면 사회적 배제는 사람으로 하여금 소속감과 존재의 의미, 통제 감각을 잃게 만들고 분노와 슬픔을 키웁니다. 왕따, 이지메를 당하면 전두엽에서도 특히 전대상피질(anterior cingulate cortex)이 활성화되는데 이 부위는 사람이 신체적 고통을 느낄 때 역시 활성화되는 곳입니다. 몸이 느끼는 것과 마찬가지의 통증을 마음으로 느끼며 괴로워하다가 여러 가지 정신질환을 앓게 되는 것이죠.

사회적 유대감을 고양시키는 힘을 가진 음악은 이러한 사회적 배제의 아픔을 완화시키는 힘 또한 가지고 있는 것으로 보입니다. 스페인 자베리아나 의과대학 마취과 M.S.세페다 교수는 '통증 완화를 위한 음악' 연구에서 음악이 왕따 후유증 치료에 도움을 준다고 말합니다. 음악을 들으면 뇌 속에서 통증을 완화시켜 주는 아편양 펩티드(opioid peptides)와 같은 신경 전달 물질의 분비를 자극한다고 하는 것이죠. 음악을 들을 때 나오는 아편양 펩티드의 대표 물질 엔케팔린, 엔도르핀 등은 외과수술 뒤 통증완화용 약물을 덜 써도 될 정도의 효과를 가지고 있다고 합니다.

이러한 음악의 여러 가지 힘을 모두 잘 알고 있기라도 하듯 미국 오바마 대통령은 여러 장소에서 여러 노래들을 부르는 모습을 보였는데요. 선거자금 마련 행사에서 팝 가수 알 그린의 '렛츠 스테이 투게더(Let's Stay Together)'를 부르고, 백악관에선 폴 매카트니와 '헤이 주드(Hey, Jude)', 비비 킹 등과 '스윗 홈 시카고(Sweet Home Chicago)'를 노래했습니다. 또 PBS 방송을 통해서 컨트리 가수 윌리 넬슨의 '온 더 로드 어게인(On the Road Again)'을 함께 부르기도 했죠. 그리고 핑크니 목사 장례식에서 '어메이징 그레이스'를 부르며 그의 '노래 인생'에 정점을 찍었던 것입니다.

프랑스 사상가 볼테르는 "공감은 멋진 것이다. 다른 사람의 탁월함을 우리에게 속한 것으로 만들어준다."라는 멋진 말을 남겼는데요. 오바마의 '어메이징 그레이스'를 다시금 들으면 비록 때때로 우리나라와 이익을 달리하기도 하는 다른 나라 사람이지만, 같은 지구인으로서, 볼테르가 말한 '공감'이란 것을 조금이나마 느끼게 되곤 합니다.

사람을 감동하게 만드는
'음악의 법칙'

>>> > >

"과학은 지식 자체라기보다는 생각의 방법이다."

전세계 6억 명의 시청자가 시청한 과학다큐멘터리 '코스모스'로 유명한 미국의 천문학자 칼 세이건은 사고방식의 중요성에 대해 위와 같이 말했습니다. 시카고대학 학부에서 인문학을 전공하고 같은 대학에서 물리학 석사와 천문학 박사학위를 취득한 세이건은 요즘 말로 하면 문·이과를 두루 섭렵한 융합형 지식인이라고 할 수 있겠죠.

말이 거창해서 융합형이지 사실 따지고 보면 우리의 삶 자체가 융합형입니다. 물리세계를 연구하는 과학자도 인간세계의 영화와 음악을 듣고, 인간세계를 탐구하는 소설가도 물리세계의 원리를 이용한 스마트폰과 자동차를 사용하니까요. 인간이 접한 이 세상의 모든 것은, 인간이라는 범주 안에서 융합적으로 인식되는 것입니다. 그러니 인간이 스스로를 알아가는 방식과 인간을 둘러싼 세상을 알아가는 방법 또한 당연히 융합적인 것이 되어야겠죠.

만약 음악에 대해 깊은 관심을 가지고 음악을 알아가려 한다면, 그 방법이 융합적이면 융합적일수록 음악은 더욱 더 자기의 온전한 모습을 드러내 보여주게 될 것입니다. 다시 말해 음악에 대해 음악학이나 철학, 미학적 방법뿐만 아니라 심리학, 뇌과학,

생리학적 방법 등 다양한 학문들을 융합적으로 활용하는 방법으로 음악에 접근할수록 음악을 더 잘 알 수 있게 되는 것이죠.

영국의 심리학자 존 슬로보다는 음악의 여러 모습 중에서도 특히 사람을 소위 '감동 먹게' 만드는 '음악 감동의 법칙' 부분에 대해 연구를 했는데요. 그는 83명의 사람들에게 여러 곡의 클래식을 들려주고 그 음악들 중 어느 부분이 눈물샘을 자극하며 목메게 하는지, 전율이 등골뼈를 타고 올라와 닭살을 돋게 하는지, 또 심장을 쿵쾅거리며 뛰게 하는지 기록하게 했다고 합니다. 그 결과를 분석하여 간명하지만 보편성을 가진 하나의 법칙을 찾아냈다고 하죠. 그것은 바로 예기치 못했던 음악적 표현이 발생했을 때 눈물과 전율과 두근거림이 생긴다는 것이었습니다. 예기치 못한 음악 진행에 놀라 오싹해졌다가 다시 예상했던 선율로 돌아오는 순간 긴장이 풀리면서 만족감을 갖게 된다는 것이죠. 긴장했다가 긴장을 풀리게 했다가 하는 음악적 주기가 몇 번 반복될수록 좀 더 강렬한 반응이 뒤따른다고 합니다.

슬로보다의 연구에서 청취자의 감정적 반응을 이끌어낸 구체적 '음악기법'에는 여러 가지가 있는데요. 우선 '아포지아투라'(Appoggiatura。앞꾸밈음)라는 기법이 있습니다. 그러한 아포지아투라 기법 중에는 아래 악보에서 보듯 주요 음 앞 한 음 위에 8분음표를 하나 붙여 소리를 내게 하는 방법이 있죠. 2006년 미국 철자경연대회 우승자를 결정하는 최종 문제로 출제되었을 만큼 미국인들에게도 생소한 단어인 '아포지아투라'는, 그러나 감정 반응을 불러일으키는 데는 굉장히 효과적이었다고 합니다. 슬로보다의 연구에 응한 83명의 피실험자 중에서 18명이 눈물과 함께 목메임 반응을 보였구요. 9명은 등골에 전율을 느끼거나 닭살이 돋는 반응을 보였다고 하네요.

'아포지아투라' 기법이 들어간 곡들을 살펴보면 알비노니의 '아다지오'(도입부 8번째 마디), 바흐의 '마태 수난곡'(도입부 코러스 1~8번째 마디), 멘델스존 '바이올린 협주곡'(2악장 2번째 마디), 모짜르트의 오페라 '여자는 다 그래'(2막 25번 51~54번째 마디) 등이 있습니다.

또 선율이나 화음의 반복진행(Sequence)의 기법도 많은 슬로보다 연구 참가자들로 하여금 감동을 느끼게 했는데요. 반복진행은 동일한 선율이나 화음이 다른 가사로 두 번씩 불려지는 형태를 보입니다. 베토벤의 '피아노 협주곡 4번'(2악장 31~35번째 마디), 브람스의 '피아노 협주곡 1번'(2악장 2번째 피아노 도입부) 등에서 쓰였죠.

새롭거나 예기치 않은 화성을 쓰는 기법도 많은 감정적 반응을 불러일으켰습니다. 말러의 '3번 교향곡'(1악장 74번 마디)과 베토벤의 피아노 협주곡 4번(1악장 105번째 마디) 등에서 청취자들은 닭살이 돋을 정도의 감흥을 받았다고 합니다. 음악이 급작스럽게 역동적으로 진행되거나 음악구조가 갑자기 바뀔 때에도 많은 사람들이 감정적 반응을 보였는데요. 이 기법은 브루크너의 '아베 마리아'(16~21번째 마디 '예수(Jesus)')와 기번스의 '은빛 백조'(11~13번째 마디 '그리하여 불려진(thus sung)'), 쇤베르크의 '정화된 밤(verklarte nacht)'(229번째 마디)에서 들을 수 있습니다.

크리스마스 캐럴과
그 무엇들의 역사

>>> > >

매년 거리 여기저기서 들려오는 크리스마스 캐럴을 듣다보면 성탄절과 함께 한 해를 정리하는 연말의 시간이 다가오는 것을 피부로 느끼게 됩니다. 형형색색의 리듬과 멜로디와 음색으로 우리 귀의 달팽이관을 들썩거리게 만드는 이 캐럴에 관련된 여러 가지 사연들을 알고 들으면 더 재미있게 노래들을 감상할 수 있지 않을까 싶은데요. 이를테면 캐럴이라는 음악의 창문을 통해 인류 역사의 일부분을 재조명해 보는 것이죠.

영국의 저명한 역사학자 E.H.카는 "역사를 연구하기 전에 먼저 역사가를 연구하라.", "역사는 큰 바다에서 헤엄치는 물고기와 같다. 어떤 바다에서 어떤 어구로 물고기를 잡을 것인지는 전적으로 역사가가 결정할 문제이다."라고 말했습니다. 다시 말해 역사를 보는 사람의 관점에 따라서 역사의 내용 또한 다르게 파악되거나 해석될 수 있다는 뜻인데요.

'성(性)의 역사'를 쓴 프랑스의 포스트모더니즘 철학자 미셸 푸코처럼 성에 대해 관심을 가지거나, '불한당들의 세계사'를 쓴 아르헨티나의 소설가, 시인, 평론가 호르헤 루이스 보르헤스처럼 악당들에 눈길을 두거나 하는 것처럼, 캐럴을 즐겨 듣는 사람의 관점으로 역사를 보면 또다른 역사의 지평이 나올 수 있을 것 같습니다. 이른바 역사를 바라보는 관점을 바꿔보는 '관점 교체 실험'을 해보는 것이죠.

그럼 그런 차원에서 크리스마스 캐럴의 역사를 한번 살펴볼까요? 우선 캐럴은 중세

시대 노래를 부르며 둥글게 무리지어 춤추는 춤이라는 뜻의 프랑스 말에서 유래되었다고 합니다. 낮이 길어지기 시작하는 동지를 지날 무렵 '태양의 재탄생'을 축하하는 로마 이교도(태양을 숭배하는 미트라교)들의 동지절 축제(12월24일~이듬해 1월6일)와 농업신을 모시는 제의가 기독교 문화와 융합하는 과정에서 캐럴이 생겨나 불려지기 시작했다고 여겨지기도 하구요.

14세기에는 '더 보어스 헤드 캐럴(The Boar's Head Carol)'과 같은 단순한 형태의 캐럴들이 영국에서 불려졌고, 15세기에는 좀 더 복잡하고 여러 개의 음들로 이뤄진 캐럴들이 수도원과 교회 예배당에서 노래되었다고 합니다. 그러다가 16세기 종교개혁과 함께 새로운 형태의 크리스마스 캐럴들이 등장했고 17세기에는 궁전의 왕 앞에서, 또 아주 특이하게 법정에서 불려지기도 했다고 하네요. 하지만 17세기 초 엄격한 청교도 교풍이 지배적이던 영국에서는 12월 25일을 축제일이 아닌 예수 그리스도를 생각하며 속죄하는 엄격한 날로 여겨 의회에서 법령까지 만들어 사람들로 하여금 금식을 하게 했다고 합니다. 금식기간 중에 캐럴을 부르기란 여간 어려운 일이 아니었겠죠. 그러다가 17세기 후반 들어 왕정복고 시대가 오면서 캐럴이 인쇄되고 널리 전파되어 교회 아닌 집에서도 마음껏 부를 수 있게 되었다고 하네요. 18세기에는 캐럴 인쇄물이 더욱 광범위하게 퍼지게 되어 대중적으로 인기를 끌었다고 합니다. 놀랍게도 구절과 그 구절에 대한 반복이라는 중세시대 캐럴의 구조는 18세기에도 그대로 이어졌는데요. 19세기에는 캐럴 악보가 상업화되어 영국에서는 서너 개의 캐럴이 인쇄된 것을 0.5페니 또는 1페니에 팔기도 했다고 합니다.

20세기 들어서면서 캐럴은 더욱더 사랑받게 되었는데요. 특이한 점은 선호도 최상위권의 3분의 2가량이 1941년~1958년 사이에 만들어진 캐럴들이라는 점입니다. 저작자 및 음반 제작자들로 구성된 미국 음악계의 대표적 저작권 단체인 ASCAP(American Society of Composers, Authors, and Publishers)에서 2012년 라디오, 텔레비전, 인터넷 데이터를 모아 뽑은 '역대 최고 인기 캐럴 30'에 1940년대와 1950년대 창작된 곡들이 19곡이나 선정된 것이지요.

'크리스마스 송(The Christmas Song)'(1946), '썰매타기(Sleigh Ride)'(1948), '렛 잇

스노우, 렛 잇 스노우, 렛 잇 스노우(Let It Snow! Let It Snow! Let It Snow!)' (1945) 등이 바로 그 노래들인데요. 우연하게도 이 시기는 2차 세계대전의 비극이 광풍처럼 몰아닥치던 때를 앞뒤로 한 시기입니다. 가장 사랑받는 캐럴 3위에 오른 '화이트 크리스마스(White Christmas)' (1941)는 당시 나치 독일에 의해 핍박받던 유대인들과 같은 종교를 가진 어빙 벌린이 쓴 노래인데요. 이 노래는 잘 알려져 있듯 흰 눈 쌓인 화이트 크리스마스를 꿈꾼다는 가사 내용을 가지고 있습니다. 피바람 부는 전쟁이 하루빨리 끝나고 포근하게 흰 눈처럼 쌓인 평화를 꿈꾸는 사람들의 염원이 상징적으로 담겨 있는 것이지요. 2차 세계대전 당시 전쟁터의 군대방송에서 울려퍼지던 이 '화이트 크리스마스'의 추억을 가진 수많은 참전용사들과 그들이 낳은 7천 6백만 명의 아이들이 이 노래 인기의 밑바탕이 된 것이라는 분석도 있지만, 한편으론 알든 모르든 캐럴을 듣고 즐기는 사람들의 무의식엔 사랑과 평화를 원하는 마음이 있어 그 영향으로 이 노래가 그렇게 오랜 세월 동안 인기를 모으는 건 아닌가 하는 생각도 드는 것입니다.

어릴 때 '루돌프 사슴코' 캐럴을 들으며 큰 과학자들은 '왜 루돌프 사슴의 코가 빨간 것일까' 하는 어린 시절 의문을 어른이 되어 과학적으로 풀어보기도 했는데요. 네덜란드와 노르웨이 연구진이 '영국의학저널'에 발표한 내용을 보면, 루돌프 사슴코가 빨간 이유는 사람보다 25% 많은 미세한 혈관들이 코에 밀집하기 때문이라고 합니다. 이 미세한 혈관들은 산소를 운반하는 적혈구들을 공급하여 루돌프 사슴코의 온도를 24도 정도에 맞춘다고 합니다.

크리스마스 캐럴에 얽힌 다른 재미난 얘기들도 많은데요. '틀림없이 산타일 거야(Must be Santa)'라는 캐럴은 독일의 '음주가'에서 비롯된 것이라고 합니다. 또 캐럴로서는 유별나게 제목에서부터 '록' 장르임을 알리며 발표된 노래도 있는데요. 1957년 세상에 나온 '징글벨 록(Jingle Bell Rock)'은 미국 대중음악 조류가 컨트리 스타일의 로큰롤과 비음 섞인 리듬 앤 블루스 풍의 로큰롤 시기를 지나 '로커빌리'(로큰롤과 컨트리송의 다른 명칭인 힐빌리(hillbilly)가 결합된 것으로서 초창기 형태의 록 음악)라는 새로운 사운드의 시대로 가고 있음을 알리는 '신호탄'과도 같은 캐럴인 것이지요.

1952년 발표된 '엄마가 산타와 키스하는 걸 봤어요(I Saw Mommy Kissing Santa Claus)'라는 캐럴은 크리스마스 트리의 겨우살이 덩굴 장식 밑에 있는 소녀에게는 아무나 키스해도 좋다는 풍습의 내용을 왜곡했다고 하여 미국 보스턴 카톨릭 교회에서 비판하기도 했다고 합니다.

추운 겨울철에 가장 사랑받는 캐럴 중의 하나인 '렛 잇 스노우(Let it snow)'는 아이러니하게도 한여름에 만들어졌다고 합니다. 이때 이 캐럴을 만든 새미 칸과 줄리 스타인은 헐리우드에 있었는데 1945년 7월 헐리우드에서 가장 더웠던 날로 기상청 기록에 남아있다고 하네요. 1944년 러시아 유대인 후손 멜 톰이 작곡한 '크리스마스 송'도 여름철에 너무 더워서 머리를 식히기 위해 45분만에 작곡한 캐럴이라고 합니다.

'루돌프 사슴코(Rudolph the Red-Nosed Reindeer)', '록킹 어라운드 더 크리스마스 트리(Rocking around the Christmas tree)'를 비롯해 많은 크리스마스 캐럴을 만든 조니 마크스는 기독교 축제일을 챙기는 것과는 조금 거리가 있는 다른 종교 신자, 즉 유대인이었다고 합니다. 또 처음으로 우주에서 울려퍼진 캐럴도 있는데요. 1965년 미국 우주선 제미니 6호의 비행사였던 톰 스태포드와 월리 스키라가 광활한 우주공간에서 '징글벨(JingleBell)'을 불렀다고 합니다.

그리고 인류사적으로 가장 드라마틱한 순간을 장식한 캐럴도 있는데요. 1차 세계대전 와중에 크리스마스 이브를 맞아 잠시 전투를 멈추었던 1914년, 벨기에 이프레스 지역에서 적으로 만나 싸우던 독일, 영국, 프랑스 군대가 함께 불렀던 '사일런트 나이트(Silent night)'가 바로 그 노래입니다. 빗발치는 총탄과 포탄 속에 비정하게 생사가 엇갈리던 전장 속에서 잠시나마 울려퍼졌던 '캐럴'이 품은 사랑과 평화의 의미는, 매년 연말 귓가에 아련히 들려올 때마다 기억 속 어디선가 불현듯 나타나 가슴 한구석을 저릿하게 울려주곤 합니다.

새해맞이 노래들과
그 어떤 것들의 역사

>> > >

매년 새해의 첫날이 찾아올 때면 다들 새로운 꿈이 담긴 계획을 세우고 마음의 다짐도 새롭게 하실 텐데요. 크리스마스 캐럴을 들으며 한 해의 마무리를 하는 것처럼, 새해맞이 노래를 들으며 한 해의 계획을 세우시는 분들도 있으실 겁니다.

크리스마스 캐럴에 여러 가지 이야기들과 역사가 있는 것처럼, 새해맞이 노래들에도 저마다의 사연과 역사가 있는데요. 같은 사실이라도 보는 관점에 따라 다른 역사의 내용이 펼쳐질 수 있다고 말한 영국의 역사가 E.H.카의 말처럼, 새해맞이 노래들의 역사 역시 어떻게 보느냐에 따라 색다른 에피소드들이 펼쳐질 것 같습니다.

사실 이러한 E.H.카의 역사관은 그보다 2천여 년 이전에 활동했던 중국의 역사가 사마천(기원전 140여 년~기원전 80여 년)의 역사관과도 통하는 것인데요. 사마천이 쓴 역사서 '사기'는 '본기(本記)', '표(表)', '서(書)', '세가(世家)', '열전(列傳)'으로 이루어져 있습니다.

그중 '본기'에는 나라를 다스린 황제와·황제에 버금가는 권력을 가졌던 영웅들의 이야기가 실려 있죠. '세가'에는 황제로부터 영토를 받아 제후국을 지배한 제후들의 가계와 역사가 기록되어 있습니다. '열전'에는 한 시대를 풍미한 정치가, 협객, 상인, 문필가, 학자는 물론 농민 반란군 우두머리 등의 일화가 담겨 있죠. 당대의 정치, 문화, 의식 등 사회 전반을 파악할 수 있는 자료의 보고입니다. '표'는 연대기 또는 시대사를 구분해 놓은 것으로 보면 됩니다. '서'는 제례와 역법, 천문, 재정 등 나라의 제도와 문물을 주제별로 나누어 정리한 것이죠. 한마디로 한 덩어리의 시대상을 인물에 초점을 맞추고, 또 제도에 포커스를 맞추는 등 역사가의 관점에 따라 따로따로의 역사들로 나눠 기록한 것입니다.

비록 소설이긴 하지만 20세기 포스트모더니즘에 지대한 영향을 준 보르헤스의 '불한당들의 세계사'의 역사 관점은 사마천의 사기 중 '열전'에 쓰인 것과 같다고 볼 수 있을 것 같습니다. 또 미셸 푸코의 '감시와 처벌(부제: 감옥의 역사)'은 사마천의 사기 중 '서'의 역사 관점과 유사하다고 볼 수 있구요. 이렇게 여러 가지 역사를 보는 관점 중에서 사마천의 '열전'을 보는 관점으로 새해맞이 노래를 바라본 내용은 다음과 같습니다.

유명한 새해맞이 노래로 우선 다들 한 번쯤 그 이름을 들어보셨을 스웨덴의 전설적 팝 밴드 아바의 노래 '해피 뉴 이어(Happy new year)'가 있습니다.

"행복한 새해가 되길
행복한 새해가 되길
우리 모두가 꿈을 갖게 해주길
모든 이웃이 친구인 세상이 올 거라는
행복한 새해가 되길
행복한 새해가 되길
우리 모두 희망을 갖고
우리의 뜻이 시도될 수 있기를
그렇지 않으면 우린 누워 죽은 것과 같아요"

-아바의 노래 '해피 뉴 이어' 중에서

다가올 알 수 없는 미래를 생각하며 세상에 평화가 찾아오길 바라는 내용의 이 노래는, 아바가 1978~1979년 '불레부(Voulez-Vous。you want)' 음반으로 큰 성공을 거둔 뒤 잠깐 휴식을 취하러 갔던 남아메리카 위쪽 대서양의 바베이도스에서 1980년에 쓰여졌는데요. 원래 새해 전날(New Year's Eve)과 관련된 뮤지컬을 염두에 두고 만들어진 곡이라고 합니다,

아바의 남성 멤버였던 비요른 울바에우스와 베니 앤더슨은 자신들의 뮤지컬 드라마 아이디어를 유명한 극작가에게 보냈는데 그만 거절당했다고 하네요. 우여곡절 끝에 '해피 뉴 이어'라는 제목으로 이 노래를 발표하기로 결정하고 1980년 2월 녹음에 들어가 같은 해에 뮤직비디오를 만들었다고 합니다. 원래 이 노래를 만들 때 칭했던 제목은 따로 있었는데, 그 제목은 "아빠, 크리스마스엔 술 취하지 마세요"였다고 하죠.

또다른 색다른 일화는 여성 멤버였던 아그네사 펠트스코그가 비행기 여행을 무서워하고 싫어해 노래의 홍보를 뮤직비디오에 의존하게 되었다는 것입니다. 이들의 뮤직비디오는 MTV가 나오기 전까지 1970~1980년대 전 세계의 텔레비전 음악 프로그램을 종횡무진 했다고 하네요. 이 무렵부터 뮤지컬에 관심을 많이 보였던 비요른과 베니는 나중에 뮤지컬 제작자로도 왕성한 활동을 했다고 합니다.

시대를 뛰어넘는 명곡 '호텔 캘리포니아(Hotel California)'와 '새드 카페(Sad café)'로 우리나라에도 잘 알려진 미국 컨트리, 포크록 밴드 이글스(Eagles)도 '펑키 뉴 이어(Funky New Year)'라는 새해를 주제로 한 노래를 만들었는데요.

"바로 어제 파티에 갔었지
새해를 제대로 맞이하려 간 거였지
오늘 아침 깨어보니
어제 저녁 내가 얼마나 행복했었는지 기억나지 않네
하지만 아직도 그 기분 그대로 느끼네
이제 곧 신나는 새해가 오네
멋진 새해
오, 멋진 새해가 틀림없어
신나는 새해"

-이글스의 노래 '펑키 뉴 이어' 중에서

전날 술과 함께 파티를 실컷 즐기고 두통과 함께 새해를 맞이하는 사내의 재미난 모습을 담은 이 노래는 '플리즈 컴 홈 포 크리스마스(Please Come Home for Christmas)와 함께 1979년에 싱글 앨범으로 발표된 곡입니다. 1978년 '뉴 키드 인 타운(New Kid in Town)'과 '호텔 캘리포니아'로 두 개의 그래미상을 수상하는 등 생애 최고의 한 해를 보낸 이글스는 진지한 뮤지션이라는 고정관념을 깨기라도 하듯 크리스마스와 새해맞이 노래를 발표한 것이었는데요. 당시 한창 유행하던 디스코 댄스와 펑크 음악들 사이를 비집고 들어가 18위에 랭크되며 20년 만에 처음으로 빌보드 20위 안에 오른 크리스마스 시즌 노래로 기록되었다고 합니다.

'위드 오어 위드아웃 유(with or without you)' 등의 노래와 사회적 메시지를 담은 가사로 세계적인 명성을 얻고 2005년 '로큰롤 명예의 전당'에도 오른 아일랜드 출신 4인조 밴드 U2의 노래 '뉴 이어스 데이(New Year's Day)'도 빼놓을 수 없는 새해 노래죠.

"새해에는 모든 것이 조용하네
하얀 세상엔 뭔가 이뤄지고 있네
난 그대와 함께이고 싶어
밤이나 낮이나 그대와 있고 싶어
새해엔 그 무엇도 변치 않네
새해에는
난 그대와 다시 있게 될 거야
난 그대와 다시 있게 될 거야
(중략)
신문은 말하고, 말하지
이것이 진실, 진실이라고...
우린 헤쳐나갈 수 있어
비록 둘로 나뉘었어도
우린 하나가 될 수 있어"

-U2의 노래 '뉴 이어스 데이'중에서

1983년 '워(War)' 앨범에 수록된 이 노래는 1980년대 초반 레흐 바웬사가 주도했던 폴란드 자유노조운동을 언급한 노래인데요. 우연인지 필연인지 이 노래가 녹음되고 난 뒤 폴란드 정부는 자유노조운동에 대한 금지법을 폐지했다고 합니다. 애덤 클레이튼의 독특한 베이스 선율과 귀를 사로잡는 디 에지의 피아노, 기타 연주가 이끌어가는 이 노래의 가사는, 원래 이 밴드의 보컬 보노가 그의 부인에게 보내는 사랑의 메시지였는데 자유노조운동에서 영감을 얻어 다시 바꿔 썼다고 하죠. 밴드 U2에게 있어서는 음악차트 10위에 오르면서 영국에서 처음 히트를 친 의미 있는 노래라고 합니다. 또 노르웨이에서 9위, 덴마크에서 11위, 스웨덴에서 17위 미국 빌보드차트에서 100위 안에 첫 진입하는 등 U2가 세계적인 명성을 얻게 된 노래이기도 하구요.

북아일랜드 출신의 뮤지션으로 블루스, 재즈, 포크, 소울, 알앤비, 켈틱(아일랜드 민속음악) 등의 여러 장르를 조화시켜 록음악의 지평을 넓힌 밴 모리슨(Van Morrison)은 '켈틱 뉴 이어(Celtic New Year)'라는 새해 노래를 2005년에 발표했습니다.

"주중에 만약 너를 못 본다면
창문으로 네 모습을 볼 수 없다면
다음에 전화로 얘기 나눌 수 없다면
늦가을에도 널 보지 못한다면
길에서라도 널 보고 싶구나
왜 돌아오지 않니? 물어본다
널 꼭 보고 싶구나 내 사랑
왜 켈트의 새해에 돌아오지 않니?
켈트의 새해에"

-밴 모리슨의 노래 '켈틱 뉴 이어' 중에서

밴 모리슨이 구수한 목소리로 노래한 '켈틱 뉴 이어', 즉 아일랜드 켈트 민족의 새해는 11월 1일 무렵에 시작된다고 합니다. 10월 추수기가 끝난 뒤 겨울의 시작을 축하하며, 또 자연의 어둠과 죽음이 다시 빛과 생명으로 되살아나길 기원하며 펼쳐지는 고대 켈트족의 삼하인(Samhain) 축제도 이때 함께 시작되는 것이죠. 아일랜드의 삼하인 축제는 할로윈데이의 기원이 되었다고 하는데요. 길고 느리게 달리며 반복되는 밴 모리슨 특유의 선율이 듬뿍 담긴 이 노래는 밴 모리슨의 어쿠스틱 기타와 포기 리틀의 전자 기타가 서로 연주를 주고받는 가운데 살그머니 그 둘 사이에 스며드는 칩튼 패디 멀로니의 아일랜드 피리 '휘슬' 연주 소리가 아주 인상적인 곡입니다.

그 외에도 너바나의 드러머였던 데이브 그롤이 1995년에 만든 미국 록 밴드 푸 파이터스(Foo Fighters)는 2차 세계대전 때의 미확인 비행물체를 뜻하는 이름을 가진 밴드답게 "나 내년엔 꼭 집에 돌아올 거야"라고 모호하게 외치는 노래 '넥스트 이어(Next Year)'를 내놓아 새해 노래로 인기를 끌었구요. '화이트 크리스마스' 등의 캐럴 가수로 유명한 빙 크로스비(Bing Crosby)는 크리스마스 캐럴에 이어 '렛츠 스타트 더 뉴 이어 라이트(Let's start the New Year Right)'라는 새해 노래도 불러 연말연시를 모두 자신의 노래로 화려하게 장식하는 가수가 되기도 했습니다.

또 새해뿐만 아니라 새해 전날을 위한 노래도 있는데요. 1947년 미국 작곡가 프랭크 로이서가 작곡한 '왓 아 유 두잉 뉴 이어스 이브?(What Are You Doing New Year's Eve?)'가 바로 그 곡입니다. '두~우~' 하는 화음으로 유명한 보컬그룹 '디 오리올스(The Orioles)'가 불러 히트를 치면서 한 해의 마지막을 장식하는 노래의 하나로 남게 됐죠. 원래 미국에서는 1900년대 초반까지만 해도 로버트 번스가 자신이 채집한 스코틀랜드 민속음악에 맞춰 가사를 붙여 만든 노래 '올드 랭 사인'이 연말 방송에서 주로 울려퍼졌는데요. '왓 아 유 두잉 뉴 이어스 이브?'가 유명세를 타면서 다른 연말 보내기, 새해맞이 노래들이 잇따라 등장하게 되었다고 합니다. 이 노래는 나중에 엘라 피츠제럴드 등이 다시 부르면서 더더욱 사랑받는 연말연시 노래가 되었다고 하죠.

터보, 디헤븐, 하우스룰즈, 프리키 등 우리나라 가수들도 '해피 뉴 이어(Happy New year)'라는 같은 제목의 새해맞이 노래들을 발표했는데요. 새해맞이 음악에 관심이 많으신 분들 중에 현대는 물론 그 이전 시대의 향가, 시조, 별곡, 민요, 판소리, 창가, 대중가요 등을 포함한 '한국의 새해맞이 노래 역사'를 한번 써내려가실 분이 없을까 궁금해지기도 합니다. 만약 그 역사서가 만들어진다면 모르긴 몰라도 '한국 최초' 타이틀은 따놓은 당상이 되지 않을까 싶습니다.

'퍼퓸'의 3D 음악공연과 예술철학

>>> > >

"왜 3D가 더 낫냐구요? 음, 왜냐하면 우리는 키클롭스(그리스 신화에 나오는 외눈박이 거인) 종족이 아니기 때문이죠. 우리는 두 개의 눈을 가지고 있습니다. 우리는 세상을 3D로 보죠. 그것이 우리가 현실을 지각하는 방식입니다. 왜 우리 엔터테인먼트 산업은 3D 속으로 들어가지 않죠? 단언컨대, 3D는 눈속임이 아니라 현실과 동기화하는 것입니다. 3D냐 아니냐의 여부는 엔터테인먼트 산업이 우리가 실제적으로 세상을 느끼고 지각하는 길로 가고 있는지 아닌지를 가늠하는 척도인 것입니다."

세계적으로 흥행한 3D(3Dimensions。3차원 입체) 영화 '아바타'와 '타이타닉'을 만든 영화감독 제임스 카메론은 '보이스 오브 아메리카' 방송 인터뷰 중에서 위와 같은 '3D 철학'을 제시한 바 있는데요. 2015년 '라이브 음악의 세계적 수도' 미국 오스틴 시에서 열린 음악·영화·인터랙티브 축제 '사우스바이사우스웨스트(SXSW)'에서는, 일본의 여성 3인조 일렉트로닉 댄스 그룹 퍼퓸(perfume)이 제임스 카메론 감독의 '3D 엔터테인먼트 철학'을 제대로 구현했습니다. 퍼퓸은 2015년 SXSW 무대에서 '스토리'라는 노래 공연을 3D 퍼포먼스로 꾸몄는데요.

둔중하게 고막을 때리는 신디 베이스 비트의 강약에 따라 청각신경들이 새떼처럼 왼쪽 오른쪽 뇌 반구를 오가듯 활성화되면, 한편으론 오오모토 아야노, 카시노 유카, 니시와키 아야카 퍼퓸 멤버 3명의 3D 모습들이 축소, 확대, 구상과 비구상의 혼합을 이루며

팽팽하게 긴장된 시신경 줄 위에서 화려한 이미지 곡예를 펼칩니다. 파도처럼 '철썩철썩' 온몸을 때리는 변화무쌍한 주파수의 전자음들로 촉각까지 취하게 만들며 화려한 '감각의 제국'을 일으켜 세운 것이죠.

물론 한국형 힙합을 선보인 에픽하이, 복고풍 여성 보컬 그룹 바버렛츠, 퓨전 국악 밴드 숨, 행위예술과 일렉트로닉을 결합한 듀오 EE 등 우리나라 뮤지션들도 자신들의 음악에 맞는 훌륭한 무대를 펼쳐 축제 열기를 뜨겁게 하는 데 한몫을 담당했는데요. 퍼퓸의 경우 일렉트로닉 댄스라는 음악장르에 걸맞게 최첨단 기술인 3D 퍼포먼스를 선보여 더 눈길을 끌 수 있었던 것 같습니다.

"저 멀리 있는 너에게 보내고 싶어
그래, 이건 틀림없는 하나의 이야기
내 기도와도 같은
이리 와, 별빛 켜진 하늘을 보며 가슴을 열어
기도하듯 노래하자
이것은 하나의 이야기"

-퍼퓸 '스토리' 중에서

어떻게 보면 반세기 전 저 멀리서 백남준이 보내온 이야기들을 퍼퓸이 현재의 이름으로 새롭게 각색해 펼쳐냈다는 생각도 드는데요. 당대의 첨단 테크놀로지를 예술에 담아내려는 본질적 시도가 닮아 있다는 판단이 드는 것이죠. 1960년대 당시 최신 기술이었던 비디오와 TV를 능동적인 예술 표현방식으로 활용, 인간의 내면과 외연을 확장시켜 서로 소통케 하려는 '미디어 아트 사상가' 백남준의 별빛 같은 메시지가 문득 느껴지는 것입니다. 미술, 행위예술은 물론 작곡까지 거의 모든 장르를 철학적으로 융합하여 첨단기술 양식의 예술로 펼쳐낸 그의 발자취가 현대의 대중음악계로도 이어지고 있다고 한다면 지나친 생각일까요?

1920년대 바우하우스가 '예술과 기술의 새로운 통합'이라는 슬로건을 내걸고 회화, 조각을 넘어 건축 등 실생활에까지 이르는 거대한 흐름을 형성, 현대 산업디자인에 아직도 지대한 영향을 미치고 있는 것을 생각하면 꼭 그렇지만도 않은 것 같습니다. 시간을 더 거슬러 올라가 19세기 후반 세계 미술 사조의 본류로서 문학과 음악에 큰 영향을 줬던 인상주의만 하더라도, 사물의 형태를 전달하는 것은 빛이며 그 빛의 강약에 따라 세상의 형태가 변하고 그 빛은 프리즘을 통과할 때 7가지 색깔로 나뉜다는 등의 근대과학 광학지식을 예술에 반영한 것이죠.

아예 3만 5천년 전으로 되돌아가 호모 사피엔스가 만든 피리를 살펴보면 과학기술과 예술의 결합이 인류의 역사와 함께 해온 것임을 근본적으로 확인할 수 있습니다. 독일 남부 홀레 펠스 동굴에서 발견된, 길이 22cm 지름 2.2cm의 독수리 뼈에 구멍을 4개 뚫어 만든 이 피리에는 선사시대 인류들이 오랜 시간 공기와 소리의 관계를 관찰하고 구멍을 뚫어보는 등의 실험을 통해 얻어낸 당대 최고의 과학지식이 녹아있는 셈이니까요.

1990년대 기타리스트 박현준과 록 밴드 삐삐롱스타킹 활동을 하고, 2000년대 음악감독 달파란과 일렉트로닉 계열의 음악을 함께한 바 있는 '사운드 아티스트' 권병준 또한 과학기술과 예술의 결합을 추구하는 호모 사피엔스 중의 한 명인데요. 네덜란드 헤이그왕립음악원 예술과학 과정을 밟아 전자음악과 미디어 아트를 공부한 그는 '또다른 달 또다른 생' 공연에서 소리의 파장에 따라 다르게 움직이는 레이저 빔 등을 설치해 소리, 빛 등 다양한 감각이 복합된 무대를 선보이고 있죠.

다음 SXSW에는 권병준과 같은 예술과학자들과 우리나라 대중음악 그룹들의 합동작업을 통해, 싸이의 세계적 충격파를 이을 뭔가 더 새롭고 획기적인 케이팝 무대를 선보이면 어떨까 하는 생각이 들기도 합니다. 한쪽 눈으로는 인간의 정신을 고양시키는 예술을 보고, 다른 한쪽 눈으로는 인간에게 새로운 물질을 선사하는 테크놀로지를 보는 것이 외눈박이 거인족 '키클롭스'를 넘어 인류가 한 걸음 앞으로 더 나아갈 수 있는 길이라는 생각이 들기 때문입니다.

가사냐 멜로디냐

>>> > >

음악의 신이 꿈속에 홀연히 나타나 멜로디는 보통이되 가사가 훌륭한 음악과, 좋은 멜로디이지만 그냥 그런 가사의 음악 중에 하나만 골라 평생 즐기며 살라고 한다면 우리들은 과연 어떤 음악을 고르게 될까요?

한국갤럽이 2014년 10월 전국 만13세 이상 남녀 1700명을 대상으로 애창곡을 조사한 결과를 보면 통계학상 평균적인 답을 찾아낼 실마리를 발견할 수 있습니다. 조사 결과를 보면 오승근의 '내 나이가 어때서', 박상철의 '무조건', 장윤정의 '어머나', 이미자의 '동백아가씨'와 김수희의 '남행열차' 등 트로트 노래들이 상위 5위권을 장악했고, 5~10위는 이선희의 '인연', 신유의 '시계바늘', 엑소의 '으르렁', 김범수의 '보고 싶다', 이은미의 '애인 있어요', 진성의 '안동역에서'가 차지했다고 합니다. 아이돌의 노래는 엑소의 '으르렁' 한 곡만이 10위 안에 들어가 있는 것이 눈에 띄죠.

화려한 댄스와 사운드를 강조하는 아이돌의 음악보다는, 아기자기한 사랑의 줄거리를 가진 가사와 트로트 특유의 리듬과 비트, 멜로디를 가진 노래들을 사람들이 더 선호하고 즐겨 불렀다는 얘기인데요. 여기에 다른 10위권 곡들인 이선희의 '인연'과 같은 국악풍의 음계를 사용한 노래나 이은미의 '애인 있어요' 같은 전형적 발라드 등을 포함해서 따져보면, 우리나라 사람들은 애창곡을 선택하는 데 있어 멜로디만큼이나 가사 내용을 상당히 중요하게 따지는 것이 아닌가 하는 생각이 들게 됩니다.

실제로 우리 주변을 살펴보면, 발라드와 트로트를 즐겨 듣는 사람들의 경우 그 가사에 담긴 슬프거나 감동적인, 때론 재치 있고 애교 넘치는 사랑 얘기들에 공감해서 듣고 따라 부르게 된다는 얘기들을 많이 합니다. 그래서 발라드나 트로트 작사가들은 톡톡 튀는, 그러면서도 대중들의 감정이입이 쉬운 가사 비중을 높이는 데 많은 노력을 기울이는 것이죠.

미국의 경우에는 컨트리 음악에서 가사가 중요한 비중을 차지합니다. 가사의 내용을 중요시하기 때문에 I(으뜸화음)-V(딸림화음)-VI(으뜸화음의 대리화음)-IV(버금딸림화음) 이렇게 네 개 정도의 화음 코드를 주로 사용해서 노래를 만든다고 합니다. 가장 쉬운 기본 코드들을 가진 C키(다장조)로 따지면 C(도,미,솔)-G(솔, 시, 레)-Am(라,도, 미)-F(파,라,도), 이렇게 네 개 정도의 코드를 가지고 진행을 단순하게 하여 듣는 사람이 가사 내용에 집중하게 하는 것이죠. 코드 4개만 알면 컨트리 곡의 50%를 연주할 수 있다는 얘기도 있을 정도입니다.

한국에도 잘 알려진 미국 가수 존 덴버(John Denver)의 '테이크 미 홈 컨트리 로드(Take me home country road)' 같은 컨트리 팝의 경우에도 대부분 G, Em, D, C와 같은 단순한 코드들만을 사용하여 기타 반주를 합니다. 때문에 흡사 아름다운 시와도 같은 아래의 가사 내용을 귓가에 찰랑거리게 만들어주는 것이죠.

"거의 천국 같은 웨스트 버지니아 / 푸르른 리즈 산맥 / 쉐난도어 강 / 그 곳의 삶은 오래됐어요 / 하지만 산보다는 어리죠 / 산들바람처럼 자라고 있어요 / 나를 시골길 집으로 데려다 줘요 / 내가 있어야 할 그곳으로 / 웨스트 버지니아 엄마 같은 산 / 집으로 데려다 줘요 시골길로 / 나의 모든 추억들은 그녀 곁을 맴돌고 있어요"

-존 덴버 '테이크 미 홈 컨트리 로드(Take me home country road)' 중에서

포크 음악도 마찬가지인데요. "흰 비둘기는 얼마나 많은 바다를 날아가야 / 백사장에 편안히 잠들 수 있을까 / 포탄들이 얼마나 많이 날아가야 / 그것들이 영원히 금지될까 / 그 답은, 친구여, 바람만이 대답해줄 수 있다네"라고 노래하는 밥 딜런의 '블로잉

인 더 윈드(Blowin' in the wind)' 같은 곡들은 전쟁에 반대하고 평화를 염원하는 내용을 시의 운율로 노래하기 때문에 반주와 곡의 구성 또한 그 가사가 돋보이도록 적절히 조율하고 있습니다. 두운, 각운 등의 라임을 넣어 가사에 힘을 주는 랩 음악의 경우는 더할 나위가 없는 것 같습니다.

음악 선호도에 있어 가사가 가장 중요한지, 아니면 그밖의 음악적 요소들이 더 중요한지에 관한 재미있는 과학적 연구들도 이뤄지고 있는데요. 핀란드 헬싱키대학에서 실험심리학, 청각인지신경학, 음악신경미학 연구를 하고 있는 엘비라 브라티코 박사의 조사에 따르면, 슬픈 노래의 경우 가사의 내용이 그 음악을 듣는 청취자에게 중요한 영향을 끼친다고 합니다. 슬픈 노래를 듣는 청취자들의 기능성 자기공명영상(fMRI)을 살펴보니, 가사를 뺀 같은 노래를 들었을 때는 활성화되지 않았던 뇌의 여러 부분들, 즉 기억을 부호화하고 복원하기도 하는 해마곁이랑, 동기와 학습과 감정에 관련된 정보를 처리하는 편도체, 소리 정보를 처리하는 청각피질, 말하는 기능을 지배하는 브로카 영역을 포함한 뇌 앞쪽 피질 주름의 중간과 뒤쪽 부분이 가사를 넣은 같은 노래를 들었을 때 특이한 활동 모습을 보이더란 것입니다.

반면 즐거운 음악을 듣는 청취자들에게는 가사보다는 소리의 요소들이 더 큰 영향을 끼쳤다고 합니다. 가사가 있는 노래와 비교했을 때, 밝은 음색과 빠른 템포, 신나는 리듬의 악기 소리들이 들어간 음악들이 감정과 관련된 뇌의 변연계의 활동을 촉발시켰다는 것이죠. 그동안 그냥 감으로만 느꼈던 가사의 영향력을 물질적으로도 확인하게 된 셈입니다.

세상을 있는 그대로 드러내 보이려 노력한 학문인 현상학의 거두 하이데거는 언어를 '존재의 집'이라고 말했는데요. 어떤 노래들은 찬찬히 음미하며 듣다 보면 그 가사의 아름다운 온기 때문에 마치 따뜻한 집 아랫목에 초대받은 듯한 느낌이 들기도 하죠. 아래의 노래를 가사와 함께 흥얼거리며 듣다보면 그것이 아주 뜬금없는 감정만은 아니라는 사실을 금방 알게 됩니다.

"세상 사람들 모두 정답을 알긴 할까
힘든 일은 왜 한번에 일어날까

나에게 실망한 하루

눈물이 보이기 싫어 의미 없이 밤 하늘만 바라봐

작게 열어둔 문틈 사이로

슬픔보다 더 큰 외로움이 다가와 더 날

수고했어 오늘도

아무도 너의 슬픔에 관심 없대도

난 늘 응원해, 수고했어 오늘도

빛이 있다고 분명 있다고

믿었던 길마저 흐릿해져 점점 더 날

수고했어 오늘도 (수고했어)

아무도 너의 슬픔에 관심 없대도

난 늘 응원해, 수고했어 수고했어 수고했어 오늘도"

-옥상달빛 '수고했어, 오늘도' 중에서

기타는 도대체 왜 치려고 하는 걸까요?

>>> > >

　기타는 도대체 왜 치려고 하는 걸까요? 밴드 기타리스트들이 현란한 손짓으로 기타를 연주하는 것이 멋져 보여서? 내가 좋아하는 스타들이 치니까 한번 따라해보려고? 친구가 치니까 나도 지기 싫어서? 기타 소리 자체가 다양하고 오묘해서 듣기 좋으니까? 좋아하는 사람에게 은근슬쩍 잘 보이기 위해서?

　기타를 연주하는 사람들을 볼 때마다 항상 품게 되는 의문인데요. 어떤 학자들은 전혀 다른 차원에서 기타를 치려는 사람들의 욕구를 설명하기도 합니다. 이른바 '권력에의 의지' 때문이라는 것이죠.

　여기서 '권력에의 의지'는 니체가 말한 것과 정확히 같은 의미를 가지고 있는데요. 니체는 「짜라투스트라는 이렇게 말했다」에서 "모든 살아있는 것을 볼 때마다 권력에의 의지도 함께 발견했다"고 말합니다. 아무리 작은 존재라 하더라도 살고자 하는 욕망, 위험을 통제하려는 욕구, 뭔가를 이루려는 내면의 충동을 가지는데 이것이 바로 '권력에의 의지'라는 것이죠.

　많은 심리학적 연구들은 인간이 스스로 통제할 수 있다는 믿음을 가질 때 더 행복감을 느낀다는 사실을 증명해주고 있습니다. 예를 들어보면, 불규칙한 간격으로 한바탕

소음이 갑작스레 나오는 방 두 개에 두 그룹의 사람들을 앉아 있게 하여 똑같은 단순 산술문제를 풀게 하되, 한 그룹에겐 그 소음을 그냥 듣게 하고 다른 그룹에겐 그 소음이 너무 클 때 누를 수 있는 버튼을 주었다고 합니다. 그랬더니 실제로 버튼을 누른 사람은 얼마 되지 않았음에도, 버튼을 쓰게 해준 방 안의 사람들이 좀 더 상황을 견뎌낼 수 있다는 감정을 느꼈다고 합니다. 미약하나마 뭔가를 통제할 수 있다는 느낌이 두 그룹에게 다른 결과를 불러온 것이죠. UCLA에서 35년간 임상심리학 등을 연구하고 가르쳤던 도널드 S. 히로토 박사의 위 연구사례를 통해 추론하자면 기타를 연주함으로써 멜로디와 리듬을 자기 마음대로 통제하겠다는 '권력에의 의지'가 바로 기타를 치게 만드는 원인 중의 하나라고 볼 수 있는 셈입니다.

거미 또한 자기가 만든 거미줄을 기타 줄 튕기듯이 튕기는데요. 레이저를 사용하여 거미줄을 연구한 영국 옥스퍼드대학 베쓰 모티머(Beth Mortimer) 등의 연구 결과에 따르면 거미들이 거미줄을 '연주'할 때 상당히 넓은 대역의 주파수가 발생하여, 먹잇감에 대한 정보, 동료들에 대한 정보, 복잡한 거미줄 구조가 온전한지 등에 대한 정보를 알 수 있다고 합니다. 거미가 거미줄을 기타 치듯이 튕기는 것 또한 생존을 위한 '권력에의 의지'라고 해석할 수 있는 것이죠. 기타를 치는 것과 거미줄을 튕기는 것이 본질적으로 비슷한 의미를 가져서인지 어째서인지, 우연처럼 거미와 거미줄에 대한 노래도 상당히 많다고 합니다.

전문적으로 기타를 치는 사람들의 뇌는 특이한 현상을 보여주기도 하는데요. 독일 '막스플랑크 인간 개발연구소'의 연구에 따르면 합주를 하는 기타리스트들의 뇌파는 동조화 현상을 보인다고 합니다. 듀엣곡의 서로 다른 음들을 연주하는데도, 두 기타리스트들의 뇌에서 비슷한 뇌파를 발생시키더란 얘기죠. 12쌍의 기타리스트들의 뇌를 살펴봤는데, 심지어 연주를 하기 바로 전의 뇌파도 비슷한 형태를 보였다고 합니다.

뇌신경 학자들은 이러한 기타리스트들의 뇌파 동조화 현상에 대해, 뇌의 오른쪽 측두엽과 두정엽 연결 부위가 '결정적인 순간'에 비활성화되기 때문이라고 말합니다. 연주를 방해할 수도 있는 자극들을 차단하고 집중력을 유지하며 기타를 치기 위해 의식에서 무의식으로 옮겨간다는 것이죠. 이러한 기타리스트들의 뇌파 동조화 현상 또한 무언가를 이루려고 하는 '권력에의 의지'라고 해석할 수 있는 부분이 있는 것 같습니다.

　기타리스트가 아닌 일반 사람들도 '기타 영웅(Guitar Hero)'이라는 게임에 빠져 있는 분들이 상당히 많은데요. 이 게임은 적절한 순간에 적절한 버튼을 누르면 프로 기타리스트가 연주하는 특정한 음표와 선율을 들려줍니다. 버튼을 누르는 단순한 동작만으로 마치 전문 기타리스트가 된 듯한 쾌감을 안겨주는 것이죠. 게임 사용자가 프로 기타리스트들처럼 음을 통제할 수 있다는 일종의 환상, 즉 통제 행위라는 일종의 '권력에의 의지'를 실현시켜주기 때문에 이 게임이 인기를 끄는 것이 아닌가 하는 생각을 해보게 되는데요. 여러분들의 생각은 어떠신가요?

음악과 시와 무정부주의적 인식론

>>> > >

나는 별아저씨
별아 나를 삼촌이라 불러다오
별아 나는 너의 삼촌
나는 별아저씨
나는 바람남편
바람아 나를 서방이라고 불러다오
너와 나는 마음이 아주 잘 맞아
나는 바람남편이지
나는 그리고 침묵의 아들

어머니이신 침묵
언어의 하느님이신 침묵의
돔(Dome) 아래서
나는 예배한다
우리의 生은 침묵
우리의 죽음은 말의 시작
이 천하 못된 사랑을 보아라
나는 별아저씨
바람남편이지

-정현종의 시 '나는 별아저씨'

시는 비유를 통해 세상과 관계를 맺고, 관계 맺음을 통해 세상에 대한 깨달음을 얻습니다. 위의 정현종의 시에서 '나'는 어느 순간 놀라운 은유의 힘으로 하늘로 점프하여 '별의 아저씨'가 되어버립니다. 일반적인 경우라면 그냥 누군가의 눈동자에서 반짝이는 정도의 사소한(?) 관계에 지나지 않았을 별이, 위 시에서는 어이없을 정도로 전복적이게도 '나'와 아저씨와 조카로서 끈끈한 혈연관계를 맺게 되는 것이죠. 넓디넓은 우주공간에서 그렇게 시적인 혈연관계로 맺어진 별을 찾아본다는 것은 무언가 다른 차원의 감정과 인식의 세계를 우리 눈앞에 펼쳐 보여주는 것과 같습니다.

그 밑에 '나'의 부인이 되어버린 바람은 또 어떻습니까. '바람남편'은 '별아저씨'와 같은 글자수로 음악적 대구까지 이루면서 '나'의 범상치 않은 혼인관계까지 드러내 보여줍니다. 한마디로 말해 인간과 세계 사이의 엄청난 간극을 한순간에 혁명적으로 뛰어넘는 드라마틱한 관계 맺기를, 단 몇 글자의 은유적 시어로 간명하게 보여주는 것이죠. 독일 철학자 헤겔이 '미학강의'에서 '시인의 감정이 자연의 다른 대상들과 비교됨으로써 역으로 자기를 초월적 존재로 고양시키는 데에 효과를 발휘한다'고 했듯이 말입니다.

비유에 의해 맺어진 '나'와 세상과의 시적인 관계는, 너무나 당연하게도 과학의 인과관계와는 사뭇 다릅니다. 과학이 관찰과 실험을 통해 얻은 데이터를 축적하여 그 속에서 가설을 뽑아내고, 그 가설이 맞는지 다시 한 번 재관찰과 재실험을 통해 검증하여 튼튼한 인과관계를 가진 과학법칙을 세운다면, 시는 상상력을 동원하고 비유라는 훌륭한 표현기법을 통해 세상과의 감동적인 시적 관계를 만들어내는 것입니다. 시는 더 나아가 과학처럼 실험을 통해 또다른 인식의 지평을 열어나가기도 하죠. '언어의 연금술사'라는 별칭으로 더 유명한 프랑스 시인 아르튀르 랭보는 아래의 시에서처럼 언어를 가지고 과학처럼 실험을 했습니다.

A는 흑색, E는 백색, I는 홍색, U는 녹색, O는 남색
모음이여 네 잠재의 탄생을 언젠가는 말하리라
A, 악취 냄새 나는 둘레를 소리내어 나르는
눈부신 파리의 털 섞인 검은 코르셋

그늘진 항구, E, 안개와 천막의 백색

거만한 얼음의 창날, 하이얀 왕자, 꽃 모습의 떨림

I, 주홍색, 토해낸 피, 회개의 도취련가

아니면 분노 속의 아름다운 입술의 웃음이런가

U, 천체의 주기, 한바다의 푸른 요람

가축들이 흩어져 있는 목장의 평화

연금술을 연구하는 넓은 이마에 그어지는 잔주름살

O, 기괴한 날카로운 비명이 찬 나팔 소리려니

온 누리와 천사들을 꿰뚫는 침묵

오오, 오메가! 신의 시선의 보랏빛 광선

-아르튀르 랭보의 시 '모음(母音)'

A, I, U, O 4개의 모음에 색깔을 칠해보기도 하고, '창날'의 자리에 '침묵'을 대신 대입해보는 등 여러 가지 언어 실험을 행한 것이죠. 언어의 실험을 통해 축적한 많은 시들을 통해 기존의 표현법칙(과학으로 말하자면 기존 과학법칙)을 깨뜨리고 다른 표현법칙을 만들어낸 것입니다. 아주 옛날 시로부터 분화되어 나온 음악이 여러 가지 다양한 코드, 사운드, 리듬의 실험과 악기의 개발과 발견을 통해 새로운 표현법칙을 가진 노래를 만들어내듯 말입니다.

일반적으로 실증적 인과관계를 토대로 한 과학법칙이 시나 음악의 표현법칙보다 더 정밀하고 우월하다고 많이들 얘기하는데요. 저명한 과학철학자 파울 파이어아벤트는 시와 음악 등 과학 이외의 것들이 만들어내는 관계법칙이 과학의 인과관계법칙보다 열등한 것이 아니라고 말합니다.

원래 비엔나대학에서 물리학과 천문학을 전공한 과학도이자 '과학혁명의 구조'로 유명한 토마스 쿤과 함께 연구를 했던 파이어아벤트는, 과학의 중요한 원리 발견 수단인 관찰이 기존의 이론이나 신념의 개입을 받는다고 말합니다. 현상에 대해 순수한 눈으로 관찰할 수가 없다고 하는 것이죠. 이것은 철학자 칸트의 '색깔 안경론'과도 일맥상

통하는 것인데요. 관찰하는 눈은 기본적으로 기존 이론과 신념이라는 '색깔 안경'으로 부터 자유로울 수가 없다며 과학의 허점을 지적하였습니다.

최근 저렴하고 간편한 혈액 검사법을 개발해 포브스지 선정 미국 400대 부호에 오른 엘리자베스 홈스는 "어린 시절 주삿바늘에 대한 공포가 이런 검사법을 만든 동기"라고 말했는데요. 이처럼 동기는 인식을 인도하기 때문에, 홈스의 사례와는 정반대로 잘못된 동기에 의한 잘못된 과학적 인식 또한 얼마든지 가능하게 되는 것이죠.

사실 과학에는 또다른 허점이 있는데 그것은 바로 가설에 관련된 것이죠. 관찰과 실험을 통해 가설을 세웠다고 하더라도 그 가설이 강철처럼 튼튼한 인과관계를 가지기 위해선 재실험과 재관찰을 통해 검증을 해야 하는데 그 검증의 범위가 세상 전체가 아닌 이상 모든 가설은 잠정적인 진리가 되기 때문입니다. 이것은 과학법칙에도 마찬가지로 해당되는 것이겠죠. "모든 백조는 하얗다"는 법칙이 세상 어디선가 자연적으로 홀연히 등장한 '푸른 백조'에 의해 깨어지듯 말입니다. 또 데이터 축적의 어느 시점에서 가설을 뽑아내야 하는가 하는 문제도 있죠. 섣부르게 가설을 뽑아냈다가는 종국적으로 엉뚱한 과학법칙이 유도되기도 하니까요.

그리하여 파이어아벤트는 '반(反)방법론: 지식의 무정부주의적 이론에 대한 스케치'에서 깨달음에 대해 "어떻게 해도 좋다"고 말하며, 과학적 방법의 우월성을 고집하는 것은 바람직하지 못하니 여러 가지 다른 깨달음의 법칙을 찾는 다양성 중시의 자세를 보이라고 천명하게 됩니다. 물론 이에 대한 여러 가지 반론도 많고 과학 방법론 또한 그의 '반방법론'과는 다른 방식으로 여전한 힘과 영향력을 갖고 있는 게 사실입니다.

하지만 그의 이러한 깨달음을 찾는 법칙에 대한 유연한 태도의 배경에는 연극에 대한 관심과 음악에 대한 사랑이 숨어 있는데요. 이러한 예술에 대한 그의 사랑이, 과학은 물론 과학 이외의 다른 영역에서도 인간에게 중요한 가치를 지니는 깨달음의 법칙이 있다는 다양한 진리 인식의 세계로 그를 인도하였던 것입니다.

그는 연극에 소질을 보여 '소격효과'로 유명한 극작가이자 연출가였던 베르톨트 브레히트로부터 같이 작업을 하자는 제의를 받기도 했습니다. 만약 그가 브레히트와 함께 연극을 했더라면, 드라마에 대한 몰입을 넘어 드라마 밖에서 드라마를 바라다 보는 객관적 시각을 통해 중요한 진실을 얻는다고 하는 '소격효과' 이론 주창자 명단에 파이어아벤트의 이름도 같이 올랐을지 모르는 일인 것이죠.

파이어아벤트는 아코디언을 연주하며 바이올린을 배우고 합창단에서 활동하기도 했습니다. 그는 또 오페라를 너무나도 사랑하여 성악 레슨을 오랫동안 받았는데요. 파이어아벤트는 평소 굉장히 흠모하던 미국 미네소타 과학철학센터에서 자리 제안을 받고 응했다가 샌프란시스코에 있는 보컬 선생님 없이는 도저히 견딜 수 없다며 다시 퇴짜를 놓았다고 합니다.

평양감사도 자기가 싫으면 못 하는 것이라더니, 때론 무엇을 좋아한다는 동기가 무엇에 대한 앎이나, 무엇을 먹느냐 하는 문제보다도 우선될 수 있다는 강력한 증거가 아닐까 하는 생각도 듭니다.

노래하는 우뇌와 말하는 좌뇌

⟫ › ›

시를 읊는 것과 시를 가사로 하여 노래를 부르는 것, 운율에 맞춰 말하기와 선율을 갖춰 노래하기는 어떻게 보면 비슷해 보이지만 부분적으로 별개의 과정을 거치는 것 같습니다. 달리 말하자면 말하기와 노래하기 과정은 부분적으로는 공통적으로 중첩된 처리과정 또한 가지고 있는 것이죠.

'볼레로(Boléro)', '세헤라자드(Sheherazade)' 등을 작곡한 프랑스 인상주의 음악가 모리스 라벨은 말하기와 노래하기에 관한 뇌의 중첩된 기능 영역 연구에 있어 특별한 사례로 남아 있습니다. 그는 50대에 교통사고로 뇌를 다치면서 실어증을 앓았는데요. 기존의 기억은 잃지 않았기 때문에 자기가 전에 만든 곡을 다시 떠올려낼 수는 있었지만 더 이상 새로운 곡을 만들어내지는 못했다고 합니다. 말하기 능력의 상실과 노래하기 또는 노래 만들기 능력의 상실에 어떤 관계가 있는지에 대한 연구에서 중요한 사례가 된 것이죠.

음악 선율의 인식을 담당하는 오른쪽 뇌에 손상을 입은 사람들은, 주로 왼쪽 뇌에서 담당하는 말하기 운율이나 억양을 받아들이는 능력에 큰 장애는 없다고 생각되곤 했었죠. 하지만 근래의 연구를 살펴보면 오른쪽 뇌에 손상을 입은 사람들도, 주로 왼쪽 뇌에서 담당한다고 알려진 말하기 운율이나 억양을 받아들이는 능력에 문제를 가지는 것으로 나타납니다.

이것은 말하기와 노래하기를 부분적으로나마 함께 관장하는 뇌의 처리과정이 존재하기 때문인데요. 한마디로 말해 노래하기 과정에서는 오른쪽 뇌가 더 활성화되고, 말하기 과정에서는 왼쪽 뇌가 더 활발한 활동을 하지만, 노래할 때에 완전히 오른쪽 뇌만을 쓰거나, 말할 때에 완전히 왼쪽 뇌만 쓰는 게 아니라는 거죠. 노래하기와 말하기 둘 다를 조금이나마 함께 관장하는 뇌의 부분이 있다는 것입니다.

노래하기와 관련하여, 훈련된 가수들을 대상으로 한 연구 결과를 보면 노래를 부를 때 청각 피질 영역과 촉감, 온도, 고통 같은 감각과 관련된 피부와 내장으로부터 입력을 받는 뇌의 두정엽 중앙열의 뒤쪽에 있는 영역, 그리고 운동피질과 관련된 영역이 고도로 활성화되어 음정을 정확하게 맞추는 역할을 하는데, 이 부분들은 말하기와는 상대적으로 큰 연관이 없는 영역들이라고 하는군요.

반대로 말하기에는 대뇌 왼쪽 반구의 브로카 영역과 베르니케 영역이 많이 연관되어 있습니다. 프랑스 외과의사 폴 브로카가 대뇌 좌반구 전두엽을 다쳐 말을 하지 못하는 사람들의 사례를 담은 논문을 발표해 알려진 브로카 영역은 말하기를 관장하는 영역인데요. 전두엽의 운동피질에서 말할 때 입과 혀의 운동을 제어하는 부분과 붙어 있어서 브로카 영역이 손상되면 말을 이해하거나 읽을 수는 있지만 말하는 데는 어려움을 겪는다고 합니다.

독일의 신경병리학자인 칼 베르니케가 브로카 영역과는 다른 대뇌 왼쪽 반구의 손상에 의해 언어기능에 장애가 생긴 사례를 발표해 알려지게 된 베르니케 영역은, 대뇌 측두엽 표면 청각피질 뒤쪽에 있는데요. 베르니케 영역은 말의 이해를 담당하는 영역으로서 이 부분을 다친 사람은 겉으로 보면 말을 잘 하는 것처럼 들리지만 내용이 모순되고, 다른 사람이 하는 말의 내용을 이해하지 못한다고 합니다.

말하기를 할 때에는 뇌에서도 왼쪽 뇌의 브로카 영역과 베르니케 영역이, 노래하기를 할 때와는 다르게 훨씬 더 활성화되는데 이 부분을 다치면 말하기에 커다란 제약을 받게 되는 것이죠. 맨 위에서 언급한 모리스 라벨의 경우 베르니케 영역을 다친 것으로 추정됩니다. 베르니케 영역은 주로 말하기를 담당하기 때문에, 얼핏 생각하면 음악을 관장하는 오른쪽 뇌는 다치지 않았는데 오른쪽 뇌에서 주로 담당하는 음악활동 즉, 왜 작곡을 더 이상은 하지 못하게 되었을까 하는 의문이 쉽게 떠오를 수 있을 것입니다.

위의 연구 사례들을 통해 추정해보면, 뇌에는 말하기와 노래하기에 관련된 중첩된 부분들이 분명 있기 때문에 라벨이 말하기를 담당하는 왼쪽 뇌만 다쳤음에도 불구하고 그 영역과 겹쳐져 있는 뇌의 노래하기와 음악적 지각 능력에도 손상을 입어 작곡을 더이상 하지 못하게 된 것일 가능성이 큰 셈이죠.

'제2의 강남스타일' 만들 방법은?

>>> › ›

"지치면 지는 겁니다
미치면 이기는 겁니다."

"삼독해야 이루어집니다.
삼독이란 지독, 중독, 고독입니다.
지독하게 중독되어 고독한 길을 가다보면
생각지도 않은 기회가 오게 됩니다."

"시대와 타이밍이 절묘하게 합쳐진 느낌이죠.
저의 성공은 기회를 놓치지 않고
타이밍을 잡았기에 가능했습니다."

"이 기회를 후배 가수들에게 나눠줄 겁니다.
문화강국 대한민국을 위해서요."

- '국제가수' 싸이의 말들 중에서

분명히 힘이 될 것입니다. 한국보다 훨씬 더 큰 국외 음악시장으로 진출하고자 꿈꾸는 후배들에게 싸이의 존재는, "웨어 아 유 프롬?"이라고 묻는 국외 음악시장 관련자들에게 엉터리 영어로라도 "싸이, 월드" 딱 한마디만 해도 되니까 말입니다. 그 한마디로 완전한 '듣보잡'은 면하는 셈이니 일단 한 수 얻고 들어가는 것이죠.

싸이의 유튜브 공식채널 '오피셜 싸이'에 '강남스타일'이 올라온 지 벌써 4년(게시일 2012년 7월 15일)이 넘었는데요. '강남스타일'은 2015년 11월 23일 오후 4시 46분, 25억여 건의 유튜브 조회수를 기록하고 있습니다. '젠틀맨'은 9억여 건, '행오버'는 '2억여 건을 기록 중이구요. 2015년 세계 인구가 70억여 명이라고 하니, 인류 3~4명 중 1명은 싸이를 알고 있다고 봐야 하는 것이죠. 그야말로 한민족 반만 년 역사 이래 세상에서 가장 유명한 한국인이라고 해도 과언이 아닌 셈인데요.

그런 싸이에게, 또 싸이의 길을 가고 싶어하는 한국의 뮤지션들에게 참고가 될 만한 연구 결과가 있어 한번 소개해보려 합니다. 그것은 바로 캐나다 맥길대학교 몬트리올 신경학센터 V.N.샐림푸어 박사의 '중격측좌핵과 청각피질 사이의 상호작용은 음악의 보상가치를 예측하게 한다' 연구입니다. 이 연구는 사람들이 처음 접하는 음악을 들었을 때, 어떤 종류의 음악에 대해 뇌의 어떤 부위가 활성화되고, 어떤 판단을 내려 그 음악을 구매하게 되는지에 관해 살펴본 것인데요.

샐림푸어 박사 연구진은 캐나다인 19명을 대상으로 실험을 진행했습니다. 실험 참가자들의 아이튠즈 등에 저장된 음악을 통해 취향을 파악하여 그들이 좋아할 만한 음악들, 하지만 처음 듣는 음악 60곡을 들려주었습니다. 실험 참가자들은 자기공명영상장치 안에 누워 하나의 노래, 처음 듣는 노래 1곡당 30초를 들었는데요. 노래들을 듣는 동안 각각의 노래들을 얼마나 좋아하는지, 또 0~2달러 사이의 금액 한도 내에서 얼마를 지불하고 그 노래를 살 것인지 하는 질문에 답하도록 했습니다.

그 결과 샐림푸어 연구진은 감정적이고도 지적인 부분을 담당하는 뇌 영역의 강한 반응을 이끌어낸 노래들이 바로 실험 참가자들이 돈을 더 지불하고 구매하려는 의욕을 보인 노래들이었다는 사실을 알아냈습니다. 그 뇌 영역은 바로 '중격측좌핵(nucleus accumbens)'이라는 부위였는데요. 즉, 이전에 들어보지 않은 음악을 들을 때 바로 이 중격측좌핵이 많이 활성화되면 될수록 더 많은 돈을 내고 그 새로운 음악을 구매하려는 경향을 보였다는 것입니다.

중격측좌핵은 섹스와 음식 섭취, 마약을 복용했을 때 활성화되어 기쁨의 화학 물질 도파민을 분비시키도록 하는 부위인데, 음악을 들어도 환하게 '불'이 켜지는 것이죠. 샐림푸어 박사 연구진에 따르면 음악은 감정의 발현과정에 관여하는 편도체도 활성화시킵니다. 또 추상적 결정을 내릴 때 관여하는 전전두피질 부분을 활동하게 만듭니다. 음악을 들으면 뇌의 가장 진화된 영역이 가장 오래된 영역과 연결된다는 것입니다.

좀 더 자세하게 살펴보면, 중격측좌핵은 처음 듣는 음악에 대해 그 진행을 예측하고 기대감을 형성하는 역할을 하는 것으로 추정된다고 합니다. 그 기대감이 맞아떨어지거나 넘어서거나 하면 중격측좌핵 영역에 불이 들어오며 활성화되는 것이죠. 그러면 뇌의 보상 시스템이 작동하여 기쁨의 호르몬 도파민을 분비시키고 그리하여 처음 들은 그 노래를 구매할 의욕을 높인다는 것입니다.

이러한 중격측좌핵과 예전에 들었던 음악들에 대한 정보가 저장되어 있는 청각피질, 편도체, 복내측 전전두 영역의 기능적 연결성이 증가하게 되면 새로운 음악에 대한 예술적 만족도와 그에 따른 구매의사를 예측할 수 있게 된다는 것입니다. 샐림푸어 박사 연구진은 실험 참가자들이 새롭게 들은 노래에 대해 말 한 마디 꺼내지 않아도 그들이 그 음악을 좋아하는지, 어떻게 감상하는지 그들 뇌의 자기공명영상을 통해 알아낼 수 있었다고 합니다.

낯선 음악을 듣다보면 이윽고 뇌는 그 음악이 어떻게 진행될지 예측하게 된다고 합니다. 이러한 낯선 음악의 진행에 대한 예측은 문화 의존적이며 경험에 기반한 것이라고 하는데요. 예를 들어 서양 클래식 음악에 익숙한 사람은 태국 전통음악의 진행을 잘 예측하지 못하겠죠. 그 반대의 경우도 마찬가지입니다. 이런 경우 중격측좌핵은 활성화되지 않고 또 그에 따라 뇌의 보상 시스템이 작동하지 않게 되어 낯선 노래에 대한 예술적 만족도와 구매의사 또한 생겨나지 않게 됩니다. 하지만 노래가 적당히 낯설거나 뇌의 예측과 근접한 것일 경우 사람들은 그 음악을 좋아하는 경향이 있다는 것입니다. 적당히 낯선 음악의 진행에 대해 예측을 하고 그 기대감이 맞아떨어지게 될 때 낯선 음악을 이해하여 그것을 정복했다는 심리적 쾌감을 느낀다는 것이죠.

'강남스타일'의 세계적 성공을 적절히 설명해줌과 동시에 싸이가 국외시장을 겨냥

한 새 앨범 작업에서 힌트를 얻을 수 있는 곳이 바로 이 부분인 것 같습니다. '말춤'으로 대표되는 뛰어난 안무 아이디어, 코믹한 뮤직비디오 캐릭터라는 또다른 흥행 요소에 더해 음악적으로 서양에서 아직도 널리 유행하고 있는 일렉트로닉 사운드의 변형 등이 중요한 성공 요소로 작용할 수 있는 것입니다. 샐림푸어 박사 연구진의 연구 결과에서 보듯, 음악은 문화의존적인 것이기 때문에 진출하려는 국외시장의 문화적 맥락을 따지지 않는다면 그들 뇌의 중격측좌핵을 활성화시킬 수 없고 그에 따라 구매의사를 자극할 수도 없는 것이죠. '강남스타일'의 성공 공식을 활용하되 한국적 음악 요소를 더 가미하여 너무 쉽게 예측되지 않게 하는, 그러면서도 예측 범위를 너무 벗어나지 않는, 다시 말해 중격측좌핵을 비롯한 뇌의 보상 시스템을 가동시킬 수 있을 정도의 적절히 낯선 음악으로 승부를 봐야 하는 것이죠.

그런 면에서 보면 손담비, 씨스타 등의 히트곡을 작곡한 프로듀서 '용감한형제'가 미국 유명 래퍼 YG와 손잡고 진행한 음악 작업과, 싸이의 미국 진출을 도운 프로듀서 스쿠터 브라운과 협업하여 미국 시장 진출을 노린 씨엘의 행보와 같은 시도들은 확률적으로 타당해 보입니다. 한국, 미국 뮤지션의 협업을 통해 미국의 문화적 맥락에 맞는, 또 한국적 낯설음이 적절한 가미된, 샐림푸어 박사 연구진의 연구 결과에 부합되는 음악적 부분이 예측되고 기대되기 때문입니다.

이러한 그들의 '음악과학에 부합되는 시도'가 한국을 넘어 세계 대중음악계에 음악 혁명을 불러일으켜주길 바라는 마음이 드는데요. 그런 면에서 또다른 참고할 만한 연구가 떠오릅니다. 미국의 저명한 과학사가이자 과학철학자인 토마스 쿤은 '과학혁명의 구조'라는 책에서 엄격한 관찰과 실험으로 얻은 데이터의 귀납화를 통해 객관성을 얻는다고 하는 과학 진리조차 '과학자 사회'가 공유한 패러다임에 의해 그 의미가 결정된다고 말합니다. 또 서로 다른 과학 패러다임들 사이에는 소통이 되지 않고 충돌까지 벌어지는 등 과학 활동도 정치, 경제, 예술, 종교와 같은 다른 인간 사회의 활동들과 비슷한 점이 있다고 말합니다. 과학도 이런 상황인데 예술과 음악이 그것이 속한 문화의 체계나 패러다임에 의존하는 것은 더 말할 나위가 없는 것이죠.

하지만 코페르니쿠스의 지동설, 다윈의 진화론, 아인슈타인의 상대성이론 등이, 기존의 과학 패러다임으로 설명 못한 새로운 아노말리 현상(anomaly。 이상현상。 異常現想)들을 설명해내며 '과학자 사회'에서 세를 얻어 패러다임 자체를 바꾼 과학혁명을 불러일으켰듯, 한국 대중음악인들의 시도 또한 세계 대중음악 패러다임을 바꿀 음악 혁명을 불러올 충분한 기회를 가지게 되었다고 봅니다.

그것은 바로 유튜브라는 예전에 없던 '아노말리' 현상에 기인한 것이죠. 세계적 영상 콘텐츠 유통망을 갖춘 유튜브가 미국, 유럽과 같은 '메이저 대중음악 수용자 사회'가 만든 패러다임을 '세계 대중음악 수용자 사회'의 패러다임으로 확장시켜버릴 거대한 밑바탕으로 급부상했기 때문입니다.

서구 중심 음악시장에서 볼 때 비주류인 한국의 뮤지션 싸이가 유튜브를 통해 '강남스타일'을 영어가 아닌 한국어 가사로 성공시킨 것은 바로 대중음악 '아노말리'의 시작이자 패러다임 변화의 시초라고 볼 수 있는 것이죠. 이러한 패러다임의 변화 씨앗들이 한국 대중음악 뮤지션들의 끊임없는 노력을 통해 '세계 대중음악 수용자 사회'에서 세를 얻어 새로운 세계 대중음악 패러다임을 부르는 음악혁명으로 커갈 수도 있는 것입니다.

쉽지 않아 보이는 일이긴 하지만, 강남스타일의 성공도 몇 년 전까진 아예 불가능하게 여겨졌다는 점을 생각해보면 꼭 고개를 절레절레 저을 일만은 아니라는 생각이 듭니다. 상대성이론으로 엄청난 과학혁명을 일으켜 순식간에 과학의 패러다임을 바꿔놓은 앨버트 아인슈타인의 말을 들으면 더더욱 그렇습니다.

"우리가 만든 세상은 우리 생각의 과정이다. 우리가 생각을 바꾸지 않으면 세상은 바뀌지 않는다."

한 음으로만 노래하기, 한 음으로만 말하기,
어떤 것이 더 어려울까?

>>> > >

브라질 보사노바 음악의 거장 안토니오 카를로스 조빔(Antonio Carlos Jobim)이 만든 노래 중에는 '원 노트 삼바(one-note samba。 한 개의 음으로 만든 삼바)'라는 곡이 있습니다. 내림 나장조에 4/4박자로 진행되는 발랄하고 감미로운 리듬과 선율의 노래이죠. 처음 제목만 보았을 때에는 당연히 "어떻게 음 하나로만 삼바 노래를 만들었지?" 하는 의구심이 들 수 밖에 없었습니다.

"여기 있는 이 작은 삼바는 한 개의 음만으로 만들어졌죠
다른 음들도 나올 거지만 베이스는 하나뿐이죠
(중략)
이제 나는 내 음으로 돌아왔어요
마치 내가 그대에게 돌아가듯이
이 한 음만 가지고 이야기 할 거예요
마치 내가 한결같이 그대를 좋아하듯이"

위의 가사에서 보이듯 실제로 이 노래는 음 하나로만 만들어진 노래는 아닙니다. 하지만 노래 앞부분과 뒷부분 등 상당 부분의 메인 선율 음과 베이스 음이 '파' 음으로 되어 있어서, 작곡하는 사람의 입장에서 보았을 때 어떻게 이렇게나 한 음을 많이 사용해 이리도 멋진 음악을 만들었을까 하는 생각이 드는 것이죠. 음악에서는 그만큼 한 음만으로 선율이 이뤄지기가 힘든 법이니까요. 비단 음악에서만 그런 것이 아닙니다. 사람의 대화에서도 역시 한 음으로만 말하기는 쉬운 일이 아닙니다.

캐나다 몬트리올 신경과학연구소의 R.J.자토레 박사 등이 2012년 '플로스바이올로지' 저널에 발표한 '노래 선율과 말하기 억양' 연구에 따르면 말하기의 경우 상황은 좀 더 복잡해진다고 합니다. 말하기를 할 때에는 음높이의 변화가 '운율체계'라고 하는 간단치 않은 음성과 리듬의 변화 세트를 만들어내기 때문입니다.

자토레 박사 연구팀은 똑같은 문장을 그냥 '말하기'로 발성했을 때와 '노래'로 만들어 발성했을 때의 음파 파형들을 비교·분석했는데요. 똑같은 문장을 '말하기'로 발성했을 때 주파수와 배음(한 음이 가진 주파수의 2배, 3배, 4배... 의 주파수를 가진 음)의 강도가 '노래'로 만들어 발성했을 때보다 훨씬 더 짙은 빨간색의 음파 파형으로 뭉쳐 있는 것을 발견했다고 합니다. 그만큼 '말하기'에서도 간단치 않은 음성과 리듬의 조합이 이뤄지고 있다는 것이죠.

과학적으로 살펴본 운율체계란 말하기 매개변수의 세트를 말하는데, 이때 '말하기'의 매개변수는 음절, 구문, 문장의 양과 같은 개인적인 말소리를 넘어서서 적용되는 것으로서 억양(문장을 가로지르는 음높이의 변화에 해당되는 근본적인 주파수), 강조, 리듬을 포괄하는 것이라고 하네요.

운율체계는 다양한 언어의 소통 작용에서 특별히 더 유용합니다. 표준 중국어나 타이어에서처럼 성조에 따라 단어가 다른 의미를 가지게 되는 경우나, 평서문에서 의문문으로 문장구조를 바꾸는 경우, 문장에서 특정 요소를 강조하거나 부각시키는 경우, 풍자나 역설을 포함한 감정을 표현하는 경우에 특히 더 유용하다고 합니다.

'말하기'를 할 때 음높이와 억양은 성대의 응축과 이완을 제어하는 능력에 따라 달라지는데, 성문하압(聲門下壓。성대 사이 소리가 나오는 부분의 아래쪽 압력)과 성문상압(聲門上壓。성대 사이 소리가 나오는 부분의 윗쪽 압력)의 조합을 통해 '말하기' 음성의 근본적인 주파수 변화 세트가 이루어집니다.

최근의 음향학적 연구 분석에 따르면 사람의 '말하기'에서 나타나는 배음의 진폭을 잘 배분하면 모든 문화에서 발견되는 음계의 구조를 예측할 수 있다고 하네요. 한마디로 특정한 나라 사람들의 '말하기'에서 그 나라 사람들의 '노래'의 특징을 발견해 낼 수 있다는 말입니다.

　예를 들어, 중국어의 성조는 높고 평탄한 1성(-)과 급하게 상승하는 2성(ˊ), 낮게 처졌다가 다시 상승하는 3성(ˇ), 급하게 하강하는 4성(ˋ)으로 나뉘어져 있는데요. 같은 발음이라고 해도 1성이냐 2성이냐 하는 성조에 따라 그 뜻이 달라집니다. '쓰(shi)'라는 발음을 4가지 성조에 따라 발음하면 1성일 때에는 诗 [shī] '시(詩)'를 의미하고 2성일 때는 十 [shí] '숫자 십'을 의미합니다. 또 3성일 때는 使 [shǐ] '...에게 하게 하다', 4성일 때는 是 [shì] '옳을 시'를 의미합니다. 이러한 중국어의 4성이 가진 독특한 억양과 강세의 주파수 등을 잘 분석하면 중국 음계가 추출될 수 있다는 뜻인 거죠.

　중국에서는 주로 5음계가 쓰였는데요. '궁, 상, 각, 치, 우'가 바로 그것입니다. 서양 음계로 따지면 '도, 레, 미, 솔, 라'가 되구요. 여기에 간혹 '시'에 해당하는 변궁(變宮)과 '파'에 해당하는 변치(變徵)를 더해 7개의 음을 사용하기도 하죠. 얼핏 들으면 중국어로 "너 밥 먹었니?(你吃饭了吗? ni chi fan le ma? 니 츠 판 러 마?)"의 발음들이 "궁, 상, 각, 치, 우"하고 노래 소리를 내는 것 같기도 합니다.

　아래 그림은 스마트폰 앱 '피아노 컴패니언'에서 우리나라 민요 음계를 찾아본 것인데요. 지금까지의 연구에 더하여 경상도나 전라도, 함경도나 황해도 등 우리나라 여러 지방의 사투리의 억양 등을 분석해서 그 지역 특유의 음계를 한번 역탐색 해보는 것도 상당히 재미있는 일이 아닐까 생각하게 됩니다.

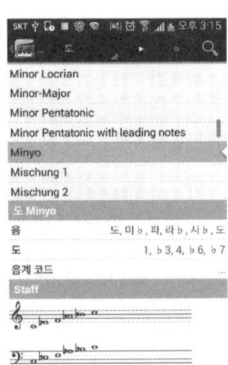

음악과학으로 본 '토토가'의 인기

>>> > >

'토토가'(MBC 예능 프로그램 '무한도전'의 2014년 기획물 '토요일 토요일은 가수다') 즐겁게 보신 기억들 아직도 여전하신가요? 김현정, SES, 터보, 쿨, 엄정화, 소찬휘, 이정현, 지누션, 조성모, 김건모 등 1990년대를 주름잡았던 가수들이 대거 출연, 무한도전 최근 7년간 최고 시청률 22%를 기록하며 20~40대 시청자들로부터 열광적인 호응을 얻었는데요.

그 뜨거운 반응에 대해, 1990년대 초중반 외환위기 이전 경제적으로 호황이던 시절 향수를 자극했기 때문이라고도 하고, 그 당시 가요가 지금 가요의 뿌리이기 때문에 젊은이들도 쉽게 받아들일 수 있어서라고 말하기도 합니다. 젊은 층이 아예 처음 접하는 새로운 음악으로 인식해서 즐긴 것이라고 하는 얘기도 있구요.

군사정권이 종식되어 밝아진 사회 분위기 탓에 나올 수 있었던 '스테디 셀러' 음악을 다뤘기 때문이라는 주장과 MP3가 퍼지기 이전 지금보다는 훨씬 나은 음원 수익이 있었기 때문에 가능했던 다양한 음악들을 틀어줘서라는 또다른 해석에 더해, 음악과학적인 분석도 하나 더 추가할 수 있을 것 같은데요. 이른바 '음악의 기억 소환' 이론이 바로 그것입니다.

'음악의 기억 소환' 이론에 따르자면 '토토가'의 흥행은 단지 문화적 현상뿐만은 아닌 것 같습니다. 문화현상의 생물학적 기초를 이루는 인간 개개인의 뇌 신경체계에서 비롯된 부분도 크게 작용한다는 얘기죠. 이 이론에 의하면 '토토가'에 나온 가수들의 1990년대 노래를 자신도 모르게 따라부르며 몸을 흔들고 발을 구른 이유는, 그 음악들이 청소년 내지 청년기에 뇌 신경계가 급격하게 발달할 때 들었던 음악들이기 때문인 것입니다.

영국 리즈대학 연구진에 따르면 12살~22살 사이, 자신이 누구인지 그 정체성을 찾아 확립해나가는 시기에 각인된 이미지들은 날카로운 첫 키스의 추억처럼 '기억의 돌출부'로 작용하여 평생에 걸쳐 두드러지게 영향을 끼친다고 합니다. 그 시절 들었던 음악들은 자기 정체성의 일부로 남아 도저히 잊혀지지 않는다는 것이죠.

처음 듣는 음악이 뇌의 청각피질을 자극하면, 그 음악의 리듬, 선율, 화성은 각각의 신호로 변환되어 긴밀하게 연결된 뇌 전체로 전달됩니다. 노래를 따라 부르면 행동을 계획하고 조정하며 조직하는 전운동피질이 활성화되고, 노래에 맞춰 춤을 추면 뇌의 뉴런들이 그 노래 비트에 동조화됩니다. 가사와 악기 편성에 관심을 기울이면 서로 다른 자극에 대해 반응하는 두정엽피질 활동이 활발해지구요. 이 과정에서 젊은이들은 넘쳐나는 성장호르몬 탓에 감정이 더 들뜨게 되어, 감명 깊게 들은 노래를 훨씬 더 강력한 신경망으로 연결하여 기억으로 저장하게 됩니다. 이러한 젊은이들의 뇌 신경망 활동은 '뇌 불꽃놀이'로 불리기까지 하는데요.

'토토가'를 연출한 김태호 피디는 1974년생으로 20대 한창 젊은 시기에 1990년대 대중가요를 접했기 때문에 그 음악들에 대한 강렬한 기억이 프로그램 제작의 동기로 작용했다고 볼 수 있는 것입니다. 또 개인적 기억과 관련된 음악을 들으면 자신의 삶에 연관된 정보들을 유지하는 전전두엽이 깨어나게 되는데요. 20~40대 시청자들의 경우 1990년대 소년기, 청소년기, 청년기를 터보의 '러브 이즈', 김현정의 '멍', 엄정화의 '포이즌', 쿨의 '애상', 김건모의 '잠 못 드는 밤 비는 내리고'와 같은 음악들과 함께 보냈기 때문에, '토토가'를 통해 그 음악들을 다시 들었을 때 리듬, 선율, 화음은 물론 기억 또한 동시에 소환되었던 것입니다. 노래가 불러다준 기억 속의 감정, 좋았던 그 시절을 다시 경험하는 듯한 그 흥겨운 느낌에 저절로 노래를 따라 부르고 어깨춤을 추게 되었던 것이죠.

여러 사연을 통해 개인적으로 좋아하게 된 음악들은 그 개인의 뇌 쾌락회로를 자극하여 도파민, 세로토닌, 옥시토신과 그밖의 기분을 좋게 만드는 여러 신경 화학 물질을 분비하게 만듭니다. 이때 함께 불려나온 기억들에는 감정이 각인되어 있습니다.

　호주 뉴캐슬대학 연구진에 따르면 노래가 소환한 기억들은 특이하게도 긍정적인 감정이 수놓여진 기억들이라고 합니다. 또 기능성 자기공명영상(fMRI)을 통해 음악과 기억의 관계에 대한 뇌 이미지 데이터를 분석한 미국 캘리포니아대학 데이비스 캠퍼스 연구진에 따르면, 이마 바로 뒤에 있는 위쪽 전전두엽의 안쪽 부분이 바로 음악을 듣고 기억을 떠올릴 때 '빨간 불', '노란 불', '녹색 불'이 켜지는 곳이라고 합니다. 노래의 코드가 메이저(밝은 느낌의 화성)에서 마이너(어두운 느낌의 화성)로 바뀌거나 마이너에서 메이저로 바뀌는 것을 따라가며 반응하는 곳도 바로 이 '불꽃들'이 겹쳐서 켜지는 뇌 부분과 그 주변이었다고 하는데요. 노래가 개인적 기억과 많이 연관되는 것일수록 이쪽 뇌 부분의 음악 코드를 따라가며 반응하는 활동 또한 덩달아서 더 활발해졌다고 합니다.
　'토토가'에서 울려퍼지는 이정현의 '와', 지누선의 '에이 요', 소찬휘의 '현명한 선택', SES의 '너를 사랑해'를 신나게 따라부르며 흥겹게 어깨춤을 추는 동안 사람들의 뇌 속에선 마치 나이트클럽 미러볼 조명이라도 켜진 양 번쩍번쩍 '불꽃놀이'가 신나게 펼쳐졌던 것입니다. 그렇게 '뇌 속 불꽃놀이'가 가슴 벅차도록 휘황찬란하게 펼쳐졌던 것은, 나이가 많고 적음을 떠나 음악을 즐기는 사람들의 마음 그 자체가 눈부시게 젊기 때문은 아닐까요?

사라 브라이트만과 '실험미학'

>>> > >

"누구나 민간 부문에서 자신이 할 수 있다고 생각하는 무언가를 합니다.
저는 분명히 음악인이고 또 할 수 있다고 느끼는 '실험'들 중의 하나가 있습니다.
누구나 할 수 있는 많은 일들이 있고 또 할 수 있다는 그 생각에 스스로
도움을 받는다고 나는 믿습니다. 그렇습니다. 나는 내가 무중력 상태에서
어떻게 노래하는지 보게 될 것입니다."

인류 최초의 우주공연을 추진하고 있는 영국의 세계적 여성 팝페라 가수 사라 브라이트만은, 위와 같은 말로 음악적이면서도 물리학적인 실험의 개인적 동기를 밝혔습니다. 570억 원짜리 이 실험이 진행되면 그녀는 러시아 소유즈 우주선을 타고 국제우주정거장(ISS)으로 올라가 우주에서 열흘간 머물 계획인데요. 그곳에서 뮤지컬계 거장이자 전남편인 앤드루 로이드 웨버의 노래를 부를 예정이라고 합니다.

비록 가족 관련 문제로 2015년 9월 예정됐던 우주공연을 연기하기는 했지만, 개인적으로 특별한 실험을 통해 무언가 새로운 미적 경험을 얻어보려는 사라 브라이트만의 예술가로서의 열정이 어마어마하게 느껴집니다.

열정적인 물리학 연구를 통해 우주 만물의 근원을 설명할 수 있는 가장 단순하면서

도 아름다운 공식을 발견해내려고 했던 아인슈타인처럼, 그녀가 향후 있을 우주공연 실험에서 무슨 미적 경험을 통해 어떠한 음악 법칙의 실마리를 발견해낼까 궁금해지기도 하는데요. 지금까지의 '실험미학'이 지구에서 이뤄져온 것이라면, 이번 사라 브라이트만의 '실험미학'은 지구를 벗어나 우주공간에서 이뤄지는 것이라는 차이가 있기 때문입니다.

'실험미학'은 19세기 독일의 과학자이자 철학자 구스타프 테오도르 페흐너가 심리학의 입장에서 미적 경험의 법칙을 탐구하려 처음으로 주장한 것인데요. 고대 그리스에서부터 시작하여 18세기 독일의 바움가르텐, 칸트, 쉴러, 헤겔 등의 철학자들이 관념적 차원에서 아름다움에 대한 학문 즉 '미학'을 연구했다면, 페흐너는 아름다움에 대한 인간의 마음을 과학적으로 탐구하는 심리학, 그 중에서도 실험을 통해 미적 대상에 대한 연구를 진행했습니다.

그는 "인간이 느끼는 감각의 크기는, 자극의 크기의 로그(log)에 비례한다"라고 하는 '페흐너의 법칙'을 주장했는데요. 이 법칙에 따르면 미적 자극의 세기를 강하게 함에 따라 인간이 아름다움을 느끼는 감각의 세기는 처음에는 급격하게 변하지만 점차 그 증가율이 약해지게 됩니다.

20세기 초반 무조성 음악이라는 파격적 실험을 했던 쇤베르크를 예로 들자면, 한 옥타브 안의 12개 음을 모두 동원해 재배열시켜 음열을 만든 뒤 그것으로 선율을 진행시키는 12음열 기법을 사용하는 탓에, 그의 음악은 장조와 단조의 구분이 없고 불협화음과 협화음의 경계도 없어 처음 들을 땐 놀라움을 금치 못합니다. 그러나 그 음악을 들었던 사람이 그 뒤 더 큰 자극을 주는 실험 음악을 듣게 되었을 경우 놀라움의 크기가 처음만 못하다는 주장인 것이죠. 아이스크림은 처음 먹었을 때가 가장 맛있게 느껴지고 그 다음부터는 먹으면 먹을수록 처음 먹었을 때보다 맛있는 느낌이 점점 더 줄어든다고 하는 경제학의 '한계효용 체감의 법칙'이 연상되기도 하는데요.

이후 현대에 들어서는 D.E.벌린이 '새로운 실험미학 연구' 등의 저서들을 통해, 미적 대상에 대한 관찰과 실험을 통해 데이터를 얻고 그 데이터의 분석을 통해 아름다움을 창조하는 보편적 법칙을 얻는다는 자연과학 방식으로서의 '실험미학' 토대를 더욱더 굳건히 다졌습니다.

P.T.맥멀렌과 M.J.아놀드는 '리듬에 있어서 반복이 선호도와 흥미에 미치는 영향'

연구에서 아주 복잡한 음악과 리듬은 처음엔 너무 낯설어 듣는 사람의 기쁨 수치가 낮지만, 반복해서 듣도록 하면 귀에 익숙해짐에 따라 덜 복잡하게 느껴져 어느 지점에 이르러서는 기쁨이 최대화된다는 사실을 밝혀냈습니다. 1992년 서태지가 '난 알아요'를 들고 나왔을 때, 댄스곡에선 처음 도입된 강렬한 전자 기타 리프 등의 영향으로 굉장히 낯설게 느꼈다가 점차 귀에 익으면서 듣는 기쁨이 배로 증폭되었던 이유가 설명되는 셈입니다. E.L.워커는 '고슴도치 이론과 음악교육' 등에서 소리의 미적 자극 즉, 음악이 적당하게 복잡하고 불확정적이며 변화무쌍해야 듣는 사람이 기쁨을 많이 느끼게 된다고 주장했습니다.

K.C.스미스와 L.L.커디는 '기쁨을 주는 선율: 반복과 친숙해짐의 효과'에서 음악 화성의 복잡성 정도에 따라 기쁨을 느끼는 수준이 어떻게 달라지는지에 관한 연구 결과를 발표했는데요. 유럽 고전음악에서 사용하는 화성들을 난이도별로 5단계로 객관적으로 나눈 뒤 그 화성들이 들어간 선율 20개를 36명의 심리학 전공 대학생들에게 들려주었더니, 느끼는 즐거움이 화성의 복잡성 정도에 따라 달라졌다고 합니다. 또한 그 선율을 들은 학생들의 경험 수준에 따라 즐거움의 정도 또한 다르게 나타났다고 하죠.

R.W.런딘은 '음악의 객관적 심리학'에서 대중음악의 경우 몇 번만 반복해서 들으면 즐거움을 최대로 느끼는 경향이 있는 반면, 고전음악의 경우에는 상당한 정도로 반복해서 들어야 정서적 즐거움이 최대치에 이르게 된다는 사실을 알아냈습니다. 고전음악의 경우 복잡성이 대중음악보다 높은 수준이기 때문에 그만큼 더 들어야 익숙해지고 그렇게 익숙해진 만큼 즐거움이 증가한다는 것이죠.

D.J.하그리브스는 '음악을 좋아하는 데 있어 반복이 미치는 효과'에서 성인과 대학생들에게 아방가르드 재즈, 대중음악, 고전음악을 들려주었더니 아방가르드 재즈곡을 들은 성인 그룹에서 반복에 의해 선호도가 증가된 것을 발견하였다고 합니다. 아방가르드 재즈는 전위적·실험적이라는 아방가르드의 말뜻처럼 재즈 중에서도 조금 난해한 재즈를 말하는데요. 그러한 재즈를 들은 성인들이 처음에는 즐거움을 잘 못 느끼다가, 반복해서 들다보니 나름의 즐거움을 찾게 되었다는 것이죠.

이러한 '최적 복잡성' 연구 결과들에 따르면 음악에 대해 즐거움을 느끼는 정도와 음악 자극의 복잡성 사이에는 '역 U자 모양'의 관계가 성립된다고 합니다. 음악에 대해 즐거움의 정도를 Y축으로 놓고, 음악 자극의 복잡성을 X축으로 놓고 볼 때, 음악 자극의 정도가 중간 정도에 이르렀을 때 음악에 대한 즐거움의 수치가 최대치에 이른다고 하는 것이죠. 평소 노래를 즐겨 부르고 거문고 등 여러 가지 악기를 연주하며 '음악에서 인격의 완성을 이룬다(興於詩 立於禮 成於樂)'고 본 공자의 철학, 그중에서도 '중용' 철학을 음악 속에서 발견한다는 느낌도 드는데요.

근래 들어서는 미적 자극에 대한 뇌 신경 반응 데이터를 통해 아름다움의 과학적 인과관계를 밝혀내려는 '신경미학(Neuroaesthetics)' 연구가 활발히 이뤄지고 있습니다. 아름다움을 느끼는 뇌에 관한 기능성 자기공명영상(fMRI) 연구들에 따르면, 사람의 뇌에서 무엇이 아름운지 미적 판단을 내리는 주요 부분은 뇌의 배측면 전두피질과 안와전두피질이라고 합니다.

나달, 무나, 카포, 로셀로와 셀라 콘디의 연구에서는 사람이 의식적이든 무의식적이든 아름답다고 느끼면 뇌의 배측면 전전두피질(背側面 前前頭皮質。dorsolateral prefrontal cortex)과 안와전두피질(눈이 위치하는 두개골 내의 공진동쪽 앞락뇌 겉부분。眼窩前頭皮質。orbitofrontal cortex)이 활성화된다는 사실을 밝혀냈습니다.

영국 런던글로벌대학(UCL) 신경미학 교수 세미르 제키 등의 연구에 따르면 안와전두피질은 그림의 아름다움을 판단하는 데 있어서도 중요한 역할을 한다고 합니다. 스위스 제네바 대학 비누 알루리 박사 등의 연구에선 안와전두피질이 음악적 아름다움이나 선호도에 대한 미적 판단과 연관된 긍정적이고 정서적인 경험에 중요하게 관여한다는 사실을 밝혀냈구요.

유니버시티칼리지런던의 카트자 코르니쉐바 박사의 연구에 따르면 단순한 음악 빠르기가 아닌 리듬 패턴의 아름다움을 판단할 때 뇌의 복내측 전전두피질(腹內側 前前頭皮質。ventromedial prefrontal cortex)이 활성화된다고 합니다. 유니버시티칼리지런던의 토모히로 이쉬즈 박사 등의 연구에서는 음악과 그림에 대한 집약된 미적 경험과 관련된 뇌의 아주 미세한 영역 즉, 안와전두피질 중간 부분 A1 영역이 활성화된다는 것을 발견했다고 하죠. 여기서 재미있는 사실은 바로 아름다움을 느끼는 데 있어 중요한 역할을 담당하고 있는 뇌의 안와전두피질과 관련된 것인데요.

미국 캘리포니아대학교 어바인 캠퍼스에서 신경과학을 가르치는 제임스 팰런 교수는 사이코패스들의 뇌에서 바로 이 안와전두피질의 활동이 결여되어 있다는 사실을 발견합니다. 살인 등의 강력범죄를 저지르고도 아무런 죄의식이나 죄책감을 느끼지 않는 사이코패스들의 뇌 부위 중에서도 바로 이 아름다움을 느끼는 데 중요한 역할을 하는 '안와전두피질' 부분이 활성화되지 않는다는 것입니다.

더더욱 놀라운 사실은 팰런 교수가 우연찮은 기회에 자기의 뇌 사진을 보니, 바로 자신이 사이코패스의 전형적 특성을 가진 뇌를 가지고 있다는 걸 발견했다는 점이죠. 혹시나 하여 가계도를 추적해보니 가까운 조상 중에 모친 살해범을 포함한 살인자가 여러 명이나 있었다는 것입니다. 하지만 팰런 교수 자신은 범죄와 아무런 관련 없이 신경과학자로서의 길을 꾸준히 걷고 있습니다.

눈에서 가까운 뇌 전두엽의 한 부분인 안와전두피질은 위에서 보듯 아름다움을 느끼거나 인지하는 자기조절 중추인데요. 여기에 더해 욕구와 동기, 도덕적 결정 등과 관련한 정보를 처리하기도 합니다. 이러한 안와전두피질에 문제가 있는 사이코패스들은 선천적으로 타고나는 법이지만, 범죄자가 되는 사이코패스는 환경에 의해 만들어진다고 팰런 교수는 말합니다. 실제로 범죄를 저지른 사이코패스들은 어린 시절 학대를 당하는 등 어두운 가정 환경 속에서 자라난 경우가 많다고 합니다. 이러한 부정적 결과를 줄이기 위해 부모들의 올바른 보육이 상당히 중요하다는 것이죠. 만약 팰런 교수가 부모의 따뜻한 보육이나 음악, 미술 등의 아름다움을 느끼는 교육을 통해 뇌의 안와전두피질을 발달시켜 선천적으로 물려받은 유전자의 영향을 이겨내고 자신의 의지대로 삶을 개척해냈다고 하면 지나친 비약이 되는 것일까요?

위에서 살펴본 것처럼 아름다움에 대한 연구는 역사를 거듭하며 더 이상 아름다움뿐만이 아닌 철학, 심리학, 뇌신경학, 윤리학, 교육학 등과의 '관계학문'으로 발전하고 있는데요. 우주로 날아가 인류 최초로 음악공연을 계획하고 있는 사라 브라이트만은, 무중력 공간에서 울려퍼지는 자신의 목소리를 통해 어떠한 생각의 음표들을 지구로 아름답게 흩뿌릴지 '관계학문' 차원에서도 사뭇 궁금해집니다.

존 레논처럼 자신의 목소리가
듣기 싫다구요?

>>> > >

"내 녹음된 목소리에 토마토 케첩이나 뭘 좀 발라주면 안될까?"

세계적으로 가장 유명한 밴드 보컬 중의 한 명은 음악 프로듀서에게 위와 같이 말하며 레코딩 된 자기 노래 소리에 대해 불만족스러운 기색을 노골적으로 내비쳤다고 합니다.

이름 앞글자만 들어도 누구나 알 만한 그 보컬은 그래서 두 개의 트랙으로 노래를 녹음하길 즐겼다고 하는데요. 그 사람은 정말 어이없게도 전설적 밴드 비틀즈의 보컬 존 레논이었습니다. 있는 사람이 더한다더니 그렇게 기가 막힌 목소리를 가진 존 레논은 도대체 얼마나 더 노래를 잘하고 싶은 욕심에 그런 말도 안 되는 소리를 한 것이었을까요?

그러나 한 번만이라도 노래하는 자신의 목소리를 녹음해 본 적이 있다면, 조금이나마 존 레논의 심정을 이해할 수 있을지도 모릅니다. 우리는 자기 자신의 목소리를 머리 뼈와 공기의 울림을 통해 듣지만, 다른 사람들은 우리의 목소리를 공기의 울림 하나만을 통해 듣기 때문에 애초부터 우리가 듣는 우리 자신의 목소리와 다른 사람이 듣는 나의 목소리는 다르게 들릴 수밖에 없으니까요

미국 하버드대학 심리학과 교수 P.S.홀츠만 등의 '지각대상으로서의 목소리' 연구에서 보듯 우리가 녹음기를 통해 우리의 목소리를 들을 때 자기의 목소리 같지 않다

고 느끼고, 심지어 이런 자신의 목소리가 싫다고 느끼기까지 하는 것은 바로 그러한 이유 때문이죠.

하지만 마리사 해리슨 박사의 연구를 살펴보면 얘기가 좀 달라집니다. 미국 펜실베니아주립대학교 해리스버그 캠퍼스 심리학과 조교수이자 진화심리학자이며 한때 펑크록 뮤지션을 꿈꾸었던 해리슨 박사 연구팀은 '나는 내 목소리를 더 좋아한다: 목소리 매력을 지각하는 데 있어서의 자기 중시 성향' 연구를 보면 통설과는 조금 다른 사실을 알 수가 있습니다.

해리슨 교수 연구진은 80명의 남녀 참가자에게 여러 사람들의 목소리 녹음을 듣고 그 매력도를 평가하게 했다고 합니다. 그런데 이때 80명의 남녀 자신들의 목소리 녹음 또한 몰래 포함시켜 그 매력도를 평가하게 했는데요. 연구에 참가한 80명 남녀들은 각각 자기 자신의 목소리인 줄 모르고 자신의 녹음된 목소리의 매력도를 평가했는데, 다른 평가자들이 평가한 본인 목소리의 매력도보다 더 높은 점수를 자기 목소리 녹음에 부여했다고 합니다.

이 연구를 통해 해리슨 교수 등이 내린 판단은 사람은 무의식적으로 다른 사람의 목소리보다 자기 자신의 목소리를 더 선호한다는 것인데요. 이러한 경향은 자신감을 키우고 우울감에 저항하려는 심리 메커니즘으로 생각된다는 것입니다. 이러한 '자기 선호' 성향은 더 확대된 형태로 나타나기도 합니다. 뉴욕주립대 알바니 캠퍼스의 심리학과 교수 D.버니의 '매력의 패러다임'이나 영국 글래스고대학 신경과학 심리학센터 L.M.디브루인 박사의 '얼굴의 유사성은 신뢰도를 높인다' 등의 연구에 따르면 사람은 자기 자신과 비슷한 캐릭터나 신체적 특성을 가진 사람을 선호하는 경향이 있다고 합니다.

또 뉴욕주립대 버팔로 캠퍼스의 B.W.펠럼 박사 등의 '나는 어떻게 너를 사랑할까? 암시된 자기중심주의와 대인관계에서의 매력' 연구에 따르면 자신과 이름이 비슷한 사람을 좋아하거나, 자신의 생일과 관련된 숫자, 자기 운동경기용 셔츠의 백넘버와 유사한 숫자와 관련된 사람들에게 무의식적으로 더 끌리는 성향이 있다고 합니다. 자기와 비슷한, 자신의 중요한 표상과 관련됐다고 여겨지는 사람들을 자기와 연결시켜 키워진 자신감이 비관적이거나 우울한 생각을 멀리하고 불리한 상황을 극복하고자 하는 인간의 진화해온 본능 때문이 아닐까 생각되는데요.

그와 관련해 인간이 우울한 내적·외적 상황을 이겨내려는 방법, 그 중에서도 우울증을 치료하는 방법 중의 하나인 인지행동 치료라는 것을 살펴보는 것도 의미가 있을 것 같습니다.

인지행동 치료법은 자신의 노래를 녹음하여 객체로서의 자신의 노래 소리를 들어보듯, 우울증을 가진 사람으로 하여금 자신의 부정적인 생각과 행동이 우울증에 어떻게 영향을 미치고 있는지 들여다보도록 도와주는 치료방법인데요. "나를 좋아하는 사람은 아무도 없어", "내 앞날은 암울하기만 해", "난 정말로 쓸모없는 사람이야" 같은 부정적인 생각을 하며 사회적 관계를 기피하는 사람들에게 자신의 기분과 생각을 체크해보도록 하여 문제가 되는 생각이나 감정을 수정해 자존감을 높이게 하는 방법입니다. 그러한 과정을 통해 자신과 세상에 대해 긍정적인 태도를 가지게 도움을 주는 것이죠.

이러한 인지행동 치료법은 인터넷을 통해서도 이뤄지고 있는데요. 호주의 '무드짐(MoodGym: mood 기분+gym 체력단련장)'이라는 프로그램이 대표적입니다. 무드짐의 교과과정은―1.왜 당신은 그런 감정을 느끼는가/ 2.당신이 생각하는 방법 바꾸기/ 3.비뚤어진 생각 고치기/ 4.무엇이 당신을 괴롭게 만드는지 알기/ 5.관계와 문제 해결법―과 같이 5단계로 이뤄져 있고 그중 4번째 교과과정인 '무엇이 당신을 괴롭게 만드는지 알기' 과정에서는 상상요법, 심상유도요법, 점진적 근육 이완요법 등과 함께 우울증 완화에 도움이 되는 음악에 대한 정보를 제공해주고 있습니다.

호주국립대학에서는 500명의 우울증 환자를 대상으로 1년간 무드짐 프로그램을 이용하게 하는 등 인터넷 치료를 실행해 의미 있는 수준의 치료 효과를 얻었다고 밝히기도 했죠.

우리나라에도 비슷한 프로그램이 있는데요. 서울시 정신보건센터에서 운영하고 있는 '마인드스파' 프로그램 중 '마음터치(http://mindspa.kr/)'라는 프로그램이 바로 그것입니다. 이 프로그램은 현재 상황 돌아보기(1단계), 자동적 사고 파악하기(2단계), 인지적 오류 점검하기(3단계), 생각과 감정 바꾸기(4단계), 문제 해결하기(5단계), 정신건강 지키기(6단계)로 구성되어 있습니다.

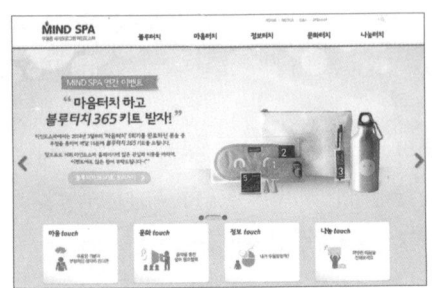

서울시 정신보건센터에서 운영하고 있는
'마음터치(http://mindspa.kr/)' 프로그램

　　호주국립대학 연구진은 이러한 인터넷을 통한 우울증의 인지행동 치료가 전문적인 치료를 원하지 않는 이에게 도움이 될 것이며 의사와의 전화 또는 대면 상담 등 전문 치료를 받기 전에 교량 역할을 할 것이라고 예상했다고 하는데요.

　　이러한 인지행동 치료가 자신이 왜 부정적인 생각을 하는지 객관화하여 들여다보게 함으로써 심리적으로 긍정적인 효과를 얻게 하듯, 존 레논처럼 자신의 목소리가 마음에 들지 않는 분들은 인터넷 합창 동호회 같은 곳에 가입하여 합창 속에 포함된 자신의 목소리를 객관적으로 들어보는 것은 어떨까요? 그러한 작은 '인생 실험'을 통해 뭔가 예전과 다른 기분 좋은 생각들이 자신도 모르게 마음 속에서 무럭무럭 자라나게 될지 모르는 법이니까요.

　　부모의 이혼, 어머니가 경찰차에 치여 숨지는 비극적 가족사와 함께 우울증을 앓았지만, 음악활동을 통해 극복해내고 전설적 뮤지션으로 우뚝 선 존 레논에게 있었던 일들처럼 말입니다.

음악과 다윈의 진화론

>>> > >

진화론을 주장한 찰스 다윈은 성선택설을 통해 음악의 기원을 설명합니다. 그는 "아마도 인간의 조상은 남자였든 여자였든 아니면 둘 다였든 서로에 대한 사랑을 정교한 언어로 표현하는 힘을 갖기 전에는 음악적 선율과 리듬으로 상대방을 매혹시키려 애썼던 것 같다."고 말합니다.

1871년 출간한 '인간의 기원과 성에 관한 선택'에서 다윈은 새들의 노래에 대해 10페이지, 인간의 음악에 대해 6페이지나 할애해가며, 새들의 노래가 자기 짝이 될 만한 상대에게 자신을 선택해달라고 부르는 메시지이며 상대방 새는 그 노래를 통해 노래를 하는 새가 건강하고 자손 번식에 유리하다는 점을 판단해 짝짓기에 응하는 것이라 주장합니다. 새들이 주로 번식기에 아름다운 노래를 부르고, 천적들에게 노출될 위험을 무릅쓰고 끈질기게 지저귀는 건 생식을 위한 것이란 얘기입니다. 그는 인간들의 음악 역시 새들과 같은 성적 선택을 통해 진화한 것이라고 말합니다.

그의 주장을 유추하여 생각해보면 인간에게 있어 음악이란 것은 자신의 DNA를 후대에 남기는 데 중대한 역할을 하는 없어서는 안 될 필수불가결한 것이라고 봐도 무방할 것입니다. 다윈은 음악을 상당히 좋아했는데요. 청년 시절 캠브리지대학에서 공부

할 때 종종 킹스칼리지를 찾아 몇 시간 동안 교회 성가대의 음악을 듣곤 했다고 합니다. 흥미로운 점은 그가 음치였다는 사실입니다. 바로 전날 들은 노래의 선율을 기억하는 것도 힘들어 했고 가락을 제대로 따라서 흥얼거리지도 못했지만 모짜르트와 헨델, 베토벤의 교향곡이나 서곡 등을 상당히 즐겨들었다고 합니다. 저녁에는 쇼팽에게서 피아노를 배운 숙련된 피아니스트였던 아내 엠마가 연주하는 피아노 곡들을 소파에 기대어 듣곤 했다고 하네요.

미국 뉴멕시코대학교 심리학과 교수이자 진화심리학계의 대표주자 제프리 밀러는 다윈의 성선택설을 발전시켜 음악의 진화를 설명합니다. '지표(indication)'와 '미학적 드러내기(aesthetic display)'라는 두 가지 열쇳말을 통해 성선택설을 확장시키는 것이죠. 공작의 꼬리가 바로 그 적절한 지표에 관한 예입니다. 커다란 크기의 공작 꼬리는 그들의 자손에게 강한 생존능력을 전달할 좋은 유전자를 제공하고 신체가 건강하며 훌륭한 양육 기술을 가졌음을 드러내는 표시라는 것입니다.

미학적 드러내기에 관해 밀러는 그의 동료 피터 토드와 그렉 워너의 연구를 인용합니다. 그들은 성선택 모의실험을 '짝 선택에 있어서의 음악적 복잡성과 다양성의 진화 모델'로까지 확장시키는데, 이 모의실험에서 성선택에 있어 좀 더 복잡한 음향 배열이 선호되며, 개인과 세대를 거쳐 이러한 복잡한 음향 배열은 상당한 정도의 다양성을 계속해서 선보인다는 점을 발견해냈다고 합니다. 새들은 지저귀는 멜로디의 수가 더 많은 수컷 새의 노래에 더 빨리 배란하고, 기본적인 소리에 바탕하여 멜로디를 새로 만들고 변형시켜 정교하게 노래를 부르는 개체가 짝짓기 성공률이 훨씬 더 높다고 합니다. 인간이 참신한 음악에 더 끌리고 더 오래 기억하는 것과 마찬가지란 얘기인 것이죠. 위와 같은 음악진화론을 적용해보면 한국에서도 또다른 형태의 음악적 진화가 계속해서 이루어지고 있는 것 같습니다.

가수 이승환은 고 노무현 대통령에게 바치는 헌정곡 '함께 있는 우리를 보고 싶다'를 발표했습니다. 또 김창완, 윤일상, 유희열, 윤민석, 임형주 등의 작곡가와 가수들은 세월호 추모곡을 만들고 불러 애도의 뜻을 표했구요. 2008년 미국산 광우병 소고기 파동 땐 촛불집회에서 참가자들이 스스로 노래들을 만들어 불렀고 2009년 태안 앞바다

기름 유출사고 때는 이현우 등의 음악가들이 자연의 빠른 회복을 기원하며 노래를 만들어 수익금을 기부하기도 하였습니다 .1980~90년대엔 안치환이 '솔아 솔아 푸르른 솔아', '철의 노동자', '광야에서'를 불렀고 노래를 찾는 사람들이 '사계'를 노래했습니다. 김종률이 '님을 위한 행진곡'을 만들어 5.18광주민중항쟁을 기렸구요. 1960~70년대엔 김민기의 '아침이슬'을 부르며 시민들은 피 끓는 저항 정신을 보여주었습니다. 송창식의 '고래사냥', 한태근의 '진달래', 변규백의 '빼앗긴 들에도 봄은 오는가', 조념의 '녹두꽃', 한대수의 '행복의 나라로' 등도 불의에 항거하는 노래로 많이 불렸습니다. 좀 더 멀게는 1890년대엔 동학농민혁명에서 민요 '파랑새'가 불리기도 했죠.

개인적 사랑을 노래하는 음악들은 다양한 장르와 새로운 사운드 등을 통해서, 민주주의와 민족, 자유, 평화, 평등, 환경, 이웃, 사회 등에 대한 사랑을 노래하는 위의 노래들은 메시지와 나름의 고유한 형식미를 통해서 새로움과 다양성이라는 '진화'의 중요한 요소들을 보여주고 있는 것입니다. 물론 이승환의 '함께 있는 우리를 보고 싶다'와 윤영배의 '위험한 세계' 등에서처럼 위 두 개의 흐름이 인상적으로 합쳐진 모습들도 계속해서 나타나고 있습니다.

가상악기(VSTi)에 담는
'국악 한류'와 문화상대주의

>>> > >

콜롬비아 출신의 세계적 싱어송라이팅 댄스 뮤지션 샤키라(Shakira)는 자신의 노래 '디드 잇 어게인(Did it again)'에서 한국 전통춤 '삼고무' 영상과 소리를 넣어 화제가 된 적이 있었죠. 샤키라의 사례처럼 음악에 좀 더 새로움을 부여하기 위해 여러 나라의 다양한 전통음악과 소리들을 사용하는 경우가 늘고 있는데요.

이렇게 다양한 문화의 수용을 통해 새로움을 추구하는 음악계의 흐름은, 다원적이며 역동적인 문화 정체성을 지닌 사람들의 조화로운 상호작용을 반드시 보장해야 한다는 아래 유네스코 협약의 정신을 다시금 상기시켜 줍니다.

문화는 시공간에 여러 형태로 나타난다. 이 다양성은 인류를 구성하는 집단과
사회의 정체성과 독창성을 구현한다. 생태다양성이 자연에 필요한 것처럼
교류, 혁신, 창조성의 근원으로서 문화다양성은 인류에게 필요한 것이다.
이러한 의미에서, 문화다양성은 인류의 공동 유산이며
현재와 미래 세대를 위한 혜택으로서 인식하고 확인해야 한다

-2001년 11월 2일 프랑스 파리 제31차 유네스코 총회에서 채택한
유네스코 문화다양성 선언 제1조

유엔에서는 매년 5월 21일을 '세계 문화다양성의 날'로 선포했고, 우리나라에서도 한국인과 한국 거주 외국인들이 서로의 문화와 전통을 존중하며 더불어 살아가는 사회를 조성하자는 취지로 2007년 '재한외국인처우기본법'에 따라 5월 20일을 '세계인의 날'로 제정하였죠. 문화의 한 부분인 음악도 여러 음악들의 다양성을 존중하면서 조화롭게 교류하며 상호작용하는 것이 매우 중요한데요. 문화와 음악의 다양성을 존중해야 하는 이유는 세상에 절대적인 문화와 음악이란 없기 때문입니다.

현재 다양한 문화와 음악들을 교류하게 하는 가장 효과적인 수단은 인터넷을 가능케 한 컴퓨터인데요. 그 컴퓨터를 가능케 한 수학체계 또한 절대적인 체계가 아닙니다. 절대적인 문화와 음악이 없는 것처럼 컴퓨터를 가능케 한 수학, 그 수학의 체계 또한 절대적인 것은 없는 것이죠.

잘 알려져 있다시피 컴퓨터는 영국의 천재 수학자 앨런 튜링의 이진법 아이디어에 기반한 것인데요. 모든 단어, 문자, 문장 등을 0과 1의 디지털 기호로 바꿔 정보를 처리하는 컴퓨터의 작동 원리인 이진법 아이디어는, 어떠한 단어, 문자, 문장도 자연수로 대응시킬 수 있다는 수학자이자 논리학자 쿠르트 괴델의 '수 대응이론'에서 힌트를 얻은 것이고, '수 대응이론'은 괴델 자신의 '불완전성의 정리'를 증명하는 과정에서 사용된 이론입니다.

상대성이론을 창안한 아인슈타인의 절친이기도 했던 괴델은 불완전성의 정리를 통해 수학체계에는 '0은 수이다'처럼 증명할 수 없는 공리가 존재하며, 이러한 공리를 쓰는 수학체계는 그 체계가 모순이 없는 한 그 자체 내의 공리와 규칙만으론 그 체계의 일관성을 증명할 수 없다는 것을 밝혀냈죠.

불완전성의 정리의 발상점이 된 크레타인의 역설을 보면 '크레타인이 "크레타인은 거짓말쟁이다"라고 했다'라는 문장에서 이 크레타인의 "크레타인은 거짓말쟁이다"라고 한 말이 참이라면, 이 말을 한 크레타인도 거짓말쟁이이기 때문에 "크레타인은 거짓말쟁이다"라는 이 크레타인의 말은 참이 아니게 됩니다. 또 이 크레타인의 "크레타인은 거짓말쟁이다"라고 한 말이 참이 아니라면, 크레타인은 거짓말쟁이가 아니기 때문에 "크레타인은 거짓말쟁이"라는 이 크레타인의 말은 참이게 됩니다.

괴델은 이러한 크레타인의 역설에서 얻은 아이디어를, 글자와 단어, 문장들을 수치부호(numerical code)로 표현해 한 문장이 참인지 거짓인지 산술적으로 결정할 수 있는 '수 대응이론'으로 나타냈는데요. 다음과 같은 문장을 '수 대응이론'으로 나타내어 불완전성의 정리를 완성했습니다.

"(이 괄호 안의 진술은 증명할 수 없다)
만약에 위 문장이 옳다면, 그것은 참이지만 증명할 수 없는 명제가 되므로, 그 체계는 완전한 것일 수 없다.
이 문장이 거짓이라면, 그것은 거짓이지만 증명할 수 있는 명제가 되므로, 그 체계는 모순이 된다."

-'수학의 세계' / 박세희 / 서울대학교출판부 인용

다시 정리하자면 "모순이 없는 수학체계는 증명할 수 없는 공리를 가지고 있어 완전할 수 없다. 또 모든 공리가 수학체계 자기 내부에서 증명되는 완전성을 이루려고 하면 모순이 생긴다. 즉 어떠한 수학체계도 절대적인 진리체계가 될 수 없다. 평행선은 아무리 연장하여도 만나지 않는다는 공리를 가진 유클리드 기하학 체계를, 평면상의 두 직선은 모두 만난다는 공리를 가진 비유클리드 기하학 체계가 보완해냈듯, 하나의 수학체계는 다른 수학체계에 의해 보완되고 또 그 수학체계는 또 다른 수학체계에 의해 보완된다."고 말할 수 있는 것입니다.

가장 엄밀한 기호논리체계라는 수학체계도 이렇게 절대적인 것이 아닐진대, 그러한 수학체계의 이론을 탄생 기반으로 하는 컴퓨터, 그러한 컴퓨터를 사용하는 사람들이 만드는 문화, 그 문화 속의 음악이 절대성을 가지지 않고 다양성을 가진다는 사실은 어찌 보면 너무나 당연한 것이라는 생각이 드는데요. 실제로 컴퓨터는 유튜브 등을 통해 여러 다양한 문화의 음악들을 듣고 또 케이팝을 다시 다른 문화에 알리는 교류의 첨병 역할을 하고 있습니다. 거기에 더해 컴퓨터는 우리 음악 문화를 세계에 알릴 또 다른 좋은 길을 보여주고 있습니다.

그것은 바로 우리나라 전통악기 음원들을 샘플 데이터로 만들어 세계 각국에서 음악 시퀀서 프로그램으로 사용할 수 있게 하는 것인데요. 인도나 일본, 아랍, 아프리카 등의 악기 소리들은 이미 샘플로 데이터화된 경우가 많아 세계 곳곳의 뮤지션들이 자신들의 노래에 사용하고 있습니다. 그런 차원에서 우리나라도 해금, 대금, 가야금 등 국악기 소리를 샘플로 만드는 데이터화 작업을 통해, 전통음악을 세계에 널리 알릴 길을 닦을 수가 있는 것입니다.

물론 컴퓨터 프로그램을 통한 전통악기 소리 알리기 시도는 예전부터 조금씩 이뤄져 왔습니다. '전통국악기 샘플 데이터', '국악 장단 디지털콘텐츠' 사업 등을 통해 몇몇 개의 국악 음원 샘플을 개발했고, 한양대학교에서 '국악 VSTi'(국악 가상악기。 Virtual Studio Technology Instrument)라는 가상 악기 프로그램을, 라임시스템에서 한국형 음악 시퀀서 프로그램 '지음(知音)'을 개발했는데요. 안타깝게도 여러 가지 문제로 시장에 나오지 못하거나 나왔어도 시장에서 큰 호응을 얻지 못했습니다.

국악 음원 샘플 작업이 큰 성공을 거두지 못한 데에는 여러 가지 문제가 있지만, 그 중 가장 큰 문제는 음의 줄 길이 비율이 저마다 다른 순정률을 쓰는 국악 악기의 소리들을, 음의 줄 길이 비율이 균일한 평균율 시스템으로 되어있는 컴퓨터 음악프로그램에 제대로 입력하는 데 어려움을 겪기 때문으로 보입니다.(이 책 〈내림 마장조의 뇌과학으로 본 '우리의 소원'〉 글 참조)

예를 들어 한 옥타브를 똑같은 12개의 반음들로 나눈 서양의 12평균율로 되어 있는 피아노 흰 건반 검은 건반 소리들의 음높이, 음량, 음길이의 일정함을, 한 옥타브를 똑같지 않은 간격의 음들로 나눈 국악의 순정률로 되어 있는 해금이나 대금 소리로 똑같이 맞춰내는 것이 쉽지가 않은 것입니다.

또 시김새(보통 소리의 앞뒤에서 그 음을 꾸며주는 장식음이나 짧은 길이의 잔가락들)나 농현(국악에서 현악기를 연주할 때 줄을 짚고 흔들어서 여러 가지 꾸밈음을 내는 기법), 요성(음을 떨어주는 연주 기법) 등 전통악기가 가진 음색과 고유한 표현 방법을 샘플로 만드는 일도 상당히 어렵습니다.(전주대학교 문화기술공동연구센터 김병오·이정석의 논문 '컨탁트 기반의 한국 전통 가상 악기 개발' 참조)

하지만 여러 시행착오 과정을 거친 국악 음원 샘플 작업은 이제 어느 정도 성과를 보여주고 있는데요. 우선 위의 전주대학교 문화기술공동연구센터에서 '컨탁트'라는 음악 샘플링 프로그램과 음원 보정 프로그램인 멜로다인, 오토튠, 웨이브스튠을 이용하여 해금, 대금의 음원 샘플을 데이터화했습니다. 국악 가상 악기(VSTi) '삼현육각

Beta'가 그 작업의 결실인데요. 음악 시퀀서 프로그램으로 불러들여 피아노처럼 생긴 마스터 키보드를 누르면 건반에 해당되는 해금과 대금 소리들이 흘러나오게 되는 것이죠. 상당한 수준의 음질과 가용성을 갖추고 있다는 평가들이 많습니다.

서울대학교 음악대학 작곡과 이돈응 교수(예술과학센터 센터장)팀이 국악 고유 선율에 중심을 두어 만든 스마트폰용 국악 애플리케이션인 '국악(Gugak)'도 시선을 끌고 있는데요. 이 '국악' 앱은 이돈응 교수가 한양대 음대 재직 시절 개발했던 국악 가상 악기인 'OX VSTi'를 한층 더 업그레이드한 것입니다. 구글 플레이스토어에서 무료로 다운받을 수 있는 이 '국악' 앱은 가야금, 거문고, 대금, 장구, 태평소 등 모두 21가지 국악 악기 앱들을 따로따로 다운받아 별도로 연주할 수 있습니다. 국악계를 대표하는 연주자들의 연주를 샘플로 받아 데이터화했기 때문에 국악기 특유의 섬세한 농현, 요성, 시김새 등의 표현도 가능합니다. 센터는 앞으로 이 '국악' 앱의 음원들을 더 개선하여 디지털 피아노 및 신시사이저 등에 탑재해 더 다양한 국악기 연주를 가능하게 할 예정이라고 합니다.

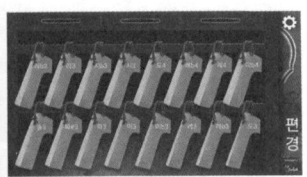

'국악'앱 중 편경

| 구글 플레이스토어의 '국악(Gugak)' 앱들

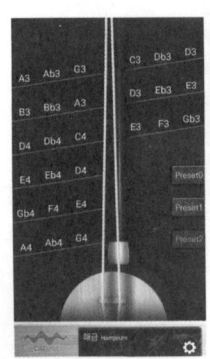

| '국악'앱 중 해금

이러한 국악 음원 샘플 데이터화 작업은 또다른 방향에서도 진행될 수 있다는 생각이 드는데요. 1960년대부터 전통악기 개량 사업을 진행해온 북한과의 교류를 통한 방법이 바로 그것입니다. 북한은 전통악기들을 한 옥타브를 똑같은 12개의 반음으로 나눈 서양의 12평균율에 맞게 개량하였습니다. 그리하여 화음과 조옮김이 쉬워져 피아노와 기타 같은 서양악기들과의 협연도 수월해졌죠. 4줄 해금, 21현 가야금, 35현 옥류금, 어은금 같이 개량하거나 새로 만든 악기들의 새로운 소리들을 들을 수 있다는 장점도 있구요.

무엇보다 전통악기 소리들을 일반적 컴퓨터 가상 악기들의 음률체계인 평균율에 맞추어 개량했기 때문에 음원을 샘플로 데이터화하여 음악 시퀀서 프로그램에서 사용하기에 좋은 것입니다. 물론 우리 국악기 고유의 음색이 옅어지게 됐다는 단점도 있지만, 악기가 발달해온 역사과정을 통해 볼 때 그렇게 커다란 흠은 아닌 것 같습니다. 서양악기들 중에서 지금 가장 대중적인 인기를 끌고 있는 피아노만 하더라도 하프시코드, 스피넷, 6개의 페달을 가진 스퀘어 피아노 등 이전 악기들의 개량을 통해 현재의 모습을 갖추게 된 것이기 때문이죠. 게다가 피아노의 모태가 된 악기들도 보존 차원에서 여전히 남아 소리의 다양성을 이어가고 있는 경우가 많구요. 그렇게 다양성을 위해, 다양성의 교류 차원에서라도 북한에서 개량한 국악기의 새로운 소리들을 음악 시퀀서로 불러 쓰도록 하는 것은 한번 해볼 만한 작업인 것입니다.

또 우리나라에서 계승되고 있는 전통악기들은 고유의 음색과 독특한 소리미학을 가지고 있기 때문에, 그대로 소중하게 데이터화하여 누구나 프로그램상에서 불러 사용하게 하는 것도 우리 전통음악을 세계에 알리는 중요한 방법이 될 수 있다는 생각입니다. 이 과정에서 공연이나 세션 활동 등을 하는 국악기 연주인들에 대한 충분한 보호정책이 함께 진행된다면, 국악을 세계에 널리 알려 수요를 창출시키고 그에 따라 국악인들의 활동 범위도 크게 넓혀갈 단초가 될 수 있으리라는 판단이 드는 것이죠

국악 음원 샘플 데이터화 작업을 통해 국악의 고유한 아름다움을 세계에 알리고 북한과의 음악 교류를 꾸준히 해나간다면, 그러한 노력들이 화해의 마중물이 되어 남북 간의 더 큰 교류로 이어지는 길도 마련할 수 있지 않을까요?

아베 조롱한 일본 밴드의 '러브 코리아'

>>> > >

공연 중 가사를 바꿔 면전에서 아베 총리를 조롱하는 노래를 부른 일본 밴드 사잔 오루 스타즈(서던 올 스타즈의 일본식 발음)는 알고 보니 일본 국내외에 대한 정치적 관심뿐만 아니라 한국에 대한 관심도 많은 밴드더군요. 1995년에 발표한 그들의 36번째 싱글 앨범 '당신만을~ 써머 하트 브레이크(summer heart break)'에 실린 수록곡 '러브 코리아(Love Korea)'를 보면 그 사실을 실감할 수 있습니다.

"우리 집에서 '치게'(찌개를 일본식으로 발음) 안주에 와인 한 잔
김치의 맛은 '오모니'(어머니를 일본식으로 발음)의 상징
근사하잖아, 그렇지 않아?
정겹잖아, 그렇지
왜 그럴까, 고향 같은 느낌
'쵸고리'(저고리를 일본식으로 발음) 소매의 멋진 선
(중략)
자, '오모니'가 말씀하신 아름다운 러브 코리아
(중략)

브루코기(불고기를 일본식으로 발음) 향기 나는 네온사인

(중략)

자, '아보지'(아버지를 일본식으로 발음)도 우셨던 언젠가의 러브 코리아

(중략)

'한구루'(한글을 일본식으로 발음)도 읽는 성모 마리아

(중략)

사랑을 위하여 마이 베이비

안논하세요(안녕하세요를 일본식으로 발음)"

-사잔 오루 스타즈의 노래 '러브 코리아' 중에서

　흥겨운 로큰롤 스타일의 리듬과 멜로디에 찌개, 어머니, 저고리, 아버지, 한글 등의 한국어를 발음해가며 부른 이 노래 '러브 코리아'는 1994년 5월 "태평양 전쟁을 침략 전쟁이라고 하는 정의는 잘못된 것"이라는 나가노 당시 일본 법무장관의 망언과 8월 사쿠라이 당시 환경청 장관의 '태평양 전쟁 미화' 발언, 10월 하시모토 통산장관의 '침략전쟁 부인'에 따른 한국정부의 반발 등으로 한일관계가 상당히 껄끄러웠던 시기에 발표되었던 곡이라 더더욱 눈길이 갑니다.

　게다가 사잔 오루 스타즈의 보컬 겸 작사 작곡가 구와타 게이스케는 한국의 전통민요 '아리랑'을 방송에서 흥에 겨워 부르기까지 합니다. 어떻게 보면 예술가로서 너무나 당연한 얘기이겠지만, 사잔 오루 스타즈는 한마디로 자기 정부의 의견 따윈 아랑곳 않는 자기 자신만의 취향이 담긴 음악을 추구한 것이죠.

　사잔 오루 스타즈의 '정부 눈치 안 보는' 취향은 미군기지 때문에 엄청난 갈등이 빚어지는 오키나와 문제를 정면으로 꼬집는 노래 '평화의 류큐(오키나와의 옛 명칭)'에서도 잘 드러납니다.

"이 나라가 평화롭다고 누가 단정했나

사람들의 눈물이 마르지도 않았는데

미국의 우산 아래

꿈에서도 보았네

국민들을 내팽개친 전쟁 뒤에

푸른 달이 울고 있네

잊어서는 안 될 것들도 있네

사랑을 심어보자 이 섬에

상처가 치유되지 않는 사람들에게

이야기를 전하기 위해

이 나라가 평화롭다고 누가 단정했나

더럽혀진 내가 몸의 죄를 없애기 위해서

사람으로 살아가는 것을 어째서 거부하나?

이웃해 있는 군인이여

(하략)"

-사잔 오루 스타즈의 노래 '평화의 류큐' 중에서

일본 내 미군기지의 70% 이상이 집중해 있어 숱한 사회적 문제를 낳고 있는 오키나와의 옛 명칭 '류큐'를 노래 제목에 그대로 넣어 쓴 이 노래는, 음악의 전체적 분위기와 정체성을 규정짓는 음계 또한 '류큐 5음계'를 사용하여 만들어졌습니다. 독자적인 나라를 이루어 살다가 19세기에 일본에 병합, 태평양 전쟁 때 인간 방패막이로 사용되어 수만 명이 희생당하고 1972년까지 미군 점령하에 있다가 그 뒤로도 교육, 복지, 의료 등 여러 면에서 차별을 받아온 오키나와 주민, 아니 류큐 주민들의 입장이 되어 그들의 시선에서 노래를 만들어보려 한 사잔 오루 스타즈의 세심한 배려가 돋보이는 곡인 것이죠.

도, 미, 파, 솔, 시의 다섯 개 음으로 이뤄진 '류큐 5음계'를 사용하여 만들어진 이 노래 '평화의 류큐'는, 단순하지만 귀에 쏙쏙 들어오는 중심 선율의 탄탄한 거미줄 위로 오키나와의 아픔을 다룬 가사의 내용들이 끊임없이 공중도약하는 슬프고도 아름다운 느낌의 노래입니다. 류큐의 유명한 민속음악 선율이 녹아들어 있기 때문이죠. 사잔 오루 스타즈는 1996년 오키나와 공연 때 류큐 전통의상을 입고 전통악기 '산신'(三線)을 연주하는 오키나와 음악인들과 함께 이 노래를 연주하기도 했습니다.

사잔 오루 스타즈는 1970년대 미국 라틴음악계의 거목 '올스타 살사 그룹(All star Salsa group)'에서 '올스타'를, 캐나다 출신 싱어송라이터 닐 영의 노래 '서던 맨 (Southern man)'에서 '서던'을 따와 팀 이름을 지은 것인데요. 이름을 다국적으로 합쳐 만든 팀답게 추구하는 음악장르도 상당히 다양합니다. 위 노래 '평화의 류큐' 같은 향토, 민족음악은 물론 록, 발라드, 테크노까지 다루고 있는데요. 한국인들에게도 어디선가 많이 들어본 듯한 느낌을 주는 '사랑의 언령'이라는 노래에는 인도네시아어 랩까지 넣어 부르고 있죠.

1978년 '마음대로 신밧드'라는 싱글 앨범으로 데뷔한 사잔 오루 스타즈. 신밧드처럼 정말 자기 마음대로 발이 닿는 대로 모험하며 만든 그들의 노래를 듣고 있노라면, 세계의 여러 음악에 대해 열린 눈으로 다가가려고 하는 그들의 태도가 세계 문화에 대한 관심으로 이어지고, 또 그 문화를 둘러싼 정치적 문제에 대한 관심으로까지 연결되는 것은 아닌가 하는 생각이 드는데요.

"아무 생각 없이 본 뉴스에서
이웃나라 사람이 화를 냈다
지금까지 아무리 대화를 해도
서로서로의 주장은 바뀌지 않는다
(중략)
교과서는 현대사로
넘어가기 전에 수업 끝

그걸 제일 알고 싶은데
왜 그렇게 돼버리나
(중략)
이 훌륭한 지구에 태어나
슬픈 과거도 어리석은 행위도
인간은 왜 잊어버리나
사랑하는 것을 주저하지 말아요"

-사잔 오루 스타즈의 '평화와 하이라이트' 중에서

몇 년 전 NHK 송년 프로그램 '홍백 노래 대결'에서 부른 일본의 부실한 현대사 교육을 비판한 노래 '평화와 하이라이트'의 뮤직비디오를 보면, 사잔 오루 스타즈의 세상에 대한 문화적·정치적 관심과 그것이 예술적으로 어떻게 표현되는지가 금방 드러납니다. '평화와 하이라이트'의 뮤직비디오에서 사잔 오루 스타즈는 아베 총리, 박근혜 대통령, 시진핑 주석, 오바마 대통령의 이미지를 사용하여 자신의 주장을 노래에 담아내죠.

1970년대 "여자를 잘 꼬시자"는 내용의 '쇼난 봄'을 불러일으키며 화려하게 등장, 성적(性的), 사회적, 정치적 굴레에 구애받지 않는 30여 년간의 꾸준한 음악적 변신을 통해 4천만 장 이상의 앨범 판매량을 기록하며 '일본의 국민가수'로 불리고 있는 사잔 오루 스타즈. 아래 '평화의 종이 울린다' 가사를 음미하며 노래를 듣고 있노라면, 그들의 자유로운 예술정신이 사랑과 평화의 궤도 위를 공전하며 더욱더 빛을 발하고 있지 않는가 하는 생각을 하게 됩니다.

"지금 나를 지탱하고 있는 것은
가슴을 데우는 어머니의 말씀
젊음을 헛되이 보내지 마라
자장가를 부르면서
잘못을 되풀이하지 말자
굳게 맹세한 그 여름날
아직 아물지 않는 상처를 품고
먼 길을 같이 걸어가보자
슬프게 푸른 하늘
잊기 힘든 얼굴과 얼굴
평화의 종이 울린다
그 소리는 누구를 위한 것인가
그건 바로 그대"

-사잔 오루 스타즈의 '평화의 종이 울린다' 중에서

우연과 필연의 음악

>>> > >

"연기(緣起)를 보는 사람은 법(法。다르마。dharma。규범, 속성)을 보며, 법을 보는 사람은 연기를 보느니라."

부처님의 인연담과 여러 불제자들의 수행담을 담은 '중아함경'(中阿含經)에서 석가모니는 위와 같이 말합니다. 여기서 연기란 모든 사물과 현상이 직접 원인인 인(因)과 간접 원인인 연(緣)에 따라 생기며, 항상 서로 관계되어 이뤄지기 때문에 불변적이고 고정적인 실체란 없다는 가르침이죠.

석가탄신일을 맞이하는 절 입구 근처에는 여러 가지 색깔의 연등들이 길게 줄이어 걸려 있곤 하는데요. 불자든 불자가 아니든 인연(因緣)처럼 걸려 있는 그 연등 줄을 따라가다 보면 어느덧 절문 앞에 서 있는 사천왕, 그 중에서도 비파를 든 다문천왕(多聞天王)의 모습이 먼저 눈에 들어오는 분들이 계실 겁니다. 아마도 저처럼 음악에 관심이 많은 분들이 아닐까 싶습니다.

부처님의 설법을 빠짐없이 다 듣는다고 하는 이 다문천왕의 손에 비파가 들려있는 이유는 불교가 전래되어 온 고대 서역에서 당시 가장 인기 있던 악기였기 때문이라고 하는데요. 당시에 만약 시타르 같은 악기가 가장 인기가 있었다면, 지금 우리나라 절들 앞에 서 있는 다문천왕의 손에는 비파 대신 시타르가 들려있을지도 모르는 것이지요. 한마디로 역사의 '우연'에 의해 지금 다문천왕은 절 앞에서 비파를 연주하고 있는 셈입니다.

　이러한 '우연'은 음악에서 몇천 년 전이나 지금이나 아주 중요하게 작용하고 있습니다. 어느 순간 영감을 받아 불쑥 튀어나오는 멜로디 자체가 우연의 산물인 것이죠. 아예 '우연'의 음악을 추구한 음악가들도 있는데요, 존 케이지나 슈톡하우젠의 경우가 그렇습니다.

　다이세쓰 스즈키의 선불교와 중국의 주역(周易)의 영향을 받은 미국의 존 케이지(John Cage)는 1954년 피아노곡 '4분 33초'에서 우연성 음악을 선보였는데요. 이 작품에서 피아니스트는 4분 33초 동안 피아노 앞에 가만히 앉아 있다가 나가버리죠. 이렇게 아무것도 하지 않은 4분 33초 동안 들려온 모든 소리, 즉 숨소리, 심장박동 소리, 관객들의 부스럭거리는 소리, 웅성대는 소리들 모두가 바로 음악이라는 것입니다. 또 '상상적인 풍경화 4번'에서는 12개의 라디오를 각각 다른 주파수에 맞춰놓고 두 사람이 볼륨 등을 조정하여 강연하는 사람의 말소리, 음악, 드라마 소리 등이 우연하게 흘러나와 그 조합으로 음악을 이루게 됩니다.

　한국의 세계적 비디오 아티스트 백남준도 이러한 존 케이지의 우연성 음악의 영향을 받아 바이올린을 내리쳐 박살내거나 피아노 몸체를 마구 두드리는 등의 해프닝 공연을 보여주기도 했죠. 프랑스의 피에르 불레즈, 이태리의 루이지 노노와 함께 유럽 현대 음악의 3총사로 불리는 독일의 전자음악 작곡가 칼하인츠 슈톡하우젠(Karlheinz Stockhausen)도 우연성 음악을 실험했는데요. 그는 일상의 소리들을 녹음하고 그것을 전기적으로 왜곡시킨 뒤 다시 조합하는 방식으로 음악을 만들었습니다. 그러한 그의 음악철학은 "다른 소리와 연결이 된다면 어떤 소리도 음악이 될 수 있다. 적절한 장소와 시간에 배치된다면 모든 소리는 값지고 아름다워질 수 있다."고 한 말에 잘 나타나 있습니다.

　그는 1960년 '컨탁트'(Kontakte。 Contact)라는 작품에서 실제 악기 소리와 미리 녹음된 소리들을 사용해 작곡을 했습니다. 이 작품에서 그는 멜로트론이라는 지금의 샘플링 키보드의 원형이라고 할 수 있는 악기를 고안해 사용했는데요. 이 멜로트론이라는 악기는 여러 건반들이 녹음 테이프 재생 장치와 연결되어 있어, 각각의 건반을 누르면 그에 해당되는 녹음된 소리가 흘러나오도록 만들어진 악기입니다.

　비틀즈는 1967년 '스트로베리 필즈 포에버(Strawberry fields forever)'라는 노래에서 이 멜로트론을 사용했죠.

비틀즈 선집에 보면 폴 매카트니나 존 레논 등은 존 케이지와 슈톡하우젠의 '우연성 음악'에 영향을 받았다고 말하고 있는데요. '서전 페퍼스 론리 하츠 클럽 밴드(Sgt Pepper's Lonely Hearts Club Band)' 앨범 표지를 보면 비틀즈가 슈톡하우젠의 영향을 받았다는 사실을 충분히 알 수 있습니다. 비틀즈는 이 앨범 표지에서 앨버트 아인슈타인, 카를 마르크스, 밥 딜런, 마릴린 먼로, 칼 융, 올더스 헉슬리 등 자신들이 영향받은 인물들의 얼굴을 담았는데요. 바로 이 앨범 표지 맨 윗줄 왼쪽 5번째에서 슈톡하우젠의 얼굴을 발견할 수 있습니다.

슈톡하우젠의 전자음악 작품 '소년의 노래(Gesang der Junglinge)'와 비틀즈의 '투모로우 네버 노우스(Tomorrow never knows)'를 비교해 들어보면 비틀즈가 슈톡하우젠에게서 어떤 영향을 받았는지 금방 알 수 있을 것입니다. 이 작품에서 비틀즈는 슈톡하우젠이 사용한 테이프 루핑 녹음 기법(녹음된 소리가 계속 반복되게 하는 기법)을 자신들의 작업에 응용하여 썼죠.

비틀즈 쪽에서 '서전 페퍼스 론리 하츠 클럽 밴드' 앨범에 스톡하우젠의 얼굴 사진을 쓰는 것을 허락받기 위해 보낸 편지에 슈톡하우젠의 이름을 잘못 써서 그들의 매니저였던 브라이언 엡스타인이 부랴부랴 전보로 다시 보냈다는 일화도 있습니다. 존 레논과 그의 아내 오노 요코는 1969년 슈톡하우젠에게 크리스마스 카드를 보내기까지 했구요.

비틀즈는 '레볼루션 9(Revolution 9)' 노래에서 오케스트라 공연에서 추출한 샘플 음들을 재배열한 뒤 백워드 매스킹(backward masking. 서태지의 노래 '교실 이데아'를 거꾸로 돌려 들으면 '피가 고파라'라는 소리가 난다고 누리꾼들이 주장하여 논란을 불러 일으킨 바로 그 백워드 매스킹)을 하여 소리를 담고 프로듀서 조지 마틴의 목소리, 오노 요코의 높은 허밍, 존 레논의 속삭이는 소리들을 녹음하여 집어넣기도 했죠.

슈톡하우젠의 영향은 다른 뮤지션들에게 영향을 주기도 했는데요. 프랭크 자파와 데이비드 보위, 마일즈 데이비스, 뷔욕도 슈톡하우젠에게서 영향받았다고 스스로 말했습니다. 샘플링을 사용하는 힙합이나 테크노, 일렉트로닉 음악도 '통제된 우연'을 음악에 사용했던 슈톡하우젠의 유산에 빚을 지고 있구요. 존 케이지나 슈톡하우젠처럼 음악에 '우연'을 사용한다는 것은 지금도 조금 낯선 느낌이 드는데요. 하지만 생물학적으로나 물리학적으로나 '우연'이라는 것은 우리 인간에게 있어 도리어 '필연'이라는 생각도 듭니다.

1965년 프랑수아 자코브, 앙드레 미셸 르보프와 함께 노벨생리의학상을 받은 자크 뤼시앵 모노는 '우연과 필연'이라는 책에서 생명현상의 기본인 단백질 구조의 철저한 우연' 현상을 언급하고 있는데요. 인슐린을 비롯한 수백 종의 단백질 아미노산 배열 순서를 살펴보면 살펴볼수록 거기에서는 어떠한 법칙이나 상관관계도 발견할 수 없다는 것이죠. 현대적 분석, 계산 수단을 동원해 얻어진 단백질 아미노산의 배열 순서 법칙은 오로지 하나 '우연의 법칙'일 뿐이었다는 것입니다. 생명의 기본인 단백질 구조에서 '우연' 이외의 신의 계시나 목적은 눈을 씻고 찾아도 찾아볼 수 없었다는 충격감을 자크 모노는 자신의 책에서 기술하고 있습니다.

물리학에서는 하이젠베르크의 불확정성 원리가 비슷한 충격을 가져다줬습니다. 사람을 비롯한 모든 물질의 기본 원소인 전자를 관찰하기 위해 빛을 비추면 전자는 빛에 의해 튕겨나가기 때문에 그 위치와 운동량을 동시에 측정할 수 없고 단지 '확률'적으로만 알 수 있다고 한 불확정성의 원리 또한 '우연'이 인간의 물질적 밑바탕임을 드러내주고 있기 때문입니다. '확률'이라는 것은 '우연성의 크기'를 나타내는 다른 말이기 때문인 것이죠.

인간의 생명과 물질적 존재 기반마저 이렇게 우연성 가득한 것일진대, 그러한 인간이 만든 음악에 우연성의 요소가 들어가는 것은 어찌 보면 너무나 당연한 현상이 되는 것입니다. 하지만 이러한 '우연'도 인간에 있어서나 음악에 있어서나 모두 '필연'과 같이 관계 맺음을 통해 함께하는 것이라고 불교의 연기론은 이야기합니다.

연기란 모든 사물과 현상이 직접 원인인 인(因)과 간접 원인인 연(緣)에 따라, 그 관계에 의해 생기는 것이기 때문에, '우연의 법칙'이 지배하는 단백질 아미노산의 배열 순서나, 우연성의 크기인 '확률'이 지배하는 전자의 위치와 운동량 또한 연기론에 의해 관계 맺음 될 수 있는 것이죠.

단백질 아미노산 배열 순서의 '우연'을 본 자크 모노는 그것이 '우연'인지 아닌지를 해명하려 한 인(因)과 연(緣)을 통해 또다른 '우연'을 보게 된 것입니다.

또한 빛을 비추어 전자를 보려 했을 때, 전자가 빛에 의해 튕겨져 나가기 때문에 그 위치와 운동량을 동시에 측정할 수 없고 확률적으로만 알 수 있다고 생각한 하이젠베르크 또한 그 사실을 보려 한 인(因)과 연(緣)을 통해 '확률'을 볼 수 있었던 것입니다. 단백질 아미노산의 배열 순서는 자크 모노와의 관계, 전자의 위치와 운동량은 하이젠베르크와의 관계라는 '필연'적인 연기(緣起)를 통해서 그 '우연성'이 드러나 보이게 되었습니다.

음악에서 멜로디도 이와 마찬가지로 작곡가와의 인연(因緣)을 통해 우연처럼 필연적으로 흘러나오는 것이죠. 라디오를 통해 우연하게 음악을 듣고 있는 것 같은 이 순간도, 저나 여러분의 존재도, 마찬가지로 그러한 것일지 모릅니다.

사람과 동물의 '음악적 말하기'

》》 〉 〉

러시아 작곡가 림스키 코르사코프(Rimsky-Korsakov)의 '왕벌의 비행(Flight of the Bumblebee)' 등 빠른 손놀림을 요구하는 음악의 현란한 연주로 유명한 전자 바이올리니스트 유진박은 처음 한국에 와서 한국어를 배울 때 문장들을 음악 구절처럼 인식해서 배웠다고 합니다. "안녕하세요", "좋은 아침"이라고 말할 때처럼 문장들에는 그 특유의 음높이가 있기 때문에 유진박은 그 음높이를 음악 악보처럼 외워서 한국말을 배운 셈이죠.

2002년 한국-일본 월드컵 이후로 늘 한국 축구 대표팀을 뜨겁게 응원하는 붉은 악마들의 힘찬 응원 함성 '대~한민국'에도 일치되는 음높이와 리듬이 들어 있습니다. 시에도 두운, 요운, 각운 등의 운율이 있어서 영시나 한국의 시조를 읊다보면 저절로 노래를 하는 듯한 느낌이 듭니다. 랩 음악은 가사의 운율, 즉 언어의 라임을 십분 활용하는 전형적인 형태의 음악장르이구요.

이렇게 음악과 언어는 떼려야 뗄 수 없는 관계인데요. 이 언어와 음악과의 관계 중에서도 몽롱하고도 비밀스러운 관계가 여러 동물들의 발성에서 발견됩니다. 발성은 노래하기와 말하기에 있어 가장 중요한 능력인데요. 앵무새나 구관조 등의 조류뿐만 아니라 흰돌고래, 물범, 코끼리 등의 포유류도 사람의 말을 그대로 따라서 발성하는 경우가 있습니다.

후버라는 이름의 물범의 사례가 바로 그것입니다. 고아였던 후버는 1971년 미국 메인주 컨디항에서 어부의 손에 의해 길러지다가 몸집이 너무 커져 키우기 힘들게 되자 보스턴의 뉴잉글랜드 아쿠아리움에 기증됐는데, 그곳에서 성숙하게 되자 말하는 듯한 소리를 내기 시작했다고 합니다. 후버는 1985년 아쉽게도 세상을 떠나긴 했지만, 웹페이지에서는 물범 후버가 "하우 아 유(how are you)?", "컴 오버 히어(come over here)"라고 걸걸한 40~50대 뱃사람 아저씨 목소리로 발성하는 소리를 들을 수 있습니다. 후버의 뒤를 이어 그의 손자 '챠코다'가 말하기를 배우고 있다고도 하네요. 다른 연구에서는 흰돌고래인 '로고시'가 자기 이름을 발성하기도 했다고 기록되어 있습니다.

코식이라는 이름을 가진 우리나라 한 테마파크의 코끼리도 사람의 말을 흉내 냅니다. 20살이 넘은 몸무게 5톤가량의 아시아 코끼리인 코식이는 "좋아" "누워" "앉아" "안돼" "아직" "발" "예"라는 7개 단어를 발성하는데요. 이 발성은 다른 아시아 코끼리들이 내는 194개의 소리와 매우 다른 주파수를 사용하는데, 이 주파수는 코식이를 돌보는 사육사의 목소리 주파수와 거의 같다고 합니다.

코식이의 놀라운 사례는 독일의 생물물리학자 대니얼 미첸 박사와 오스트리아 안젤라 슈토거 박사 등에 의해 2년여 동안 연구되어 2012년 세계적 학술지 '커런트 바이올로지'에 그 결과가 발표되기도 했는데요. 한국 테마파크의 동물원장과 담당 수의사가 공동저자로 이름을 올리기도 했습니다.

동물의 흉내 발성 중에서도 코끼리의 발성은 조금 더 특이한 사례를 가지고 있습니다. 미국 우즈홀 해양학연구소 피터 타이액 연구팀은 번잡한 고속도로에서 3km 떨어진 곳에서 살고 있는 10살짜리 아프리카 코끼리들인 믈라이카와 챠보, 케냐를 관찰했는데, 믈라이카가 고속도로를 지나다니는 트럭 소리를 흉내 내는 걸 보고 놀라움을 금치 못했다고 합니다. 그 소리는 보통의 다른 아프리카 코끼리들이 내는 소리와는 전혀 다른 소리였기 때문이죠.

코끼리 코식이의 경우 사육사가 "앉아", "누워" 등의 행동 지시어를 발성할 때 그 문장 특유의 액센트와 음높이, 주파수 등을 반복해서 듣고 기억함으로써 흉내 내어 발성하기가 가능했다고 볼 수 있을 것입니다. 또 물범 후버의 경우도 고아로 사람 손에서 길러지면서 자기를 키워준 사람의 억양과 음성적 특성들을 외워 "하우 아 유"나 "컴 오버 히어" 같은 말들을 따라서 발성했다고 추정할 수 있을 것입니다.

단정적인 추측이긴 하지만 코식이나 후버의 경우 자기들이 흉내 내는 발성들이 가진 의미의 단위나 구조를 정확히 알고서 그 말들을 따라했다고 보기는 어려울 것 같습니다. 그보다는 사람의 말들이 가진 특유의 음정과 억양 등의, 음악과 어떤 지점에서든 교집합을 이루는 주파수를 파악하여 말소리를 흉내 내고 있다고 해야 조금 더 설득력 있는 과학적 사실 해석이 될 수 있을 것 같습니다. 고속도로 차 소리를 흉내 내는 코끼리 믈라이카의 경우가 바로 그러한 가설적 추측의 방증이 될 수 있겠죠.

개인적으로는 코끼리 믈라이카에게 짧은 악기 소리를 반복해서 들려주고 그 음악 소리를 흉내 내어 발성할 수 있는지 과학적 실험을 해보고 싶은 마음이 들기도 합니다. 여러분들은 동물들의 음악적 말하기 능력이 어디까지 궁금하신가요?

서태지의 신비주의와
종교적 신비주의

>>> > >

1990년대 혁명적 음악을 선보이며 '문화 대통령'으로까지 불렸던 서태지는, 음악 작업에 있어 철저한 신비주의를 유지하는 것으로도 유명했습니다. 결혼 및 득녀 소식 등을 통해 사생활의 많은 부분이 공개되었음에도 불구하고 그의 이미지는 아직도 많은 부분이 신비주의의 안개 속에 싸여 있는 듯 보이는데요. 그 이유는 의도했든 의도치 않았든 그의 신비주의가 단순히 음반 판매를 위한 마케팅 이상의, 그가 뮤지션으로서 음악에 대해 가진 개인적 자세와 깊은 관계가 있기 때문이죠.

신비주의는 원래 종교적 의미로 쓰이는 용어인데요. 신비주의를 뜻하는 영어 '미스티시즘(Mysticism)'의 어원 자체가 눈 또는 입을 다무는 것이라는 의미의 그리스어 'myein'에서 비롯된 것입니다. 눈을 감고 입을 다물고 명상 등의 종교적 방법을 통해 자기 내면에서 인간을 초월한 절대자와 직접적으로 합일하는 체험을 추구하는 것이 바로 신비주의인 것이죠.

서태지에게 있어서는 절대적인 최고 실재가 바로 음악이고, 그 음악을 자기 내면 깊은 곳에서 만나 자기 자신과 온전히 하나로 만들기 위해선 세상으로부터의 은둔과 자기 속으로의 집중이 꼭 필요할 것이라 생각됩니다. 실제로 서태지는 한번 앨범 작업에

임하면 몇 달 동안 집에서 두문불출하며 연락도 없이 지낸다고 하죠. 마치 수도원으로 수행하러 들어간 카톨릭 수사나, 화두를 들고 동안거에 들어가는 선승처럼 말입니다.

음향심리학과 신화학, 그리고 교육학적 관점에서 음악에 대한 연구를 진행한 호주 뉴잉글랜드대학 교육학과 교수 로버트 워커는 '음악적 믿음'이란 글에서 "음악적 의미란 특정한 소리에 대해 학습된 믿음 체계의 산물"이라고 말합니다. 소리 하나하나에 대한 반응이 아니라 음악체계에 대한 연구가 중요하며 그렇게 연구한 결과 음악에 대한 문화적 믿음은 대부분 정신적인 영역과 관련되어 있더라는 것이죠.

'교실 이데아'에서 인간성을 훼손하는 교육에 대해 비판하고 '시대유감'을 통해 창작자의 자기검열을 강요한 사전심의 제도의 폐지를 이끌고 '발해를 꿈꾸며'로 민족의식을 고취하는 등 록 문화에 바탕한 음악적 믿음 체계의 사제로서 서태지가 신명을 다해 음악 작업을 진행했던 것을 보면, 그의 음악 배경을 이루는 정신적 영역이 종교적 신비주의의 영역과 크게 다르지 않구나 하는 생각마저 듭니다.

신비주의처럼 자기 내면으로 몰입하는 모습은 종교와 음악뿐 아니라 과학에서도 마찬가지로 발견되는데요. 과학자들 또한 실험실에서 여러 가지 이론을 발견하거나 검증하기 위한 실험에 몰두하다 보면 시간이 어떻게 지나가는지도 모르겠다는 말을 하곤 하죠. 오류가 없는 실험 방법을 설계하기 위해선 이 실험 방법이 과연 정확하고 정밀한 것인지 자기 내면에서 계속 떠오르는 의문에 극도로 집중하여 답변해야 하기 때문입니다.

빛이 파동의 성질을 가진다는 강력한 증거를 보여주어, 나중에 하이젠베르크와 닐스 보어, 클라우 옌손 등의 물리학자들이 빛뿐 아니라 모든 물질의 근본 중 하나인 전자 또한 파동의 성질과 입자의 성질을 가진다는 양자역학 원리를 세상에 내놓는 데 혁혁한 공을 세운 영국 물리학자·의사·고전어학자 토마스 영의 이중 슬릿(slit. 빛이나 전자를 제한적으로 통과시키기 위하여 두 장의 칼날을 나란히 마주보게 하여 만든 좁은 틈) 실험 방법 또한 이러한 시간을 잊은 자기 집중에서 비롯된 것이죠.

과학자의 몰입에서는 말 그대로 신비주의만큼이나 신비한 과학적 결과물들이 발생하기도 하는데요. 위의 양자역학에 따르면 모든 물질의 근본 요소인 전자와 빛은 관측되기 전까진 파동으로 존재하다가 사람에 의해 관측되는 순간 입자로 발견된다고 하죠. 한마디로 모든 물질은 입자이자 파동이란 것입니다.

좀 더 자세하게 살펴보면 전자와 빛은 관측되기 전엔 이중 슬릿, 즉 두 개의 슬릿 중에서 어느 한쪽의 슬릿에 있는지 모르는 확률적 존재인 파동 상태로 있다가(이 상태는 슈뢰딩거 방정식의 파동함수로 나타낼 수 있다고 합니다) 나중에 스크린에 도달하여 관측될 땐 입자로 관측된다는 것입니다.

전자와 빛이 파동으로 있다가 입자로 관측되는 현상은 음악에 있어 작곡과 작사 과정과도 상당히 유사하다는 비유적 깨달음을 주는데요. 작곡도 어떤 감정이 멜로디로 표현하고 싶다는 욕구의 슬릿을 통과하기 전까지는 여러 가지 주파수대의 확률적 소리로만 존재하다가 목소리나 피아노 건반이나 신시사이저 등으로 음 하나하나를 확인하며 관측할 때 비로소 확정된 음들로 이뤄진 멜로디로 존재하게 되니까요.

작사 또한 마찬가지입니다. 어떤 정서를 멜로디에 맞춰 언어로 표현하고 싶다는 욕망의 슬릿을 통과하기 전까지는 여러 가지 확률적 상태로 존재하던 비언어와 언어 사이의 구름들이, 어느 순간 빗방울처럼 떨어져 내려 작사가의 눈에 관측되고 뇌에 인지되는 순간 드디어 하나의 확정된 단어와 문장이라는 구체적인 언어 입자로 드러나게 되는 것이죠. 이런 비유적 깨달음을 통해 때론 음악과 종교와 과학 사이에 열린 커다란 문 같은 틈을 보게 됩니다.

저 드높이 빼어난 이여
개울 소리는 법문이 되고 산은 법신이 되어
비로자나불의 게송을 누설하니
돌사람이 이 소식을 세상에 전해주네   -서산 청허 스님의 선시 '선시, 우리를 자유롭게 한다'

개울물 흐르는 소리와 산의 모습 등 일상생활의 풍경 속에 우주 모든 곳에 두루 편재하는 불법(비로자나불-기독교에서 말하는 성령과 비슷한 개념)이 있다는 깨달음을 읊은 선승들의 선시를 볼 때면, 예전이나 지금이나 여기서나 저기서나 어떤 대상을 향해 자기 자신을 잊어버릴 정도의 신비주의적인 몰입 상태에서, 진정하고 절대적인 그 무엇을 만나 합일하게 되는 것은 아닌가 하는 생각을 해봅니다.

한대수의 '물 좀 주소'와 음악과학 실험

>>> 〉 〉

"작곡가는 실험을 계속해야 해."

소셜펀딩을 통해 데뷔 40돌 기념 음반 '리버스'를 세상에 내놓은 '한국 포크록의 전설' 한대수는 대놓고 말했습니다. 전인권, 강산에, 윤도현, 이상은, 호란 등이 다시 부른 그의 노래들 속에서 다시 태어나는(리버스。Rebirth) 예술을 느끼고, 칠순을 바라보는 나이에도 거침없이 음악 실험을 외치는 그의 말 속에서 거꾸로(리버스。Reverse) 나이 먹는 젊은 정신을 발견하게 되는데요.

물리학자 한창석의 아들인 한대수, 그가 미국에서 생활하던 시절 전위예술가 무세중을 만나 영향을 받고 만들었다는 4집 앨범 '기억상실'과 5집 앨범 '천사들의 담화' 수록곡들을 듣다보면, 음악에서 실험이란 과연 무엇을 의미하는 것인지 다시 한 번 묻게됩니다. 실험실에서 물질적 대상들에 대한 여러 가지 엄격한 통제를 통해 이뤄지는 자연과학 실험이나, 칼 마르크스에서 비롯된 공산주의처럼 사회를 대상으로 진행되는 사회과학 실험과는 또다른 특성들이 음악 실험에는 존재하는데요.

음악 실험은 작곡가가 화성, 선율, 리듬 등의 음악 요소를 조합해보면서 그 결과에 대해 스스로 몰입되어 평가를 내린다는 점에서, 실험 주체와 실험 대상이 엄격히 분리된 자연과학 실험과는 큰 차이가 있습니다. 자연과학 실험에서 실험 주체인 연구자는 모르모트와 같은 실험 대상들과 엄격히 분리되어 객관적인 실험 데이터들을 얻어내야 하는 것이죠. 실험 대상이 된 '실험군' 모르모트들과 실험이 행해지지 않은 '대조군' 모르모트들의 차이를 객관적으로 데이터화해야만 하구요.

음악 실험은 인류 역사상 최대의 정치, 경제, 사회과학 실험이었던 공산주의가 자본주의와 충돌하는 것과 같은 '실험군'과 '대조군' 사이의 상호작용이 없습니다. 칼 마르크스의 이론은 그 내용의 완전성 여부를 떠나 '실험군'인 공산주의 국가들과, 실험이 이뤄지지 않은 '대조군'인 자본주의 국가들이 상호작용을 하게 되면서 '실험군'과 '대조군'의 데이터가 혼재되어 결국 과학적 가설을 넘어서는 엄격한 의미의 법칙을 도출하지 못하게 됐었죠.

자본주의 국가들이 공산주의에 대한 대책으로 사회복지 정책을 도입하는 등의 변신을 한 것처럼, 공산주의 국가들 역시 중국의 경우에서 보듯 시장체제와 같은 자본주의 요소들을 부분적으로 도입하는 변화를 겪는 등, 자본주의 데이터와 공산주의 데이터가 섞이게 되어 엄격한 의미의 사회과학 법칙의 도출이 어려워지게 된 것입니다.

이런 경우들을 따져볼 때, 사회과학은 자연과학처럼 엄격하게 통제되는 실험 공간이 불가능하여 실험 대상과 비실험 대상들이 혼재하는 등 과학법칙을 도출하기 힘든 경우가 많습니다. 한마디로 사회과학은 자연과학적 실험 방법으로는 도저히 통제할 수 없는 수많은 변수들을 가진 인간들의 사회를 대상으로 하기 때문에 법칙을 도출해내기가 여간 어려운 게 아닌 것이죠.

반면 음악 실험은 편곡자가 실험을 한 결과물인, 원곡과 다른 장르의 음악 즉 '실험군'과, 실험을 하기 전 작곡가가 준 원곡 즉 '대조군'이 서로 영향을 끼치거나 혼재되어도 음악가가 자신만의 음악 법칙을 만드는 데는 아무런 지장이 없습니다. 그 가장 큰 원인은 바로 음악 실험이라는 것이 본질적으로 개인 차원에서 이루어지고, 그 결과물인 음악 창작의 법칙 또한 엄격한 자연과학·사회과학 언어로는 전부 다 서술할 수 없는 개인의 정신세계와 밀접한 관련을 가지는 것이기 때문입니다.

영국의 전설적 밴드 비틀즈의 폴 매카트니가 꿈에서 들은 멜로디를 기억하여 '예스터데이(Yesterday)'라는 희대의 명곡을 만든 것처럼, 많은 작곡가들이 "영감을 얻어야", "필(feel)을 받아야" 좋은 작품이 나온다고 말하는 것은 바로 이러한 과학 논리를 넘어선 음악 창작의 법칙 때문인 것이죠.

"작곡은 모든 음악적 과정 중에서 가장 이해되지 않은 분야"라고 말한 영국의 인지심리학자 존 슬로보다의 말에서도 그러한 음악 창작 법칙을 발견하는 일의 어려움을 쉽게 느낄 수가 있습니다. 슬로보다는 작곡자의 창작곡 초고와 그에 대한 비망록 조사, 작곡자가 스스로 작곡 과정에 대해 말한 내용 조사, 작곡자가 작곡할 때의 현장 관찰, 즉흥연주의 관찰, 이 네 가지 방법을 통해 음악 창작의 법칙을 밝혀내려고 했는데요.

위와 같은 네 가지 방법을 가지고 여러 가지 사례를 연구한 결과 슬로보다는 '음악적 마인드: 음악 인지심리학'이라는 논문에서 음악적 아이디어와 주제가 떠오르는 영감(inspiration)의 단계, 음악적 아이디어가 좀 더 의식적이고 계획적인 과정들로 확장되고 변형되는 실행(execution)의 단계가 음악 창작의 법칙으로 가는 길에 계단처럼 펼쳐져 있다고 주장했습니다. 하지만 작곡 '실행'의 전 단계인 '영감'을 불러일으키는 무의식의 과정을 도저히 설명해낼 수가 없었죠.

영국 음악학자 사이먼 에머슨 또한 '작곡 기법과 교육학: 현대음악 리뷰'라는 논문에서 '소리의 창조적 배합, 소리가 잘 어울리는지 검사, 그 소리의 배합들을 쓸지 말지 결정'이라는 3단계 작곡 모형을 제시하였지만, 음악 창작 법칙의 본질적 내용과 그 법칙화 과정을 일부분밖에 서술하지 못했습니다.

미국의 음악학자 D.풀머는 '작곡의 발생학적 과정'이라는 논문에서 "작곡가들은 노래를 만들 때 계획된 형식보다는 비음악적 추상적 아이디어를 먼저 떠올려 음악작품의 구조적 기초로 삼는다"라고 주장했는데요. 이 또한 비음악적 아이디어가 어떻게 생성되어 어떠한 방식으로 음악적 구조를 만들게 하는가에 대한 근본적인 질문에는 답변을 주지 못했습니다.

에임즈와 도미노, 그리고 레이켄의 '인공지능을 이용한 작곡 연구'는 또다른 방향에서 음악 창작의 법칙을 밝혀내려는 연구였는데요. 음악을 작곡하는 인공지능을 연구한다는 얘기는 곧 음악을 창작하는 인간의 뇌 활동과정을 추정하여 그것을 컴퓨터로 재현해 작곡하는 과정을 연구한다는 얘기이기 때문에, 그들의 연구는 음악 창작 법칙을 밝히는 데 매우 중대한 의미를 지닌 것이었습니다. 하지만 작곡가가 만든 노래와 인공지능이 작곡한 노래는 그 작곡 방식의 근원적 차이와 결과물의 질적 격차 때문에 제대로 된 음악 창작 법칙을 도출해내는 데는 무리가 있었죠.

근래엔 기능성 자기공명영상(fMRI)을 활용한 음악 창작 법칙 연구가 활발히 이뤄지고 있는데요. 응용기술과학이 특화된 미국 매사추세츠 주 워체스터 폴리테크닉인스티튜트(WPI) 시난 아사드의 논문 '실시간 자기공명영상(MRI) 바이오피드백 시스템을 사용한 음악 작곡'에 따르면, 실시간 창작연주 즉, 재즈 즉흥연주를 하는 연주자의 뇌 중에서 내측 전전두엽 부위가 활성화된다는 사실이 밝혀졌습니다.

즉흥적으로 음악을 창작하는 연주자의 뇌의 어떤 부위가 활발히 움직이는가 보여준 이 연구가 음악 창작 법칙의 발견을 향해 한발짝 더 나아간 결과를 보여주는 것은 분명합니다. 하지만 '6하 원칙'으로 따져보았을 때 이 연구 결과도 '누가, 언제, 어디서, 무엇을'까지는 밝혀냈지만, 음악 창작의 가장 본질적인 부분인 '왜, 어떻게'는 알아내지 못한 셈인데요.

왜, 어떻게 갑자기 빅뱅이 일어나 물질들이 사방으로 퍼져 우주가 생겨나게 됐는지 알 수 없는 것처럼, 왜, 어떻게 갑자기 무의식 속에서 영감의 불꽃이 터져 멜로디가 쏟아져 나오게 되는 건지 아직까지는 도저히 알 수가 없습니다. '누가, 언제, 어디서, 무엇을'과 '왜, 어떻게' 사이의 간극은 너무나 깊고도 넓어서 마치 건널 수 없는 크레바스를 보고 있는 듯한 느낌이 듭니다.

음악을 만드는 창작 법칙에 대한 연구가 '왜, 어떻게'의 심연에 가로막혀 있는 것에 반해, 왜, 어떻게 민주주의를 만들까 하는 문제에 대한 연구 결과는 그래도 상당히 과학법칙에 가까워져 있다는 생각이 듭니다. 고대 그리스에서부터 시작된 민주주의가 2500여 년의 연속적·불연속적 역사 검증과정을 거치며 그 타당성을 증명해주고 있으니까요.

하지만 민주주의는 양극화 해소 등 경제·사회·문화 부분의 '실질적 민주주의'라는 또 다른 법칙화의 과정이 여전히 남아 있습니다. 1960~70년대 한대수가 '물 좀 주소'에서 타는 목마름으로 노래한 민주주의를 이 시대에 맞는 버전으로 만들기 위해, 인문과학·사회과학의 실험이 꼭 필요한 것이죠. 물론 음악과학과 함께, 또 음악과학 실험처럼 아무리 힘들어도 끝까지 사랑과 평화의 방식으로 말입니다.

"물 좀 주소 물 좀 주소 목마르요 물 좀 주소
물은 사랑이요 나의 목을 간질며 놀리면서 밖에 보내네
아! 가겠소 난 가겠소 저 언덕 위로 넘어가겠소
여행 도중에 처녀 만나본다면 난 살겠소 같이 살겠소
물 좀 주소 물 좀 주소 목마르요 물 좀 주소
그 비만 온다면 나는 다시 일어나리
아! 그러나 비는 안 오네"

-한대수 '물 좀 주소'

코끼리도 푸치니 오페라
'투란도트'를 좋아한다

》》 〉 〉

음악은 동물들에게도 많은 영향을 끼칩니다. 영국 북아일랜드의 수도 벨파스트에 있는 퀸즈대학의 데보라 웰스 박사의 연구에 따르면 동물원의 코끼리에게 클래식 음악이 좋은 영향을 준다고 합니다. 광야를 배회하는 본능 때문에 갇힌 상태에 적응 못 해 몸을 심하게 흔들거나 두 개의 앞발을 번쩍 치켜들거나 통나무를 코로 던지는 등 이상 행동을 보이는 코끼리들에게 엘가의 '님로드(Nimrod)', 푸치니 오페라 투란도트의 '공주는 잠 못 이루고(Nessun dorma)', 베토벤의 '5번 교향곡(Symphony no.5)'의 씩씩하고 빠른 8분 음표 오프닝을 들려주었더니 상당한 진정 효과를 보인 것입니다.

데보라 웰스 교수의 연구팀은 4마리의 암컷 코끼리를 5일씩 3차례에 걸처, 하루에 4시간씩 매 분마다 관찰하고 기록했습니다. 첫 번째 5일 동안은 어떤 음악도 들려주지 않았고, 두 번째 5일 동안은 울타리에 스피커를 설치하고 모짜르트, 엘가, 헨델, 베토벤의 CD를 들려주었습니다. 그리고 세 번째 5일 동안은 스피커를 꺼두었습니다. 결과를 분석해보니 음악을 틀어주는 동안 코끼리들의 이상 행동이 현저하게 줄어들었다고 합니다. 개들도 클래식 음악에는 비슷한 반응을 보였는데, 헤비메탈 음악에 대해선 부정적인 반응을 보였다고 하죠.

동물과 사람이 들을 수 있는 소리의 가청 영역을 살펴보면, 코끼리는 20Hz가량의 초저주파수대의 소리를 들을 수 있습니다. 사람은 20~20,000Hz의 소리를, 고양이와 개는 40,000Hz까지의 소리를, 돌고래는 160,000Hz 조금 못 되는 주파수의 소리까지도 들을 수 있죠.

미국 코넬대학 생물음향학 연구 프로그램의 책임자 크리스토퍼 클라크는 중간 주파수대를 사용하는 음파탐지기가 고래를 당황하게 하거나 길을 잃게 하여 최악의 경우 해변으로 내몰아 죽음에 이르게 한다고 말합니다. 소리가 사람뿐만 아니라 동물들에게도 상당한 영향을 끼친다는 증거인 것이죠.

하지만 사람과 동물이 들을 수 있는 소리의 주파수대 중에서 음악으로 받아들일 수 있는 주파수대는 상당히 한정되어 있는데요. 그것은 음악이 인간의 감정과 심리, 문화의 산물이기 때문에 그렇습니다. 인간이 감정적으로 또 심리적으로 음악이라고 느끼는 음의 높이와 배열, 리듬, 화음 등이 자신들이 속한 문화의 범위 안에서 제한적으로 학습되고 전승되기 때문입니다.

게다가 문화권마다 서로 다른 음계와 리듬 등을 사용해왔기 때문에 선호하는 음악도 다를 수가 있습니다. 아무리 음악이 세계화되어 서구권의 팝송이 널리 퍼져 있어도 한국이나 중국 등의 아시아권과 남미, 아프리카권에서는 자국의 음악 스타일이, 또는 자국화된 음악장르가 더 인기를 끄는 것이 그 증거입니다.

이렇게 음악을 음악으로 여겨지게 만드는 문화적 요소 중에서도 화음은 장조, 단조, 블루스 등의 감정을 유도하는 음계와 각 나라의 민속음계와도 관련이 깊은 문화적 요소인데요. 그렇게 사람들만의 것이라고 생각되는 문화적 음악 요소를 조금이나마 느낄 수 있는 동물이 있습니다. 그건 바로 사람에 가장 가까운 영장류 중 하나인 침팬지인데요. 침팬지가 협화음과 불협화음에 대한 호불호를 드러낸다고 합니다.

일본 규슈대학 스기모토 타수쿠, 고바야시 히로미 등의 연구팀에서 예전에 한 번도 음악을 들은 적이 없는 침팬지 '사쿠라'를 대상으로 그의 나이 17주~ 23주 동안에 실험을 시행했습니다. 이 실험에서 어린 침팬지 '사쿠라'는 컴퓨터 장비를 사용하여 협화음의 음악을 불협화음의 음악보다 더 오랜 시간 트는 경향을 보였다고 합니다.

스기모토, 고바야시 연구진은 사쿠라의 오른손에 모직 끈을 쥐여주고 그 끈을 당기면 오디오플레이어와 스피커를 통해 38초에서 63초 길이의 노래가 나오도록 했습니다. 바장조(F major) 협화음의 영국 음악과, 같은 음악에서 모든 '솔'을 '솔b'으로 모든 '도'를 '도b'으로 컴퓨터 프로그램을 통해 바꾼 불협화음 버전 음악을 모직 끈을 통해 선택하여 듣게 하였더니 상당히 일관되게 협화음 음악을 선택했다고 합니다.

한 번도 음악을 들은 경험이 없는 침팬지를 대상으로 한 실험이란 점에서, 침팬지에게 경험에서 비롯된 것이 아닌 화음에 대한 선천적인 심리적 반응 요소가 있다는 점을 알 수 있는데요. 이는 다시 말해 협화음에 대한 선호가 인간에게만 한정된 것이 아니라는 사실을 알려줍니다. 또한 음악을 이해하는 것이 진화론적으로 의미가 있을 수 있다는 가설을 뒷받침해주는 증거라고 볼 수가 있죠. 과연 음악을 좋아하고 화음을 이해할수록 더 진화한 존재가 될 수 있는 것인지, 참으로 궁금해집니다.

푸틴의 아스퍼거 증후군(?)과 음악

≫ > >

블라디미르 푸틴 러시아 대통령이 발달장애·자폐증의 일종인 '아스퍼거 증후군' 환자로 추정된다는 미국 국방부의 보고서가 공개돼 사람들의 이목을 끈 적이 있었는데요. 오스트리아 의사 한스 아스페르거가 처음으로 학계에 보고하면서 알려진 '아스퍼거'는 그 원인이 아직까지 정확히 밝혀지지 않은 증후군으로서, 정상 수준의 지능을 가지고 있지만 다른 사람들의 감정을 이해하는 능력이 약해 사회성이 떨어지고 의사소통과 신체 능력이 부족한 증상을 보입니다.

그런데 영국의 가수 수전 보일(Susan Boyle)이 스스로 '아스퍼거'임을 밝힌데 이어 찰스 다윈, 갈릴레오, 벤자민 프랭클린, 앨버트 아인슈타인 같은 과학자, 셰익스피어, 제인 오스틴 같은 문학가, 모짜르트 같은 음악가들도 아스퍼거 증후군이었다는 주장이 있어 새삼 더 주목을 하게 됩니다.

미국의 작가이자 저널리스트 노엄 레진은 미국의 제3대 대통령인 토마스 제퍼슨에 대한 책「제퍼슨에 대한 분석: 그의 믿음, 행동, 개인적 관계를 이끈 조건의 증거」에서 제퍼슨이 대통령 사저인 '몬티첼로'의 건축과 재건축에 54년간이나 집착했던 사실 등을 예로 들며 그가 '아스퍼거'였을 가능성이 높다고 주장했습니다. 위 책의 인기에 힘입어 출간한 '아스퍼거와 자기존중'이라는 책에서는 아인슈타인과 모짜르트 같은 위대한 인물 중에도 '아스퍼거'의 특징을 보이는 사람들이 많다는 점을 주장하죠.

이와 같은 주장은 아스퍼거 증후군의 사람들이 특정한 주제나 사물에 비정상적으로 집착하고 과도하게 몰입하는 성향 또한 보이기 때문에 나온 것인데요. 실제로 이 증후군을 보이는 사람들 중에는 다른 사람들의 시선을 의식 않고 방에 콕 틀어박혀 자기 관심 분야의 일에만 몰입하는 경우가 많다고 합니다. 물리학이나 수학, 컴퓨터 프로그래밍, 음악 등에 완전히 빠져드는 사례도 드물지 않아서, 어떤 사람들은 빌 게이츠나 사토시 타지리(포켓몬을 만든 일본 게임 디자이너)도 아스퍼거 증후군이라 주장하기도 하죠. 사람들과 눈을 제대로 마주치지 못하고 때로 몸을 앞뒤로 이상하게 흔드는 등 상황에 맞지 않는 행동을 보이는 점을 추가적인 증거로 들며 말입니다.

위에서 언급된 사람들이 만약 의학적으로도 정확히 '아스퍼거'로 진단된다면, 아스퍼거 증후군은 다른 사람들과 세상살이의 관점과 행동양식이 조금 다를 뿐인, 또다른 장점을 지닌 사람들로 간주될 여지가 많겠다는 생각이 드는데요.

하지만 어떤 종류의 아스퍼거 증후군은 그들만의 색다른 아픔 또한 지니고 있습니다. 이른바 '심리탈진(melt down)'을 겪는 것이 그 아픔 중 하나입니다. '심리탈진'은 단일하지 않은 환경적 요인들에 대한 감정적 반응을 통제하지 못하는 현상인데요. 소리와 빛에 유독 민감한 경우 자주 나타난다고 합니다.

마치 마구 흔들어진 캔 속의 콜라처럼 일단 한 번 감정이 쏟아져 나오면 여기저기 아무데나 흘러넘쳐 스스로 제어하지 못한다고 하는데요. 본인이 편하게 느끼는 장소에 혼자 두거나, 잠을 자게 하거나, 목욕을 하게 하거나, 음악을 듣게 해야 비로소 안정을 되찾게 된다고 하죠. 베토벤의 '월광 소나타'와 같은 차분한 클래식 음악을 들으면서 숨을 한껏 들이켰다가 공간 한가득 내뱉는 과정을 반복하다 보면 증상이 가라앉는다고 하는 임상사례도 있습니다.

행복감을 느끼게 해주는 신경 전달 물질의 하나인 세로토닌의 막대한 감소가 아스퍼거 증후군의 원인이라고 보는 연구도 있는데요. 그러한 연구들에 따르면 세로토닌의 감소가 사람들과의 교류와 소통에 대한 어려움과 연관이 있다고 합니다. 클래식과 같은 음악을 들을 경우 세로토닌의 분비가 자극되어 '아스퍼거'가 '심리탈진'에 빠질 경우 어느 정도 효과를 볼 수 있다고 하는 것이죠.

음악치료학계에 따르면 음악에 있어서 특히 리듬 부분이 사람의 청각 및 지각, 운동 감각 시스템을 증강시킨다고 합니다. 음악은 언어적 방법이 아닌 몸과 마음으로의 직접적인 소통을 가능케 하기 때문에, 사회성과 언어적 소통 능력이 상대적으로 부족한 아스퍼거 증후군들도 음악 리듬을 매개로 다른 사람들과 몸으로 대화를 나누고 느끼는 게 가능하다는 것입니다.

음악에 맞춰 볼을 던지거나 막대기, 심벌즈 등을 사용해 소리를 조절하게 하고, 자신이 맡은 악기와 남이 맡은 악기를 교환하여 연주하게 하고, 음악에 맞춰 춤을 추거나 동작을 취하게 하며, 음악 소리를 입으로 따라하게 해서 '아', '우' 같은 음소를 경험하고 모방하게 하고, '반짝반짝 작은 별', '빙고' 등 짧고 쉬우며 친숙한 노래를 통해 이 닦기나 목욕과 같은 일상적 행동의 완성을 돕는 등 여러 감각들을 동시에 사용하게 하는 방법들이 아스퍼거와 같은 자폐증 계열의 어린이들을 대상으로 한 음악치료에서 쓰이고 있는데요. 이런 음악치료들을 행하다 보면 언어 활동이나 사교적 행동에 있어서 긍정적인 결과들이 발견되곤 한다는 것이지요. 악기를 가르치다 보면 어떤 경우 절대음감을 발견하게 되는 등 특별한 재능을 찾게 되는 경우도 있다고 합니다.

일각에서 아스퍼거 증후군이라고 주장하는 아인슈타인이나 다윈은 모짜르트나 바흐와 같은 클래식 음악에 심취했다고 하죠. 빌 게이츠는 미국의 얼터너티브 인디록 밴드 위저(Weezer)와 영국의 세계적 밴드 U2를, 푸틴 러시아 대통령은 스웨덴 그룹 아바와 러시아 밴드 류베를 좋아했다고 합니다.

그들이 실제로 아스퍼거 증후군인지 아닌지 의학적으로 진단되진 않았지만, 그들 또한 우리들과 마찬가지로 음악을 통해(오락적 의미에서든 치료적 의미에서든) 무언가를 얻고, 자신이 어떤 음악을 듣는다는 것을 알리는 행위를 통해 세상과 모종의 소통을 하고 있다는 사실만큼은 분명해 보입니다.

'국악 교가' 학생들 뇌에 어떤 영향 줄까?

>>> > >

2015년 여름엔 일제강점기 때 만들어진 군가식 교가(校歌)를 국악 장단으로 바꾸는 작업을 진행한다는 뉴스가 있었습니다. 광복 70돌을 맞아 학교 내 일제의 잔재를 지우고 학생들이 국악에 더 친숙하게 다가가도록 하기 위한 사업으로서 전남문화재단이 진행하고 전남도교육청이 비용을 지원한다는 것이었는데요. '쿵짝 쿵짝' 2박자 계통의 리듬인 교가를 '덩기덕 쿵덕' 3박자 계통의 국악 장단으로 바꿔 학생들이 부르면서 저절로 어깨를 들썩거리도록 만들겠다는 계획이었습니다.

국악 장단에 맞추어 만든 교가가 과연 빠른 템포의 리듬에 간단한 선율을 가진 군가식 교가보다 더 효과적으로 학생들에게 다가갈 수 있을까 하는 생각도 할 수 있겠는데요. 이미 사람들의 귀에 익숙해진 서울 지하철 환승역 알림 음악을 떠올려보면 아주 좋은 결과가 나올 수도 있겠다는 생각이 듭니다. 김백찬 작곡가가 만든 서울 지하철 환승 음악은 '얼씨구야'라는 노래입니다. 대금, 해금, 피리, 가야금 네 가지 악기에 흥겨운 느낌을 낼 때 쓰는 '자진모리' 장단을 사용하여 만든 것이죠.

자진모리 장단은 12/8박자로서 점4분 음표(♩.)가 한마디에 4번 들어가는 형태의 리듬입니다. 일반적으로 "떵~덕쿵덕~/쿵~덕쿵덕~" 하는 입소리로 나타내는데요. 입소리에 음표를 붙이면 "떵(♩) 덕(♪) 쿵(♪) 덕(♩)/쿵(♩) 덕(♪) 쿵(♪) 덕(♩)"으로 표시됩니다. 점4분 음표가 1분 동안의 시간에 96~138회 연주되도록 하는 빠르기의 장

단이죠.(♩.=96~138)

　자진모리 장단은, 8분 음표 세 개를 묶은 3연음(점4분 음표 ♩.와 길이가 같다)으로 연속해서 표현하는 12/8박자 느린 템포의 '슬로우록' 리듬(아래 그림)과도 비슷한 느낌을 주기 때문에 국내용뿐만 아니라 국외용 음악 리듬으로 쓰여도 좋은 결과를 얻을 수 있겠다는 생각이 듭니다.

　여기에 9/8박자로서 점4분 음표가 한 마디에 3번 들어가는 형태의 리듬인 '세마치' 장단도 국악 교가로 쓰이기에 적절할 것 같은데요. 입소리로 나타내면 "덩(♩.) 덩(♩) 덕(♪) 쿵(♪) 덕(♩.)"으로 표시되는 세마치 장단은 점4분 음표(♩.)가 1분 동안의 시간에 90~108회 연주되는 정도의 빠르기(♩.=90~108)로서 조금 느린 듯하지만 그만큼 교가의 가사가 선명하게 귀에 들어올 수 있는 장점을 지닌 장단입니다. 전통민요 아리랑에서 주로 쓰이는 장단이기도 합니다.

　어떻게 보면 교가를 국악 리듬으로 바꾸는 게 뭐 그리 대단한 효과를 본다고 이리도 야단법석인가 하는 생각이 들 수도 있는데요. 하지만 MIT 맥거번뇌연구센터 수석연구원이자 뇌인지과학과 교수인 A.M.그레이비얼 등의 '습관학습은 뇌 줄무늬체에서의 주파수 진동의 주요한 이동과 그에 동조화된 급격한 뇌 활성화와 연관되어 있다'는 연구를 보면 그런 생각이 조금 바뀌게 될지도 모릅니다.

　리듬은 학교 교가의 느낌을 확 바꾸기도 하지만 학습에서도 중요한 의미를 가지는데요. 이 연구에서는 뇌파의 리듬 변화를 통해 학습이 어떻게 이뤄지는지 그 과정을 밝혀낸 것입니다. 우리 몸에서는 세포들이 전기적 활동을 일으키기 때문에 그 전기 신호인 주파수를 측정할 수 있는데요. 심장 주파수를 측정하는 심전도(ECG:Electrocardiogram。心電圖))나 근육의 주파수를 측정하는 근전도(EMG: electromyogram。筋電圖), 뇌의 주파수를 측정하는 뇌전도(EEG:electroencephalography。腦電圖) 등이 바로 그것입니다.

　그레이비얼 연구진은 그중 뇌파 리듬의 변화를 살펴보았는데요. 습관을 통한 학습이 이루어지는 뇌 속에서 델타, 세타, 알파, 베타, 감마파 리듬들이 어떤 비율로 어떻게 조합을 이루며 진동하는지를 알아본 것입니다.

그레이비얼 연구진은 실험쥐들로 하여금 미로를 빠져나오도록 학습시키는 실험을 통해 쥐들의 뇌파가 빠르고 혼돈스러운 리듬에서 느리고 규칙적인 리듬으로 바뀌도록 조절하는 뇌의 영역이 있다는 점을 발견했습니다. 빠른 뇌파 리듬과 느린 뇌파 리듬 사이에는 스위치가 있는데, 그 스위치는 미로를 빠져나오는 방법을 완전히 터득할 때 켜지고 이는 학습습관이 완성되었음을 뜻한다는 것이죠.

그레이비얼 교수에 따르면 학습습관의 형성에 있어 기저핵(basal ganglia, 基底核, 대뇌반구에서 뇌간에 걸쳐 존재하는 회백질성 신경핵군)이 아주 중요한 역할을 한다고 합니다. 습관은 특정한 행동을 취해 어떤 이익을 얻었을 때 생기는 것인데, 계속 반복되다 보면 몸에 배게 되고 더이상 보상이 이뤄지지 않더라도 지속되게 됩니다.

기저핵의 제일 밑부분에 있는 뇌의 배쪽줄무늬체(ventral striatum)는 아픔이나 기쁨 그리고 중독과 연관되어 있는 부분인데요. 그레이비얼 교수팀은 이 실험에서 실험쥐들이 T자형의 미로에서 소리를 듣고 왼쪽이나 오른쪽으로 방향 전환을 하도록 했습니다. 제대로 방향 전환을 해서 미로의 끝에 도달했을 때엔 그 보상으로 초콜릿우유를 먹게 했죠. 처음 몇 번 미로를 학습하는 과정에서 쥐들의 뇌속 기저핵은 폭발적인 활동량을 보였는데요. 이때 고도의 집중상태에서 나타나는 감마파 (70~90Hz)가 발생했습니다. 쥐들의 뇌세포들은 그 불규칙한 감마파의 리듬에 동조화되었구요.

하지만 쥐들이 미로의 끝에 어떻게 도달하고 또 어떻게 보상을 받는지 알게 될 때, 즉 미로의 끝에 착오 없이 도착하게 되었을 때 감마파는 사라지고 좀더 낮은 주파수대의, 주의력이 최고조일 때 발생하는 베타파(15~289Hz)가 뇌에서 짧게 발생되었는데, 이때 쥐들의 기저핵 전체의 뇌 리듬은 굉장히 규칙적인 것이었다고 합니다.

그레이비얼 교수팀은 또 위에서처럼 뇌파가 변환되는 기저핵의 뉴런 활동까지 살펴봤는데요. 기저핵에는 뇌파와 협업하는 두 종류의 뉴런 그룹이 있었다고 합니다, 그중 출력(出力) 뉴런은 기저핵과 뇌의 나머지 부분의 소통을 조절하는 역할을 담당했는데 감마파와 베타파가 절정일 때 급격하게 활동했습니다. 출력 뉴런과 다른 종류의 기저핵 속 뉴런인 억제(抑制) 뉴런은 출력 뉴런의 활동을 억제하는 역할을 했다고 합니다.

기저핵 속의 출력 뉴런은 쥐들이 미로를 학습할 때 나머지 뇌 부분들에게 신호를 보내 초콜릿우유를 얻어먹을 수 있는 새로운 행동을 배우도록 한다는 것인데요. 이렇게 새로운 행동에 대한 학습습관이 형성되면 출력 뉴런의 신호는 더이상 필요치 않게 돼 억제 뉴런에 의해 억제되고 그 과정에서 낮은 주파수대의 베타파가 발생한다고 합니다. 학습이 완료되면 출력 뉴런은 더이상 신호를 보내지 않는데, 그 신호로부터 자유로워져야만 다른 새로운 학습습관들을 형성하게 되고 더 좋은 생각들을 할 여지가 생기기 때문이라고 합니다.

이처럼 학습활동에서의 뇌파 리듬에 대한 연구에서 한걸음 더 나아간 뇌와 리듬의 관계에 관한 연구도 있는데요. '리듬과 뇌 프로젝트'를 진행하고 있는 A.가잘레이 박사의 연구가 바로 그것입니다. 미국 캘리포니아대학 샌프란시스코 캠퍼스 신경생리심학과 교수이자 신경과학 이미지센터장인 A.가잘레이 박사는 리듬이 전 우주에 걸친 근본적인 것이며 지구의 모든 생명체에 중요한 기반으로 작용한다고 말합니다. 뇌 기능 자체도 복잡한 뇌파 리듬에 의존하는 것이며, 뇌 신경망들을 형성하는 뇌의 각 영역들 간의 상호작용 또한 이 뇌파 리듬에 좌우된다는 것이죠.

가잘레이 박사는 리듬이 지각능력과 집중력, 기억력, 학습과 언어에 중대한 영향을 끼친다고 말하는데요. 그는 리듬이 뇌에 어떤 영향을 미치는지 연구하여 알츠하이머나 파킨슨병 환자들과 같이 뇌 기능에 문제가 생긴 사람들의 치료는 물론 사람들의 삶의 질을 향상시키려는 연구를 진행하고 있습니다. 신경조절, 리듬 훈련, 비디오게임 훈련, 신경피드백 등 뇌파 리듬에 긍정적 영향을 주는 새로운 시도들을 하고 있는 것이죠.

가잘레이 박사는 그래미상을 수상한 타악기 연주자이자 민족음악학자이며 저 유명한 미국의 1960년대 히피록 밴드 '그레이트풀 데드'의 멤버 출신으로 '로큰롤 명예의 전당'에 이름을 올린 미키 하트와 작업을 함께 하고 있습니다. 음악이 인간의 뇌에 미치는 신비한 힘의 비밀을 풀어 인간의 삶을 힐링하겠다고 말하는 하트는 '음악의 신경학적 기능연구센터'의 이사이기도 합니다. 이들의 연구는 한마디로 음악과 뇌 과학이 리듬이라는 광활한 공통분모 위에서 여러모로 깊은 관계를 맺고 있다는 사실을 여실히 보여주고 있습니다. 한국 전통 국악 장단들이 샤머니즘의 정신적 전통에서 처음 비롯된 것임을 감안하면, 정신과 리듬의 관계를 밝히려고 하는 가잘레이 박사 등의 '리듬과 뇌 프로젝트'는 비록 미국에서 이루어지는 것이긴 해도 그 결과가 우리 국악 장단의 가치와 의미에도 상당한 영향을 끼칠 수 있다는 생각이 듭니다.

한편 교가를 국악 리듬으로 만드는 작업에 더해 가사에서도 좀 더 다양하고 창의적인 시도가 이루어졌으면 좋겠다는 생각이 드는데요.

서울 한성중학교 교사 권혜인, 고려대 교육학과 한용진 교수의 '중학교 교가 가사의 교육적 가치 탐구'(2013년) 연구를 보면, 서울시 소재 269개 중학교 교가 가사에 도덕 가치와 정신적·종교적 가치가 98% 이상 반영되어 있고, 그 다음으로 진리 가치(92%), 사회적·건강적 가치(89%), 물질 가치(84%) 등이 나타나고 있는 반면, 심미 가치가 교가에 반영된 학교는 67%에 불과하다고 합니다.

물론 교가 속에 건학 이념이 들어가는 건 당연한 일이지만 좀 더 미학적이고 입에 착착 감기는 말로 가사를 지으면 학생들이 부르기에도 좋고 음악, 국어 학습이나 그밖의 교육 영역에도 더 긍정적 영향을 주게 되지 않을까 하는 생각도 듭니다.

'운동권 출신' 밥 딜런이 36번째 앨범에서
'보수'의 노래를 부른 까닭

'살아 있는 포크록의 전설' 밥 딜런(Bob Dylan)은 2015년 자신의 36번째 앨범 '섀도우스 인 더 나이트(Shadows in the night)'를 발표해 눈길을 끌었습니다. 당시 미국 나이로 74세, 우리 나이로 따지면 75세임에도 불구하고 35번째 앨범을 낸 지 3년 만에 다시 새 앨범을 낸 것이었죠. 나이는 숫자에 불과할 뿐이라는 말이 정말로 실감나는데요. '더 나이트 위 컬 잇 어 데이(The night we call it a day)', '스테이 위드 미(Stay with me)' 등 미국 대중음악계의 거목 프랭크 시나트라가 부른 노래 10곡을 5인조 밴드 형식으로 편곡하는 등 미니멀하게 재해석한 앨범입니다.

러시아 피아니스트 겸 작곡가 라흐마니노프의 다단조 피아노 협주곡 2번 3악장 작품번호 18 알레그로 스케르잔도의 일부 멜로디를 차용해서 만든 '풀 문 앤드 엠프티 암즈(Full Moon and empty arms)', 프랑스 시인 자크 프레베르의 시를 노래로 만든 '오텀 리브스(Autumn leaves)', 원래 뮤지컬 '사우스 퍼시픽(South pacific)'에서 불리웠던 '썸 인챈티드 이브닝(Some enchanted evening)' 등의 노래가 수록되어 있는데요.

'풀 문 앤드 엠프티 암즈'는 미국 재즈 가수 사라 본도 리메이크 한 적이 있는 노래죠. '오텀 리브스'는 프랑스 샹송 가수 이브 몽탕과 에디뜨 피아프가 먼저 부른 노래이고, '썸 인챈티드 이브닝'은 얼마 전 내한공연을 했던 미국 가수 아트 가펑클과 빙 크로스비, 바브라 스트라이샌드도 부른 적이 있는 유명곡이라 서로 비교해서 들어보는 재미가 아주 쏠쏠합니다. 그런데 프랭크 시나트라의 노래들을 리메이크 한 밥 딜런의 새 앨범 '섀도우스 인 더 나이트'는 음악 외적으로도 상당히 흥미로운 사실들을 상기시켜 주는데요. 그것은 바로 그들이 살아온, 어찌 보면 상당히 상반된 인생의 행보 때문입니다.

잘 알려져 있다시피 밥 딜런은 자신의 첫 번째 히트곡 '블로잉 인 더 윈드'를 통해 1960년대 반전운동 등 저항문화의 상징으로 떠올랐죠. 세 번째 앨범 '더 타임즈 데이 아 어 체인징(The times they are a changing)'을 발표하면서 명실상부한 시민권리 운동과 히피세대의 정신적 지주가 되었습니다. 나중에 종교적·철학적 분야로 음악적 발걸음이 옮겨가지만 그의 음악인생에 있어 중요한 시기의 노래들은 인종주의와 빈곤, 부정부패, 냉전 등 사회·정치적 주제를 주로 다뤘습니다. 2008년 미국 대선 때에는 "정치의 본질을 땅에서부터 끌어올려 새롭게 정의했다"라고 말하며 민주당 버락 오바마 후보를 지지하기도 했습니다.

반면 프랭크 시나트라는 사랑에 관한 노래들을 주로 부른 대중가수였습니다. 인생의 절반은 민주당원으로 보냈지만 1970년 당시 캘리포니아 주지사였던 로널드 레이건의 재선을 위해 나선 이후 나머지 인생의 절반은 공화당원으로 살았죠. 1981년 공화당 전당대회 때에는 당내 대선후보 경쟁에 나선 레이건을 위해 참석하기도 했습니다.

사적인 부분을 살펴보면 시나트라는 술과 파티를 꽤 즐겼고 이성관계도 복잡했던 것으로 알려져 있습니다. 무엇보다 마피아와 관련된 루머들이 끊이지 않고 그의 삶 주변을 떠돌았죠. 프랭크 시나트라는 이탈리아 이민자의 후손이었는데, 그의 할아버지가 태어나 살던 시실리는 마이어 랜스키, 더치 슐츠, 럭키 루치아노, 영화 '벅시'로도 잘 알려진 벅시 시겔 같은 마피아들의 고향이기도 했습니다. 그들을 모르고 지낼 수가 없었던 것이죠. 게다가 그가 어릴 때 살던 뉴저지 호보켄은 마피아들이 득실대던 곳이었고, 그의 아버지 마티 시나트라는 마피아들로부터 불법 주류를 사들여 영업을 했기 때문에 그들이 자주 들락날락거렸다고 합니다. 프랭크 시나트라의 외삼촌들인 도미니크와 로렌스는 범죄에 연루되기도 했구요.

결정적으로 시나트라는 쿠바의 아바나에서 열렸던 마피아들의 회합 당시 루치아노와 같은 갱 두목들을 만난 것으로 알려져 1950년 12월 미국 상원위원회의 마피아 사건 조사 때 관련 진술을 요청받기도 했죠. 진술 청취는 그의 유명세 때문에 사람들의 눈에 띄지 않는 법조인 사무실에서 새벽에 이뤄졌는데 그때 시나트라는 줄담배를 피우며 긴장이 역력한 표정으로 마피아들과 우연히 만났을 뿐이며 가벼운 인사 정도만 나눴다고 답했다고 합니다.

진술의 진위는 더 이상 명확히 가려지지 않았지만, 그의 위와 같은 마피아 관련 에피소드들은 마리오 푸조의 소설과 그 소설을 원작으로 한 동명 영화 '대부'에 반영되기도 했죠. 영화 '대부'에 나온 조니 폰테인이라는 이름의 가수가 프랭크 시나트라를 연상하게 만드는 것입니다. 게다가 소설 속에는 성대 이상으로 굴곡을 겪었던 조니 폰테인이 마피아들에게 영화 캐스팅을 부탁하는 장면이 있는데요. 이 장면은 성대 결절로 슬럼프를 겪다가 영화 '지상에서 영원으로'에 출연하게 되면서 재기의 발판을 마련하는 프랭크 시나트라의 실제 상황을 떠올리게 합니다.

위의 사실들에서 보듯 어떻게 보면 상당히 시끌벅적하면서도 화려한 삶을 살았던 '보수주의자' 프랭크 시나트라의 노래들을 '진보주의자' 밥 딜런은 왜 리메이킹 하게 된 것일까요?

프랭크 시나트라는 휘황찬란한 대중적 인기 속에 즐길 수 있는 것들을 거의 다 즐기고 살았습니다. 결혼도 4번이나 했지요. 그러나 한때 아내였던 에바 가드너에 대한 사랑은 끝까지 변치 않았다고 합니다. 또 어머니의 영향으로 평생 카톨릭을 믿었습니다. 하지만 "나에게 종교는 개인의 지극히 깊숙한 곳에 있는 것으로 그 어떤 끼어듦도 없는 그곳에서 나는 신과 만난다"라고 말한 데서 보이듯, 교회의 조직적 틀보다는 개인적인 믿음과 자유로운 정신을 중시했습니다.

밥 딜런 또한 유대교 가문에서 태어났지만 개신교로 개종한 뒤 가스펠 앨범을 내는 변화를 겪으면서도 아들에게 유대교 성인식인 '바 미츠바'를 치루게 하는 등 일반적인 관념과는 다른 신앙생활을 했죠. 밥 딜런은 프랭크 시나트라에 대해 "그의 목소리에서 죽음과 신, 우주, 그 모든 것을 들을 수 있다"고 말하기도 했는데요. 그는 1995년 프랭크 시나트라의 80번째 생일을 축하하기 위한 헌정공연에서 1964년에 발표한 자신의 3번째 앨범 '더 타임스 데이 아 어 체인징'의 타이틀곡 '레스틀리스 페어웰(Restless Farewell)'을 부르기도 했습니다.

이렇게 '진보' 밥 딜런이 '보수' 프랭크 시나트라의 노래들을 재해석해서 부른 데에는 우리와는 조금 다른 미국인들의 진보와 보수에 대한 태도 등 여러 가지 이유들이 있겠지만, 무엇보다 서로 닮아 있는 종교에 대한 자세와 세상의 혼돈 속에서 조화로운 예술적 질서를 뽑아내는 음악가들의 자유로운 정신이라는 공통분모를 가졌기 때문은 아닐까 하는 생각도 듭니다. 어쩌면 "나는 혼돈을 받아들인다. 하지만 혼돈이 나를 받아들일지는 잘 모르겠다."고 한 딜런의 말속에서 알듯 모를 듯한 정답을 찾을 수 있을지도 모르겠습니다.

'소리의 프레임' 가지고
휴가 떠나볼까

》》〉〉〉

"프레임은 생각의 구조입니다. 우리 두뇌 속에 있는 물질적인 것으로, 뇌 속 신경회로가 프레임의 구조이며, 거기에는 프레임을 규정하는 다양한 언어 의미적 규칙이 있습니다. 예를 들어, 식당에 가면 음식, 서비스, 웨이터, 계산서 등 한 묶음으로 짜여진 일들이 벌어집니다. 그 구조가 프레임을 이룹니다. 야자수나 버스 등은 그 식당 프레임에 들어올 수 없죠. 프레임 속에는 특정한 것들이 서로 연결되어 있습니다.

그래서 모든 언어 속에 있는 단어는 어떤 프레임의 범위 속에서 의미가 규정됩니다. 두뇌 속에는 물리적으로 경험이 만들어낸 수만 가지 프레임들이 있습니다. 당신이 이해한다는 것은 뇌 속에 있는 어떤 프레임 속으로 맞춰 들어가는 겁니다. 그래서 프레임은 각각의 단어가 아니라, 단어가 활성화시키는 사고입니다."

- '코끼리를 생각하지 마!' '도덕, 정치를 말하다' '프레임 전쟁'을 쓴 세계적 베스트셀러 저자이자 '프레임(frame)' 이론의 권위자 조지 레이코프 UC버클리대 교수의 말 중에서

한여름에 몸과 마음, 기분까지 푹푹 찌는 무더위가 찾아오면 땀 한 방울 흘릴 때마다 휴가 생각이 절실해지는데요. 그런 여름에 휴가들은 어디로 가시나요? 바다? 숲? 계곡? 워터파크?

위에서 언급한 레이코프 교수의 말을 응용하자면, 휴가라는 단어를 들었을 때 이렇게 머리 속에 바다, 산, 계곡, 워터파크 같은 것들을 떠오르게 하는 것이 바로 '휴가 프레임'입니다.

요즘 흔히들 말하는 "상대방의 정치 프레임에 말려들게 되면 선거에서 지게 된다"라는 문구에서 볼 수 있듯, 미국과 한국 모두 정치적인 의미로 널리 알려져 있지만, 사실 레이코프 교수가 지칭한 '프레임'이란 말의 뜻은 인문학의 하나인 언어학과 심리학의 한 종류인 인지과학에서 비롯된 것이죠. 레이코프 자신이 언어학 박사로서, UC버클리 인지과학과 언어학 교수로 재직하며 뇌신경과학과 접목하고 정치학적으로 융합하여 사용함으로써 엄청난 홍행을 불러일으킨 말이 바로 '프레임'인 것입니다.

기초 학문이자 필수(!) 학문으로서의 인문학, 그 인문학적 소양에다 다른 학문들과의 융합 시도가 자유로운 학문적 풍토가 없었다면 이토록 유행하기 힘들었을 말이 바로 이 '프레임'이라는 생각도 듭니다. 곧 있으면 떠날 휴가, 그 '휴가 프레임' 속의 숲과 바다 등은 어떤 경험의 프레임으로 바라보느냐에 따라 제각기 다른 모습들로 비춰질 텐데요. 그렇다면 과학과 음악적 감성의 프레임으로 세상을 바라보는 사람들에게 여름 휴가지로서의 바다와 숲은 어떻게 들리게 될까요?

국립산림과학원이 2015년 발표한 연구에 따르면 숲의 소리, '산의 음악'은 안정감과 사고력 향상에 도움이 된다고 합니다. 산림과학원은 2007년부터 숲에서 나는 시냇물, 폭포, 낙엽 등의 소리를 수집하여 그 주파수의 특성을 분석했는데요. 숲의 소리는 20데시벨(dB)로 도심 소리에 비해 음량이 1/3 수준으로 작아 청각에 스트레스를 주지 않는 데다가 전 주파수별로 고른 분포를 띄어 편안함을 느끼게 하는 것으로 나타났다고 합니다.

숲 소리 중에서도 시냇물의 소리는 신체 이완과 수면 중 뇌에서 발생되어 '수면파'라고 불리는 세타파(4~7.99Hz의 주파수를 갖는 뇌파)의 발생량이 평균 숲 소리보다 10%정도 높았다고 하는데요. 한마디로 시냇물 소리를 들으면 몸과 마음이 편안해진다는 것입니다. 또 폭포 소리와 낙엽 밟는 소리는 숲 평균 소리보다 SMR파(sensori-motor rhythm。감각운동리듬。12~15Hz의 주파수를 갖는 방추형 뇌파)의 발생량이 16% 높았다고 합니다.

SMR파는 알파파(8~12.99Hz의 주파수를 갖는 뇌파, 심리적 안정을 취하고 있을 때

나오는 안정파)와 베타파(13~30Hz의 주파수를 갖는 뇌파, 스트레스파라고도 불리며, 긴장, 불안 시에 다량으로 발생) 사이의 주파수를 갖는 뇌파로 주의력이 최고조로 달한 상태, 업무나 스포츠, 학습의 최고조 상태에서 발생하기 때문에 집중력 훈련을 할 때 활용되기도 하는데요. 콕 집어서 얘기하자면 폭포 소리, 낙엽 소리를 들으면 사고력과 문제 해결 능력 향상에 도움이 된다는 것입니다.

파도 소리, 즉 '바다의 음악' 또한 사람들에게 긍정적 영향을 가져다 준다고 합니다. 일본 교토대 의대 쓰토무 오오하시 교수 연구팀의 '들리지 않는 고주파음이 뇌 활동에 미치는 영향:극초음파 효과'는 파도 소리가 집중도 향상과 긴장 이완 효과를 가져온다고 말합니다. 28명의 지원자를 대상으로 파도 소리 등을 들려주고 EEG(수면뇌파, 睡眠腦波, sleep electroencephalogram)를 측정하는 등의 실험을 한 결과 심리적 안정을 취하고 있을 때 나오는 안정파인 알파파가 증가했다고 합니다. 반면에 긴장돼 있거나 불안할 때 나타나는 스트레스파인 베타파는 줄어들었다고 하죠.

이와 관련된 연구들을 살펴보면 눈을 감고 이완된 상황에서 이뤄지는 각성상태, 머리가 맑은 느낌이 날 때 발생하여 집중력과 기억력 향상에 도움이 된다고 알려진 알파파는 파도 소리를 녹음하여 들었을 때에도 생겨난다고 하는데요. 그러한 파도 소리 효과를 이용하여 심리, 재활치료, 학습에 활용하려는 연구들이 계속 이어지고 있습니다. 일본에서는 휴양지인 오키나와 해변의 파도 소리를 CD에 담아 판매하기도 한답니다.

바다와 산이 노래하는 '자연 음악'들은 말 그대로 듣는 사람들로 하여금 좋은 기분과 안정된 감정을 가지게 하여 여러 가지 긍정적인 영향을 끼친다는 얘기인데요. 여기서 감정과 그에 관한 '뇌과학의 프레임'으로 살펴봐도 비슷한 내용들이 발견됩니다. '데카르트의 오류'라는 책을 쓴 미국 남가주대학 신경과학과 교수 안토니오 다마지오는 사회적 인식과 의사 결정에서 감정이 매우 중요한 역할을 한다고 말합니다.

다마지오 교수는 뇌 전전두엽에 생긴 종양을 제거한 뒤 감정을 잃어버린 환자의 사례를 연구했는데요. 그 환자는 다른 기능은 멀쩡한데도 어떤 옷을 입어야 하는지 같은 간단한 결정조차 내리지 못하더란 것입니다. 어떤 옷이 좋고 어떤 옷이 싫은지 감정이 생겨나지 않기 때문에 의사 결정을 내리지 못하는 것으로 추정되는 것이죠. 감정이 의외로 행동을 결정하는 생각에 깊숙이 관여하고 있더라는 말입니다.

감정은 옳고 그름을 판단하는 데 있어서도 중요한 역할을 한다고 하는데요. 감정을 느끼는 뇌 부위인 복내측 전전두엽에 손상을 입은 사람은 도덕적으로 볼 때 냉혹한 판단을 한다고 합니다.

여기에 더해 감정이 이성적 판단에 영향을 끼친다는 과학적 뒷받침도 있는데요. 이탈리아 가브리엘다눈치오대학 첨단생물의학기술센터의 M.브루네티 교수 등의 '감정적 콘텐츠에 대한 연역적 이성 판단의 프레임 짜기: 자기공명영상 연구'가 바로 그것입니다. 브루네티 교수팀은 자기공명영상 장치 속 실험 참가자들에게 감정적으로 부정적인 시각 자극과 중립적인 시각 자극을 경험케 하고, 그 뒤에 각각 감정적으로 부정적인 삼단논법 명제들과 중립적인 명제들을 제시한 뒤 그 삼단논법들의 타당성을 평가하도록 하였는데요.

그랬더니 부정적인 시각 자극 뒤에 제시된 삼단논법 명제들의 타당성을 평가하는 과정에서 상황 판단, 감정 조절 등과 연결된 내측 전전두엽(medial prefrontal cortex)은 비활성화되고, 배외측 전전두엽(DLPFC: dorsolateral prefrontal cortex), 외측 전두엽(lateral frontal cortex)은 활성화되는 것으로 나타났다고 합니다. 다시 말해 부정적인 감정을 가지게 되니 이성적 판단이 방해를 받게 되더라는 것입니다. '정치적 프레임'의 관점에서 살펴볼 때, 중요한 결정을 앞둔 정치인이 인적이 드문 산이나 바다로 가서 며칠씩 칩거하는 행동이 이해가 가는 대목인 것이죠.

'예술적 프레임'으로 보아도 마찬가지인 것 같습니다. 많은 문학가나 미술가, 특히 음악가들은 뭔가 새로운 작업을 시도할 때 흔히들 여행을 떠나 외국의 산이나 바다 같은 개인적으로 새로운 자연 풍경들을 접하며 감정적으로든 이성적으로든 긍정적 영향들을 받아오곤 하죠. 그리고 한여름 무더위 속 가장 중요한 '휴가 프레임'으로 판단해봐도, 산과 바다 등의 자연 풍경들은 결코 빼놓을 수 없는 중요한 요소들이 될 것 같습니다.

여러분들은 해마다 찾아오는 여름에 어떤 프레임을 가지고 휴가를 떠나시겠습니까? 이도저도 다 귀찮으면 아무것도 없는 텅 빈 프레임을 가지고 떠나, 있는 그대로의 대자연의 소리들을 가득 채워 돌아오는 것은 어떨까요?

비틀즈의 '마더 네이처스 선'처럼 말입니다.

"나는 어머니 대자연의 아들
시골에서 가난하게 태어나
하루 종일 이곳에 앉아 세상 모든 사람들을 위해 노래를 부른다네
계곡 옆에서 물이 솟구쳐오르는 걸 바라보고
그녀들이 날아가며 만드는 아름다운 음악 소리를 듣는다네
나는 어머니 대자연의 아들
나의 푸른 초원에 앉아 나 자신을 발견하지
한들거리는 데이지 꽃들은 태양 아래에서 나른한 노래를 불러준다네"

-비틀즈의 '마더 네이처스 선'(Mother Nature's son)

'썸' 타는 목소리의 과학

>>> > >

"확실한 표현을 원하지만
너의 미소 띤 표정에 잊어버리지 난
요즘 따라 내꺼인 듯 내꺼 아닌 내꺼 같은 너
니꺼인 듯 니꺼 아닌 니꺼 같은 나
순진한 척 웃지만 말고 그만 좀 해
너 솔직하게 좀 굴어봐
니 맘 속에 날 놔두고 한눈 팔지 마
너야말로 다 알면서 딴청 피우지 마
피곤하게 힘 빼지 말고 어서 말해줘
사랑한단 말야"

-소유, 정기고가 부른 노래 '썸' 중에서

연인이 되기 직전의 상태, 이른바 '썸'을 탄다고 하는 사람들이 하나같이 호소하는 고충 중의 하나는 위의 '썸'에서 노래하고 있는 것, 바로 '희망고문'인데요. 말투나 표정, 행동으로 봐서는 분명히 자신을 좋아하는 것 같은데 정작 좋아한다는 그 말 한 마디를 딱부러지게 해주지 않으니 긴가민가해서 정말 미치고 팔짝 뛰겠다는 것이지요. 그런 '썸' 타는 사람들의 답답한 가슴을 조금이나마 달래줄 음향과학 등의 연구를 한 번 소개해 드릴까 합니다.

미국 펜실베니아 주 올브라이트칼리지의 심리학과 부교수인 진화심리학, 음성인지학자 수잔 휴즈 박사는 '사람들은 우리가 사랑에 빠진 것을 알아차린다: 연인과 친구들을 향한 음성 샘플 차이의 증거'라는 논문에서 로맨틱한 감정을 느끼는 상대방에게 말을 걸 때 음정, 억양 등의 진화론적 의미의 변화가 있으며, 이러한 '썸남썸녀'들의 대화 녹음을 듣는 다른 사람들은 그야말로 귀신같이 그 '썸' 타는 상태를 알아차린다는 연구 결과를 발표했습니다.

이제 막 누군가에게 이성적 호감을 느끼기 시작한 24명이 각각 호감을 느끼는 이성과 혹은 동성의 친한 친구들과 통화한 내용을 녹음한 것을 80명의 감별자들에게 들려주었더니 아주 짧은 시간만 듣고도 그 통화를 한 사람이 이성적 호감을 느끼는지 아닌지를 상당히 정확한 비율로 맞췄다고 하는 것입니다. "잘 지내?", "뭐해?" 하는 간단한 통화 내용 속에서도 목소리의 음정이나 억양 등이 의미 있게 달라진 것을 알아차렸다는 얘기죠.

'이성간의 비언어적 커뮤니케이션'에 초점을 맞춘 이 연구는 분석의 정확성을 위해 80명의 목소리 특징 감별자들 중에서 2명의 게이 남성과 2명의 레즈비언 여성, 성 정체성에 대해 말하지 않은 3명을 제외하고 진행되었는데요. 그 결과 동성의 친구에게 말할 때와 호감 가는 이성에게 말할 때 목소리가 달라지는 걸 금방 발견했다는 것입니다. 짤막한 통화 내용만을 듣고도 통화를 나누는 사람이 얼마나 기쁜지, 성적으로 호감을 느끼는지, 연애감정이 얼마나 되는지, 관계의 정도가 얼마나 되는지 쉽게 알아차렸다는 것이죠.

"재채기와 사랑은 숨길 수 없다"고 한 속담이 딱 맞아떨어지는 것 같다는 생각이 드는데요. 하긴 속담이라는 것도 사실 일반 사람들이 일상생활을 하며 접한 경험들 속에서 찾아낸 나름의 행동 법칙을 말로 표현한 것이란 점을 생각하면 그렇게 놀랄 만한 사실이 아닌 것도 같습니다.

휴즈 박사 연구진은 위의 음성 녹음 샘플들을 스펙토그램(음파의 스펙트럼을 음파 분석기를 이용하여 사진으로 찍은 것)으로 분석하기도 했는데요. 그 결과 여성의 경우

이성적 호감을 느끼는 남성의 음정과 조성을 흉내내거나 맞추려고 하는 경향을 보였다고 합니다. 그 남성의 음정에 맞춰 자신의 음정을 조금 낮추는 것이지요. 반대로 남성은 호감을 느끼는 여성의 음정에 맞추기 위해 목소리 톤을 높인다고 합니다. "나는 너와 함께한다"는 친근감과 유대감을 알리기 위한 행동이라는 것이죠.

이와 관련 이탈리아 밀라노카톨릭대학 일반심리학과 R.치체리 교수는 '유혹하는 남성의 음성 형태 분석' 논문에서 목소리를 많이 조절한 남성이 여성과의 두 번째 데이트 기회를 획득하는 성공률이 높다는 연구 결과를 내놓기도 했습니다.

만약 지금 '썸' 타고 계신 분들이시라면 이러한 연구 결과들을 자신의 경험과 비교해보거나 해서 사랑이 확실하다 싶으면 용기 있게 고백하는 것도 '썸'을 '사랑'으로 바꾸는 하나의 방법이 되지 않을까 하는 생각이 드는데요. 위와 같은 인간의 발성에서 비롯된 시김새나 바이브레이션 창법이 들어간 노래들을 부르면서 사랑 고백을 해보는 것은 어떨까 하는 생각도 듭니다.

또다른 관련 연구들을 살펴보면, 말소리 속 억양이나 음정 같은 인간의 발성은 다른 비언어적 행동들과 마찬가지로 사랑하는 사람과의 친밀감, 유대감을 소통하기 위해서뿐만 아니라 그러한 연인관계를 다른 사람들에게 드러내 보이기 위한 신호이기도 하다고 합니다. 미국 애리조나대학 가족인간개발 커뮤니케이션학과 J.K.버군 교수는 '비언어적 의사소통' 논문에서 그렇게 주장하고 있는데요. 이러한 인간의 발성 신호를 해독하는 능력은 진화론적으로 매우 중요하다고 말합니다. 예를 들어 이성간의 대화, 그 말소리의 억양과 음정 등을 분석해 이미 짝을 이룬 상태인지 아닌지 알아내고 또 상대방이 나에 대해 이성적으로 관심이 있는지 없는지 알아내어 쓸데없이 상대방을 향해 들이대는 등의 행동을 자제하게 하여 생존과 번식을 위한 에너지의 소모를 줄일 수 있도록 한다는 것입니다.

'썸' 타는 사람들의 발성을 포함한 인간의 발성은 말을 통한 의미론적 정보를 전달하는 것을 넘어서는 효과적인 소통 수단으로도 진화해 왔는데요. 뉴욕주립대 알바니 캠퍼스의 심리학과 교수 G.G.갤럽 등의 논문 '은유와 상징 행위'에 따르면 말소리의 억양과 음정, 속삭임 등 인간이 내는 말소리 속 발성은 말의 내용보다 더 많은 정보를 제공해준다고 합니다.

또 미국 미시간대학 인류학·언어학 명예교수인 R.벌링의 논문 '영장류의 발성, 인간의 언어 그리고 비언어적 커뮤니케이션'에 따르면 인간은 적어도 두 가지 다른 종류의 커뮤니케이션 방법을 가지고 있다고 하는데요. 하나는 언어, 신호와 밀접하게 관련된 커뮤니케이션 방법이고 또다른 하나는 비언어적인 커뮤니케이션 방법이라고 합니다. 인간의 비언어적 커뮤니케이션 방법은 인간의 언어적 커뮤니케이션 방법보다는 오히려 다른 영장류들의 커뮤니케이션 체계와 더 닮아 있다고 합니다.

인간의 비언어적 커뮤니케이션과 닮은 영장류들의 발성 커뮤니케이션 체계를 살펴보니, 독일 괴팅겐대학 영장류센터의 진화생물학, 동물학, 생태학자 C.피치텔 박사 등의 연구진이 '흰머리 카푸친 원숭이의 경고 발성에 대한 음향학적 분석' 논문에서 영장류의 발성 신호가 가진 진화론적 의미를 다룬 내용이 보이는데요.

카푸친 원숭이는 지상이나 나무 위 포식자들을 만나면 '경고 발성'을 하는데, 나무 위 등 공중의 포식자와 인간, 그리고 다른 카푸친 원숭이들의 움직임을 감지했을 때 내는 경고 발성과 지상의 포식자들과 뱀, 카이먼 악어 등의 모습을 포착하고 내는 경고 발성은 서로 다른 구조체계를 가지고 있다는 것입니다.

공중의 포식자와 인간, 다른 원숭이들을 보고 소리 내는 경고 발성은 여러 가지 음향적 변형이 있었고 그래서 어떤 종류의 위험이 대두된 것인지에 관한 맥락 의존적인 정보를 전달한 반면, 지상의 포식자와 뱀, 카이만 악어 등을 보았을 때에 내는 경고 발성은 포식자의 종류나 위협의 종류를 특정지어 전달하는 것 같진 않아 보였다는 것이죠. 주로 나무에서 생활하는 카푸친 원숭이의 특성상 공중 포식자보다는 지상 포식자에 대한 위협 의식이 조금 덜하기 때문인 것으로 추정됩니다.

2015년 '메르스 위험 시기에는 부부간 성관계도 피하라'는 믿거나 말거나 영상이 SNS에 떠돌아 쓴웃음을 짓게 했는데요. 남녀간의 '썸'마저도 위축시켜버리는 메르스 사태를 보며 심경이 참으로 착잡했더랬습니다. 메르스라는 위협에 대해 내린 정부의 첫 '경고 발성'이 제대로 빨리 이뤄졌더라면 피 끓는 청춘남녀들의 '썸'마저 마스크에 가려 훼방 당하는 지경까진 이르지 않았었을 것이라는 생각과 함께, 앞으로는 시민들의 건강과 안전을 위해서도 정부의 좀 더 발빠른 '경고 발성'을 기대해 봅니다.

'개인적 민간 음악과학'으로
감동 만들어볼까

>>> > >

"나요? 난 일종의 학자죠. 전공은 당신이고. 오대수학 학자. 오대수 권위자."

2004년 칸느 영화제 심사위원대상을 차지한 박찬욱 감독의 영화 '올드보이'에서 우진 역의 유지태는 오대수 역의 최민식에게 위와 같이 말을 하죠. 오대수를 감금한 15년간, 그리고 감금을 준비한 또 몇 년의 기간 동안 그의 일거수일투족을 다 관찰하고 그 자료를 분석하여 오대수만이 가진 행동과 심리의 법칙을 발견해냈다는 얘기인 겁니다.

'오대수학'에서 불법성과 비인간성을 쏙 빼내고 대상에 대한 접근 방법을 좋은 쪽으로 180도 바꾸면, 이러한 일종의 '개인학문'이나 '민간과학'은 음악에서도 똑같이 연구될 수 있다는 생각이 듭니다. '음악 감동의 과학'을 연구한 영국의 심리학자 존 슬로보다처럼 수십 명을 대상으로 연구하면 좋겠지만, 특정한 1명만을 대상으로 연구를 해도 나름 의미 있는 법칙이 발견될 수도 있습니다. 바로 자기 자신을 대상으로 한 개인적 '민간 음악과학 연구'를 진행해보는 것이죠.

'뭐, 혼자서, 혼자를 대상으로, 혼자 연구를 진행하는 게 과연 과학이 될 수 있겠어?'라는 의문이 당연히 뒤따르겠지만, '김치과학'의 사례를 보면 꼭 그렇게 낮추어 생각할 일도 아닌 것 같습니다. '옛날 우리 조상들 중 어떤 분이 김치에 시험 삼아 젓갈을 넣었더니 김치가 엄청 감칠맛이 나더라. 이게 소문이 퍼져 여기저기서 젓갈을 넣어 김치를 담그게 됐더라. 또 어떤 분은 젓갈이 없어 무를 대신 넣었더니 역시 감칠맛이 나더라. 나중에 국립수산과학원 전통식품연구소에서 이유를 살펴봤더니 김치에 젓갈이나 무를 넣었을 때 알파 아밀라아제 효소가 활성화되어 아미노산과 유산균의 함량이 높아져서 감칠맛이 더한 것이더라.' 뭐 이런 방식으로 개개인이 민간 음악과학을 진행한다해도 그게 차곡차곡 쌓여 나중에 큰 학문으로 발전되지 말란 법이 없으니까요.

서구 유학 경험도 없이, 박사학위도 없이 오로지 연구와 실험에 몰입하여, 흔한 풀개똥쑥에서 말라리아 치료제 '아르테미시닌'을 개발해 2015년 노벨생리의학상을 받은 중국 과학자 투요우요우의 사례 또한 비슷한 울림을 줍니다.

'난방열사' 김부선 씨가 미시적인 영역에서 '생활정의'를 추구하듯, 음악애호가들이 일상생활 속에서 자기 나름의 작은 '음악과학'을 진행해보는 것도 음악을 사랑하는 또다른 방법이 아닌가 싶은데요. 그러한 민간 음악과학 차원에서 음악 감동의 법칙을 다시 한 번 살펴보면, 역시 영국의 심리학자 존 슬로보다가 연구한 바 있는 '아포지아투라'를 재차 언급하지 않을 수 없습니다.

아포지아투라는 '기대다'라는 뜻을 가진 이탈리아 말에서 유래된 것인데요. 말 그대로 아포지아투라는 불협화음(코드 밖의 음)으로서 협화음에 '기대어' 새로운 음악적 느낌을 불러일으키는 역할을 합니다. 예를 들어 악기로 반주를 할 때 C코드(구성음 도, 미, 솔)라는 서로 잘 어울리는 소리들끼리의 묶음이 있는데 여기에 전혀 어울리지 않는 불협화음 '파#' 음이 들어가면 뭔가 맞지 않는 느낌이 듭니다. 기본적으로 사람은 협화음을 좋아하는 동물이기 때문입니다. 하물며 진화론적으로 인간에 가장 가까운 침팬지조차 협화음을 선호한다는 연구 결과가 발표되기도 했으니까요.(이 책 목차 중 〈코끼리도 푸치니 오페라 '투란도트'를 좋아한다〉 참조)

하지만 불협화음도 아포지아투라 방식으로 잘 쓰이게 되면 뭔가 특이하면서 별난 음악적 느낌이 들게 되는 겁니다. 협화음들 속에 불협화음을 넣는 음악과학적 실험을 통해 새로운 소리의 효과를 얻어낼 수 있는 것입니다. 그 훌륭한 사례가 우리나라에도 잘 알려진 레너드 번슈타인의 뮤지컬 '웨스트 사이드 스토리' 수록곡 '마리아'입니다.

이 노래 곳곳에서 반복되는 가사 "마리아"를 잘 들어보면 아포지아투라 기법을 잘 느끼실 수 있습니다. '마리아' 이 노래는 내림 나장조의 노래인데요. 보통 내림 나장조에서 '도'와 '미♭'이 들어가면 여기에 '솔'이 추가되는 Cm 코드를 써서 반주를 하면 됩니다.

그런데 "마(계이름 '도')~리(계이름 '파')~아(계이름 '미♭')"에서 보듯 '도'와 '미♭' 사이에 '파'가 들어가 있어서 왠지 불협화음 같기도 하면서 어떻게 들으면 미묘하고 신비하게 들리는 멜로디 라인이 형성됩니다. 그러면서 반주에 쓰이는 코드도 상대적으로 복잡해져, A♭6, F/A, B♭과 같은 코드들을 써야 하죠. 반주하기는 힘들어지지만 노래하면 상당히 매력적으로 들리게 되는 아포지아투라가 효과가 발생하는 것입니다.

2009년 그래미어워드 최우수 여성 솔로 팝 보컬상을 수상하고 '롤링 인 더 딥(rollin' in the deep)' 등의 노래로 우리나라에서도 인기가 많은 영국의 싱어송라이터 아델의 '썸원 라이크 유(someone like you)'에도 아포지아투라와 비슷한 기법이 쓰였습니다. 코러스 속에서 아델이 "유(you)"라고 발성하는 부분이 바로 그곳입니다.

코러스가 시작되면 아델의 목소리는 옥타브를 뛰어넘어 급격히 높아진 볼륨으로 음표가 터질 듯이 발성됩니다. 화성이 다른 화성으로 바뀌기 전까지 긴 음표의 끝부분에서 음정을 조절하며 작은 롤러코스터처럼 긴장감을 불러일으켰다가 다시 해소시킴으로써 듣는 사람으로 하여금 만족감을 느낄 수 있도록 하죠.

캐나다 맥길대학의 신경과학자 로버트 자토레 박사에 따르면 노래를 듣고 감동을 받으면 뇌의 보상중추에서 도파민이 분비되는데, 그 효과는 섹스를 하거나 마약을 복용할 경우와 비슷할 정도라고 합니다. 아델의 '썸원 라이크 유'와 같은 슬픈 노래를 들을 때도 마찬가지라고 합니다.

개인적 민간 음악과학자로서 우리들도 아포지아투라 기법처럼 협화음 안에 불협화음을 집어넣어 멜로디를 만들거나 자기만의 코드를 구성하는 등 자기 나름의 실험을 꾸준히 계속해 나가다 보면 어느 순간 새로운 음악적 감성과 효과를 창출할 수 있을 거라는 생각이 드는데요.

음악 감동 법칙을 만들기 위한 음악 관찰과 실험은 법률이나 윤리적 가치에 어긋날 가능성도 없고, 무엇보다 돈을 거의 쓰지 않으면서 비싼 돈으로도 얻기 힘든 '행복 호르몬' 도파민 분비를 자극할 수도 있다고 하니, 지금 당장이라도 스마트폰을 열고 피아노 앱을 한번 뚱땅거려 보시는 건 어떨까요?

록, 헤비메탈 광팬들이
위험한 존재라고?

>>> > >

"남편 빌 클린턴이 생일선물로 사준 제 흰색 아이팟에는 비틀즈와 롤링스톤즈의 노래들, 그리고 클래식, 모타운 음악들이 담겨 있습니다. 비틀즈의 '헤이 주드', 아레사 프랭클린의 '리스펙트', 이글스의 '테이크 잇 투 더 리밋', U2의 '뷰티풀 데이' 등이 대표적인 노래들이죠."

빌 클린턴 전 미국 대통령의 부인이자 그 자신도 거물 정치인인 힐러리 클린턴은 상원의원 시절 뉴욕포스트와의 인터뷰에서 위와 같이 말했습니다. 여기서 모타운 음악들이란 슈프림즈, 마빈 게이, 잭슨 파이브, 스티비 원더, 라이오넬 리치 등이 몸담았던 모타운 레코드사에서 발표한 음악들을 말하는 것인데요. 모타운 레코드사는 아프리카계 미국인이 소유한 최초의 레이블로서 미국 대중음악의 인종적 화합에 아주 중요한 역할을 수행했습니다. 힐러리는 이러한 모타운 음악을 아이팟에 저장해 듣는다고 말함으로써 흑인들의 표심을 자극한 것이었죠.

비틀즈의 '헤이 주드(Hey Jude)'는 사람들이 보편적으로 좋아하는 노래여서, 아레사 프랭클린(Aretha Franklin)의 '리스펙트(Respect)'는 페미니즘과 인종적 다양성에 대한 배려를 보여주기 위해서, U2의 '뷰티풀 데이(Beautiful day)'는 사회의식을 가진 젊은 세대를 의식해서, 가장 미국적인 사운드를 구현하는 밴드 이글스(Eagles)의 '테이크 잇 투 더 리밋(Take it to the limit)'은 평균적인 미국인들을 감안해서 택한 정치적 선곡 목록이라는 분석도 있었습니다.

이렇듯 어떤 음악을 듣느냐 하는 것은 개인적인 취향을 넘어 개인의 성격과 사회적, 정치적 정체성을 드러내는 것으로 간주되는 경향이 아주 오래 전부터 있었는데요. 특정한 옷을 입는 등 패션을 통해, 그리고 특정 술집을 가는 행위를 통해, 또 특정한 은어를 사용해 자신의 개성과 정체성을 드러내는 것과 마찬가지로 특정한 음악 스타일을 선택해 들음으로써 자신의 개성과 정체성을 나타낸다는 일상적 관념이 있어온 것이죠.

그렇게 드러난 음악적 정체성을 통해 종종 같은 음악 취향을 가진 사람들끼리 뭉치는 '음악 부족'이 형성되어 사회적 정치적 행위를 하는 경우도 있었구요. 미국에서 1960~70년대 밥 딜런 등의 포크 음악을 공통분모로 하여 뭉친 사람들이 대규모 반전운동을 벌인 것이 그 대표적인 예입니다.

이러한 음악 취향과 개인의 성격간의 관계를 과학적으로 밝혀보려고 한 연구 또한 계속해서 진행되어 왔는데요. 가장 근래의 것은 영국 헤리어트-와트대학 응용심리학과 애드리언 노스 교수팀의 '음악 취향에서의 개인적 차이점들' 연구입니다. 노스 교수팀은 브리티쉬아카데미의 재정지원을 통해 전세계 60개국 3만 6천여 명을 대상으로 온라인 설문을 받아, 특정 음악 스타일과 그 음악 스타일을 좋아하는 사람들의 성격이 어떤 상관관계를 가지는지 알아보는 대규모 연구를 3년 여간 진행했습니다.

그 결과는 아래의 표에서 확인할 수 있는데요.

좋아하는 음악 스타일	성격 유형
블루스	높은 자존감, 창의적, 외향적, 온화함, 무던함
재즈	높은 자존감, 창의적, 외향적, 무던함
클래식	높은 자존감, 창의적, 외향적, 무던함
랩	높은 자존감, 외향적
오페라	높은 자존감, 창의적, 온화함
컨트리 웨스턴	일에 있어 근면함, 외향적
레게	높은 자존감, 창의적, 외향적, 온화함, 무던함, 일에 있어 너무 근면하진 않음
댄스	창의적, 외향적

댄스	창의적, 외향적, 온화하지는 않음
레게	낮은 자존감, 창의적, 온화하지는 않음, 일에 있어 너무 근면하지는 않음
발리우드(인도영화음악)	창의적, 외향적
록, 헤비메탈	낮은 자존감, 창의적, 외향적이지 않음, 온화함, 무던함, 일에 있어 너무 근면하지는 않음
차트 팝(인기순위에 오른 음악)	높은 자존감, 창의적이지 않음, 외향적, 일에 있어 근면함, 온화함, 무던하지는 않음
쏘울	높은 자존감, 창의적, 외향적, 온화함, 무던함

　이러한 결과가 나오기까지 노스 교수팀은 다음과 같은 과정을 밟았습니다. 우선 분석에 사용된 데이터들은 영문으로 된 인터넷 설문을 통해 수집했는데요. 영국 헤리어트-와트대학 웹사이트와 유럽, 뉴질랜드, 호주, 북아메리카 지역에 위치한 신문, 라디오를 통해 "음악 취향에 대한 사상 최대의 학문적 연구가 이뤄진다"는 광고를 내보내 설문에 응할 참가자들을 모았습니다.

　설문 모집 결과 세계 60개국 3만 6천여 명이 설문에 응했는데, 그중 1336명의 응답은 유럽, 뉴질랜드, 호주, 북아메리카 대상 지역에 사는 사람들의 응답이 아니었기 때문에 버려졌습니다. 또 자신의 출신국가와 나이를 밝히지 않은 66명의 응답도 채택하지 않았습니다. 그리고 5명의 응답도 걸러졌는데, 이들은 설문 응답자들이 믿을 만하게 응답했는지 아닌지 판별하기 위해 설문 항목에 올려놓은 가상의 음악 스타일 '팬캣'을 '모르는' 음악 스타일이라고 응답하지 않은 사람들이었습니다. 한마디로 불성실하게 설문에 응답했기 때문에 신뢰할 수 없는 데이터라고 판단하여 분석에서 제외한 것이죠. 노스 교수팀은 설문 참여자들에게 104가지의 음악 스타일에 대해 좋아하는지 싫어하는지 0점(아주 싫어함)~10점(아주 좋아함) 사이에서 점수를 매기고 모르는 음악 스타일에 대해선 점수를 매기지 말고 '모름'을 택하도록 했습니다.

　또 설문 응답자들의 IP주소를 파악하여 그들이 설문 응답을 한 번 이상 했는지의 여부도 체크했다고 합니다. 그리고 최소 60%의 설문 응답자들이 알지 못한다고 한 51가지의 음악 스타일과 그에 대한 응답들은 통계 분석적 필요에 의해 분석용 데이터로 사용하지 않았다고 합니다. 온라인 설문이라고 하면 흔히 떠오르는 '날림식' 설문 응답으로 인한 폐해를 방지하기 위해 최대한 엄격한 추려내기 과정을 통해 얻은 36,518명의 설문 응답 데이터를 분석한 것입니다.

　노스 교수팀은 설문 참여자들에게 104개의 음악 스타일들에 대해 점수를 매기도록 하면서 동시에 자신의 성격 유형에 대해 기술하도록 했는데요. 여기서 성격 유형은 심리학에서 인간의 성격을 분석하는 척도로 많이 쓰이는 '5가지 성격 요인' 모형을 근거로 한 것들이었습니다. 정서적 안정성(neuroticism), 외향성(extraversion), 개방성(openness to experience), 친화성(agreeableness), 성실성(conscientiousness)을 토대로 자존감(self esteem), 창의성(creative), 외향성(outgoing), 일에 있어서의 근면성(hard working), 온화하고(gentle) 무던하냐(at ease) 여부를 문항으로 제시해준 것이죠.

　'5가지 성격 요인' 모형은 아래와 같은 질문 항목 수십 개를 제시해준 뒤 응답 받은 결과를 토대로 판단한다고 합니다.

1. 말이 많다
전혀 그렇지 않다 1 2 3 4 5 아주 그렇다
◀┄┄┄┄┄┄▶

2. 독창적이어서 새로운 아이디어가 샘솟는다
전혀 그렇지 않다 1 2 3 4 5 아주 그렇다
◀┄┄┄┄┄┄▶

3. 많은 다른 것들에 호기심이 많다
전혀 그렇지 않다 1 2 3 4 5 아주 그렇다
◀┄┄┄┄┄┄▶

4. 일을 철저히 한다
전혀 그렇지 않다 1 2 3 4 5 아주 그렇다
◀┄┄┄┄┄┄▶

5. 느긋하고 스트레스를 잘 관리한다
전혀 그렇지 않다 1 2 3 4 5 아주 그렇다
◀┄┄┄┄┄┄▶

Q. 나는 내 자신을 어떠한 사람이라 생각한다

질문 항목별로 "전혀 그렇지 않다"를 1점, "아주 그렇다"를 5점으로 하여 1~5점 사이의 점수를 택하게 하는 것이죠. 이러한 음악 취향과 성격 유형 사이의 상관관계를 밝히는 연구를 하다가 노스 교수팀은 뜻밖의 사실도 발견했는데요. 그것은 바로 클래식 마니아들이 록, 헤비메탈 광팬들과 생각 외로 성격 유형을 많이 공유하고 있다는 점이었습니다.

비록 클래식 마니아들의 연령대와 헤비메탈 광팬들의 연령대는 서로 달랐지만 이와 같은 연구 결과에 대해 노스 교수는 상당히 놀랐다고 밝혔습니다. 클래식 마니아들의 연령대는 상대적으로 높았고 헤비메탈 광팬들의 연령대는 상대적으로 젊었습니다. 하지만 둘 다 드라마틱하고 극적이며 웅장한 음악의 애호가라는 공통점을 가지고 있었다는 것입니다.

보통 헤비메탈 광팬이라고 하면 왠지 자살이라도 할 것처럼 우울해 있거나 자기 자신과 사회에 위험한 존재로 여기는 편견이 많은데 실제로 이들은 창의적이고 무던한 성격 유형들이 많았다고 합니다. 우리나라에서 국민약골로 불리는 개그맨 이윤석씨도 굉장한 헤비메탈 마니아로 알려져 있죠. 그는 한 텔레비전 코너에서 헤비메탈을 립싱크하면서 헤드뱅잉을 비롯한 광란적인 퍼포먼스를 보여주기도 했었는데요. 실제로 그의 성격은 여리기도 하지만 개그맨 특유의 창의성과 함께 무던한 성격으로 좋은 대인관계를 가진 것으로 알려져 있습니다. 아시아 이외의 지역을 대상으로 영어 설문을 통해 이뤄진 노스 교수의 연구 결과가 한국 사람의 성격 유형에도 잘 맞아떨어진 경우라고 볼 수 있는 것입니다.

위에서처럼 성격 유형들은 음악 스타일에 대한 취향과 분명히 상관관계가 있었습니다. 하지만 나이, 성별, 소득 수준은 상대적으로 더 밀접한 상관관계를 가지고 있었다고 합니다. 자세히 살펴보면 연령대가 음악 스타일을 선택하는 데 있어 가장 강력한 상관관계를 가지고 있는 것으로 나타납니다. 헤비메탈은 젊을수록, 클래식은 나이가 들어갈수록 더 선호한다는 것이죠. 성별로 따져보면 여성들은 남성들에 비해 조금 더 부드러운 음악 스타일을 좋아한다고 합니다. 또 소득 수준과 재즈, 클래식의 선호도도 비례하는 경향이 있었다고 합니다.

음악 스타일의 선택에 있어 성격 유형이 갖는 상관관계의 정도가 나이, 성별, 소득 수준이 갖는 상관관계의 정도에 비해 조금 적다고는 해도 통계적으로나 여러 면에서나 충분히 의미가 있는 것으로 봐야 한다고 노스 교수팀은 밝히고 있습니다.

　다양한 음악을 좋아하는 다양한 성격의 여러분들은 어떤 생각들이십니까? "인간은 일생 동안 계속해서 성격을 형성해나간다. 만약 인간이 자기 자신을 완벽하게 알게 된다면, 그것은 죽음을 의미한다."고 말한 프랑스의 실존주의 철학자이자 노벨문학상 수상 소설가 알베르 까뮈의 말에서 어쩌면 그 답에 대한 힌트를 찾을 수 있는 것인지도 모르겠습니다.

광복70돌의 숫자와 음악상징

≫ ＞ ＞

"흙 다시 만져보자 바닷물도 춤을 춘다
기어이 보시려던 어른님 벗님 어찌하리
이 날이 사십 년 뜨거운 피 엉긴 자취니
길이길이 지키세 길이길이 지키세
꿈엔들 잊을 건가 지난 일을 잊을 건가
다 같이 복을 심어 잘 가꿔 길러 하늘 닿게
세계의 보람될 거룩한 빛 예서 나리니
힘써 힘써 나가세 힘써 힘써 나가세"

-정인보 작사·윤용하 작곡 '광복절 노래'

2014년 8월 15일은 광복 69돌이었고 2015년 8월 15일은 광복 70돌이었습니다. 광복절은 언제나 똑같이 기쁘고 또 한편으로 지나간 과거를 되돌아보게 하는 뜻 깊은 날인데요. 특이하게도 69돌과 70돌의 느낌은 분명 또 다르게 다가옵니다. 그건 아마도 70돌에서 7이라는 숫자가 가진 상징성 때문이 아닐까 하는 생각을 해보는데요. 2015년 광복절을 휴일인 토요일에 맞이하게 되자 정부가 그 전날인 14일을 임시 공휴일로 지정한 것도 비슷한 이유가 아닐까 하는 추측을 한 번 해봅니다.

그렇게 우리나라에서도 행운을 상징하는 것으로 여겨지는 숫자 7은 서양에서 아주 오래된 유래를 가지고 있는데요. "수(數)는 우주를 지배한다"고 말한 고대 그리스 수학·철학자 피타고라스를 따르는 피타고라스 학파에선 완벽한 형태를 가진 삼각형의 '3'과 사각형의 '4'가 합쳐진 '7'이야말로 완벽한 숫자라고 생각했습니다. 서양 역사에 지대한 영향을 끼친 기독교에서는 유일신 '야훼'가 6일 동안 세상을 만들고 7일째 되던 날 휴식을 취했기 때문에 숫자 7이 매우 중요한 의미를 가집니다. 기독교와 뿌리가 같은 유대교에는 1년에 7번 신성한 날이 있구요. 유대인들이 사용한 히브리어로 숫자 '7'(seven)을 의미하는 '셰바(sheva)'는 완성과 완벽을 뜻하기도 합니다.

동양에서도 숫자 7이 두 번 겹치는 음력 7월 7일에 은하수의 양쪽 둑에 있는 견우성(牽牛星)과 직녀성(織女星)이 1년에 1번 만난다고 하는 전설이 있는 등 좋은 의미를 가지고 있기도 하죠. 또 숫자 7은 소수로서, 1부터 10까지의 숫자들 중에서 그 자신이 다른 수로 나뉘어지지 않고 다른 수의 약수도 되지 않아 강한 독립성을 상징하기도 합니다. 게다가 독립운동가 출신 교육자 정인보가 가사를 쓰고, 가곡 '보리밭'으로 유명한 윤용하가 선율을 만든 '광복절 노래' 또한 '7'개의 음을 가진 장조 음계를 사용하여 만든 곡입니다. 나비의 작은 날갯짓이 혼돈과도 같은 인과관계를 통해 태풍을 만든다는 '카오스 이론'에서의 '나비효과'처럼, 작은 눈짓과도 같던 숫자 '7'의 상징성이 사방으로 퍼지며 커다란 '의미의 연결망'으로 번져가는 모습을 보는 것 같은데요.

인간에게만 부여된 고도의 정신작용의 하나로서 상징은 집단적, 사회적으로 승인된 일정한 정신적 약속의 성격을 가지기 때문에, 한번 좋은 의미의 상징으로 굳어진 숫자 '7'이 여기저기 다양한 분야로 퍼져 광범위하게 영향력을 행사하게 된 것은 아닐까 생각하게 됩니다. 현재의 음악체계에서도 한 옥타브 안에는 도, 레, 미, 파, 솔, 라, 시 7개의 음이 기본으로 되어 있죠.

여기에 더해 고대 바빌로니아인들이 가장 의미 있는 것으로 여겨 그들의 수학과 역법체계의 기본으로 사용한 숫자 '60'이 계속 이어져 내려와 현재 1시간 60분, 1분이 60초의 시간체계가 된 사례 또한 마찬가지인 것 같습니다. 고대 이집트에서 죽은 자에게 12개의 영역이 있다고 보아 특별한 숫자가 된 '12'가 1년 12개월, 1일 오전·오후

12시간, 1인치의 12배인 1피트, 1펜스의 12배인 1실링, 대표적 음계인 장음계와 단음계 속 12개의 음(도, 도#, 레, 레#, 미, 파, 파#, 솔, 솔#, 라, 라#, 시) 등 현재의 날짜, 통화, 길이, 음악의 체계로 사용되는 사례 등을 보면 숫자상징을 비롯한 기호상징이 철학, 수학, 종교, 음악, 문화 등에 끼친 영향을 잘 살펴볼 수 있는데요.

또 동양의 명리학에서 말하는 갑, 을, 병, 정, 무, 기, 경, 신, 임, 계 10천간과 자, 축, 인, 묘, 진, 사, 오, 미, 신, 유, 술, 해 12지지를 음양에 맞게 배열한 60갑자가 위에서 본 숫자나 기호상징의 사례들과 모종의 아련한 인과관계를 가지고 있는 것인지도 모른다는 생각도 듭니다. 이러한 숫자, 기호상징은 심리적이고 사회적인 토대는 물론 신경과학적인 기반을 고스란히 갖추고 있는데요. 숫자, 기호상징과 같은 인간의 고도의 정신작용과 관련된 뇌 부위인 '두정간구(頭頂間溝。intraparietal sulcus)'가 바로 그것입니다.

캐나다 웨스턴온타리오대학 심리학과 I.D.홀로웨이 교수팀의 '숫자상징의 의미론적이고 지각적인 처리과정: 자기공명영상을 통한 비교언어학적 연구'를 보면 그 사실을 잘 알 수 있습니다. 홀로웨이 교수팀은 힌두-아랍숫자와 중국 숫자표의 문자 모두를 읽을 줄 아는 중국인들과 힌두-아랍숫자만을 읽을 줄 아는 사람들의 그룹을 대상으로 연구를 진행했는데요. 기능성 자기공명영상을 통해 두 개의 숫자상징을 보는 두 그룹의 뇌 활동을 살펴본 결과, 두 그룹 통틀어 1, 2, 3, 4, 5, 6, 7, 8, 9, 0 같은 힌두-아랍숫자를 보았을 때 왼쪽 두정간구가 의미 있는 수준으로 활성화되었다고 합니다. 반면중국인들이 一, 二, 三, 四, 五, 六, 七, 八, 九, 十 같은 중국 숫자 표의문자를 보았을 때에는 오른쪽 두정간구가 활성화되었다고 합니다.

힌두-아랍숫자와 중국 숫자 상형문자의 시각적 유사성을 처리하는 과정은 왼쪽 방추상회(fusiform gyrus。후두엽과 측두엽에 걸쳐있는 내측 후두 측두회(medial occipitotemporal gyrus)의 다른 이름. 얼굴에 대한 정보 처리에 중요한 역할을 한다)의 활성화와 연관되어 있는 것으로 나타났는데요. 문화를 독립변수로 놓고 진행한 이번 연구를 통해 보면 두정간구와 방추상회에서 숫자상징의 의미론적이고 지각적인 처리과정이 이루어지는 것으로 추정된다고 합니다.

두정간구는 음표 등의 기호상징으로 이루어진 음정 정보를 머리 속에서 변환하는 데 있어서도 중요한 역할을 하는데요. 캐나다 맥길대학 신경심리학과 N.E.포스터 교수팀의 '음악적 음정 정보를 변환하는 데 있어 두정간구(頭頂間溝, intraparietal sulcus) 의 역할 연구'에 두정간구의 역할이 잘 나타나 있습니다.

최소 7년 평균 15년 연주 경력이 있는 20~37살 평균 25살의 남성 8명과 여성 4명 총 12명의 오른손잡이 연주가를 대상으로 이루어진 이 연구에서 연주자들은 온음계 '도 미 솔 파 솔'로 이뤄진 다장조의 짧은 멜로디를 머리 속에서 사장조로 조옮김하거나, 멜로디를 구성하는 음표들을 거꾸로 배열하여 연주했는데요. 이때 뇌의 두정간구 부위가 활성화되었다고 합니다. 기호상징인 음표를 옮기거나 순서를 바꾸는 등 고도의 추상적 두뇌행동을 할 때 또한 뇌의 두정간구 부위와 깊은 관계를 맺고 있다는 것이죠.

포스터 교수팀이 실험 참가자들에게 연주하도록 한 원래 멜로디

원래 멜로디를 사장조로 조옮김 한 것

원래 멜로디의 음표들을 역순으로 배열한 것

19세기 독일의 위대한 수학자 가우스는 "수는 순전히 인간의 정신적 산물이다"라고 말했고, 영국의 수학·논리학·철학자 화이트헤드는 "수학은 문학적 상상력을 조직화 하는 힘이다"라고 말했는데요.

광복 70돌을 맞아 더 강렬하게 들리는 '광복절 노래' 속에, 뇌 두정간구에서 처리되 는 상징이라는 고리를 통해 서로 긴밀하게 연결되어 있는 철학, 수학, 종교, 음악, 문화 의 역동적인 모습이 눈에 선연히 보이는 듯합니다.

완전히 완벽하지 않아서
음악은 아름답다

>>> > >

"허구의 가면을 쓰고서라면 당신은 진실을 말할 수 있습니다."

-2000년 노벨문학상을 수상한 중국 출신 소설가 가오싱젠의 말 중에서

아이돌인지, 스타인지, 무명가수인지, 아무도 알아보지 못하게 가면을 씌워 단지 노래 실력 하나로만 평가를 하는 가창 프로그램 〈복면가왕〉의 시청자 반응은 아주 뜨거웠습니다. 잘생겼는지 못생겼는지, 호감인지 비호감인지, 팬들이 많은지 적은지 등의 '인기 계급장'을 모두 떼고 오로지 실력 하나로만 승부를 보는 음악적 '공정성'에 대한 열광적인 호응이었을 것이라는 생각이 드는데요.

2000년 노벨문학상을 수상한 중국 출신 소설가 가오싱젠이 '가면'이 가진 힘에 대해 위와 같이 말한 것을 보면, 〈복면가왕〉에서 노래를 부르는 이들은 가면을 씀으로써 더 노래에 집중하게 되어 자기 안에 감춰져 있던 음악적 진실들을 폭포처럼 콸콸 쏟아낸 것이 아닐까 싶습니다. 걸그룹 스피카의 김보아, 애절한 발라드 가수 린, 깜짝 보컬 실

력을 뽐낸 격투기 선수 서두원 등 〈복면가왕〉에 출연하여 노래를 부른 사람들은 원곡과 악보를 따라 직선 비행하다가도 어느 순간 무대에서 받은 감흥을 한껏 폭발시키기 위해 목소리 선율을 변주하는 모습들을 보여주는데요.

기본적인 박자는 유지하되 필요한 만큼 박자를 변화시켜 자기 나름대로 노래를 해석하여 부르는 루바토(rubato)의 모습들도 많이 보였습니다. 루바토는 이탈리아어로 '도둑맞다'라는 뜻인데요. 여기서 도둑맞은 박자를 저기서 찾아 부르는 기법이죠. 감정이 자연스럽게 우러나올 때 쓰여야 더욱 자연스러운 기교가 바로 루바토입니다.

루바토는 악보를 연주하거나 노래할 때 템포에 미묘한 변화를 주어서 다양한 느낌을 표현하는 방법인 아고긱(agogic) 기법의 하나로 리타르단도(점점 느리게), 아첼레란도(점점 빠르게) 등도 여기에 속합니다. 또 음에 셈과 여림을 주어서 감정을 풍부하게 표현하는 뒤나믹(Dynamik) 기법도 있는데요. 크레센도(점점 세게), 피아니시모(보다 여리게) 등의 방법이 여기에 속합니다. 아고긱과 뒤나믹을 적절히 상호작용시켜 노래를 부르면 좀 더 자기 내면의 진실에 가까운 감정을 표현할 수가 있는 것이죠.

연주 거장들의 경우 협주곡에서 악곡의 종반 무렵 화려하고 즉흥적인 연주를 하기도 하는데요. 카덴차(cadenza)가 바로 그것입니다. 연주자의 내면 속 진실된 감정을 뛰어난 기교를 통해 순간적으로 자연스럽게 풀어놓는 것이죠. 많은 사람들은 음악이 정박자로 딱딱 맞아 떨어지는 것보다 조금 박자가 어긋나더라도 뭔가 인간적인 것을 자연스럽게 받아들이고 선호하는 경향이 있는데요. 위의 음악 기법들도 그러한 인간의 심리를 충족시키기 위해 만들어진 것들이 아닐까 싶습니다.

이러한 조금은 덜 완벽함을 좋아하는 사람들의 성향은 음악적 시간을 규정하여 가장 기초적인 음의 질서체계를 만드는 드럼 연주 듣기 취향에서도 발견되는데요. 사람들은 컴퓨터가 진행하는 정확한 연주보다 조금은 음표에서 벗어난 '불완전한' 연주에 더 매력을 느낀다는 연구 결과가 나왔습니다.

독일 괴팅겐의 막스플랑크연구소 자기 조직화 역학 분야의 물리학자 홀거 헤니그 박사팀의 '드럼 거장이 녹음한 히트곡에서의 심벌즈(하이햇)의 시간 간격 맞추기와 역동성의 편차' 연구에 따르면 사람들은 컴퓨터에 의해 생성되는, 기술적으로 완벽한 비트를 가진 음악보다 되레 불완전성이 선천적으로 내재될 수 밖에 없는- 인간이 연주한 음악을 더 좋아한다고 합니다. 더 나아가 인간 연주의 '불완전성'을 컴퓨터 음악 시퀀서 프로그램을 통해 바로잡은 음악보다 원래의 작은 '불완전성'이 그대로 남아 있는 음악을 더 선호한다고 하죠.

헤니그 박사팀은 핑크 플로이드, 스틸리 댄, 마이클 잭슨, 마돈나 등과 함께 작업했던 드럼의 거장 제프 포카로(Jeff Porcaro)가 연주한 '아이 킵 포게팅(I keep forgetting)'이라는 곡을 분석 대상으로 삼았습니다. 포카로는 '아프리카(Africa)' 등의 빅히트곡들로 유명한 미국 팝그룹 토토(ToTo)의 드러머이기도 했는데요. 이렇게 유명하고 실력 있는 거장 드러머의 '팅, 팅, 팅, 팅'하고 1박마다 4번 연주되는 하이햇(드럼 세트 중에서 발로 눌러 소리내는 심벌즈)의 타이밍과 볼륨을 살펴보았더니, 16분 음표들 사이의 시간 간격이 정확하지 않았고 그 볼륨 또한 일정하지 않았다고 합니다.

하지만 그의 드럼 연주를 들은 사람들은 그 누구도 그의 연주가 불완전하다고 생각하지 않고 되레 그런 연주를 더 좋아했다는 것입니다. 이렇게 음표에서 조금씩 벗어난 제프 포카로의 '불완전한' 드럼 연주는 3분 40초 분량의 노래 '아이 킵 포게팅'이 재생되는 내내 같은 패턴을 가지고 있었다고 하는데요. 몇 초 정도만 들었을 때나 3분 40초 다 들었을 때나 음표에서 약간 벗어난 포카로의 드럼 연주들은 같은 패턴으로 연주되더란 것이죠. 한마디로 포카로 자신만이 가진 내면의 자연스러운 리듬 법칙이 있다는 것입니다.

헤니그 박사가 참여한 또다른 논문 '인간의 음악 리듬 속 파동의 성질과 지각'에서는 정해진 음표들보다 조금 더 편차가 많이 나는 단순하기도 하고 복잡하기도 한 리듬들, 그래서 듣는 사람들이 좀 더 선호하는 리듬들을 컴퓨터 음악편집 프로그램을 통해 만들어 보았더니, 놀랍게도 그 리듬 속 음들의 시간 간격들은 필연적으로 불완전한 인간의 리듬 연주 속 음들의 간격과 공교롭게도 맞아떨어지는 결과를 낳았다고 합니다.

우크라이나 출신 미국의 천재 피아니스트 블라디미르 호로비츠는 마치 이 연구 결과를 보기라도 한 듯 이런 말을 남겼습니다.

"완벽함 그 자체는 불완전한 것이다."

'싸이'의 노래 리듬에 맞춰
춤추는 앵무새

>>> > >

    찰스 다윈은 자서전에서 "삶을 다시 산다면 적어도 일주일에 한 번 규칙적으로 시를 읽고 음악을 들을 것이다"라고 말했죠. 굳이 시와 음악이 아니더라도 대다수의 사람들은 다윈처럼 주기적으로 무언가를 하고 있거나, 하려고 하게 되어 있습니다. 지구가 태양 주위를 돌고, 달이 지구 주위를 돌며 년, 월, 주, 일과 계절, 낮, 밤이라는 시간의 주기에 맞춰 인류가 진화해왔기 때문이죠.

    흐르는 시간 속에서 조직된 음들로 이뤄지는 음악에도 당연히 리듬과 박자와 같은 주기가 있어서, 음과 음 사이의 일정한 거리 주기인 리듬이 보사노바에서 레게로 바뀐다거나, 4/4박자가 3/4박자로 바뀐다거나 하면 사람들은 신기하게도 금방 알아채곤 하는 것입니다.

    외부에서 발생한 음악 소리의 파장은 사람 귀의 고막과 뼈에 진동을 일으키고 이 진동은 달팽이관의 청각신경인 유모세포에 의해 신경 신호로 바뀝니다, 이 신경 신호는 달팽이핵, 올리브핵, 내측슬상핵을 거쳐 귀 안쪽 뇌의 측두엽에 있는 일차, 이차 청각피질에 도달하게 되고 저주파수의 소리는 일차 청각피질에서, 고주파의 소리는 청각피질 가운데와 뒤쪽에서 처리되죠.

    뇌의 청각피질(Auditory Cortex) 부근에 달팽이관(cochlea)이 위치하고 있고 달팽이관의 꼭대기 부분에서 0.5킬로Hz의 소리가, 달팽이관의 아랫부분에서 16킬로Hz의 소리가 처리됩니다. 이러한 과정을 통해 리듬과 박자, 선율을 인지한 인간은 그에 맞춰 콧노래를 흥얼거리거나, 리듬에 맞춰 몸을 흔들거나, 박자를 따라 발가락을 까딱거리거나 하는 반응을 보이게 되는 것이죠.

박자가 규칙적으로 들려오면 기저핵(Basal Ganglia)의 습관적인 운동을 담당하는 회로와 여기에 연결된 소뇌(Cerebellum)부위가 활성화됩니다. 이들 부위의 뉴런이 음악에 맞춰 동시적으로 발화하기 때문인데요. 노래의 종류에 따라 다르게 발화하는 뉴런들로 인해 뇌파 패턴이 변화하게 되고 뇌파 패턴이 변화하면 의식의 상태 또한 변화하게 됩니다. 그래서 조용한 클래식을 들으면 마음이 편안해지면서 졸립고, 테크노나 록 음악을 들으면 긴장감이 들면서 활발한 정신 상태가 되며 잠이 깨는 것이죠.

음악은 가장 최근에 진화한 뇌의 부위인 전전두엽에서 예측을 담당하는 부위와 변연계의 정서중추를 자극하고 기저핵과 소뇌의 운동체계를 활성화함으로써 다양한 신경화학 물질의 작용 하에 그 리듬과 선율의 미적인 감동을 느끼게 해줍니다.

음악에 따라 면역글로블린A(IgA) 수치를 높이기도 하고 우울증을 완화시키는 멜라토닌과 세로토닌의 분비를 촉진시키기도 하며, 각성 효과를 일으키고 뇌의 쾌락 보상중추를 활성화시키는 노르에피네프린, 에피네프린을 더 많이 나오게 합니다. 좋은 기분을 만드는 프롤락틴 분비를 자극하기도 하구요. 명상음악 같은 경우 스트레스를 느끼게 하는 코르티솔과 노르아드레날린 수치를 떨어뜨리기도 합니다. 듣는 음악의 리듬에 따라 각각 다른 종류의 호르몬 분비를 자극하는 것입니다.

그런데 놀랍게도 음악 리듬에 반응하는 것은 인간뿐만이 아닙니다. 새들 중에도 기가 막힐 정도로 리듬에 민감하게 반응하는 새들이 있습니다. 호주산 앵무새 '스노우볼(Snowball)'이 바로 그런 케이스죠. 유튜브 동영상을 살펴보면 '스노우볼'은 영국의 전설적 록 그룹 퀸의 노래 '어나더 원 바이츠 투 더 더스트(Another One Bites to the Dust)'의 리듬에 맞춰 기가 막히게 몸을 흔들며 반응을 합니다.

미국 샌디에고 신경과학연구소의 애니루드 페이털은 유튜브에서 백스트리트 보이즈의 노래 리듬에 맞춰 춤추는 영상으로 스타가 된 호주산 앵무새 '스노우볼'을 연구해 얻은 결과를 과학저널 '커런트 바이올로지'에 발표하기까지 했습니다. 페이털은 '스노우볼'이 카메라 밖의 누군가가 리듬에 맞춰 춤추는 것을 그냥 따라서 춤추는 게 아니라 노래의 비트에 정확히 맞춰 춤춘다는 것을 과학적 동기화 측정 장치를 사용해 밝혀냈다고 합니다.

또 하버드대 심리학과 대학원생 아데나 새크너는 수년간 조류의 정신적 능력에 대한 연구 대상이었던 다른 아프리카 회색 앵무새 '알렉스'에게 아무 생각 없이 음악을 들려주었는데 한 번도 음악에 반응하는 훈련을 받은 적이 없는 앵무새 '알렉스'가 음악 비트에 맞춰 춤을 추는 것을 보고 깜짝 놀랐다고 합니다.

새크너 연구진은 유튜브에서 1천여 개의 춤추는 동물 동영상을 살펴봤는데, 그 중에서 33개의 동영상은 동물들이 정확히 음악 비트를 따라 움직인다는 증거를 보여줬다고 합니다. 그 33개 동영상의 주인공들은 14가지 종류의 앵무새와 한 종류의 코끼리였다고 하네요. 새크너 연구진은 동영상 속 앵무새들의 주인들과 만났는데 그 주인들은 한결같이 자기 앵무새의 음악에 대한 반응에 상당히 놀랐으며, 앵무새들의 능력이 천부적인 것임을 의미한다고 말했다고 합니다.

음악 리듬에 정확히 맞춰 춤을 추는 동물 중에서 앵무새들이 그 압도적 다수를 차지한다는 점에서, 목소리를 흉내 내는 것과 음악 리듬에 맞춰 춤추는 것은 뇌의 같은 회로구조를 사용하는 것이기 때문일 수 있다는 주장도 나오고 있습니다. 어쩌면 다른 사람의 행동을 거울처럼 반영하는 신경세포 '거울 뉴런'이 목소리 흉내 내기는 물론이고 '리듬 따라 춤추기'에서도 역할을 하는 것은 아닌가 하는 추측을 한 번 해보게 됩니다.

또다른 앵무새 '스티비'는 싸이의 노래 '강남스타일' 리듬에 맞춰 춤을 추기도 하는데요. 유튜브 동영상을 보면 새들도 사람처럼 각각의 개체에 따라 리듬에 맞춰 춤추는 능력이 다름을 알 수 있습니다. 스노우볼이 조류계의 박남정과 같은 역할이라면, 같은 호주산 앵무새 스티비는 음치였던 진화론자 다윈을 자연스레 연상하게 만듭니다.

내림 마장조의 뇌과학으로 본
'우리의 소원'

"우리의 소원은 독립 꿈에도 소원은 통일
이 정성 다해서 독립 독립을 이루자
이 겨레 살리는 독립 이 나라 살리는 독립
독립이여 어서 오라 독립이여 오라"

-안석주 작사·안병원 작곡 동요 '우리의 소원'

2015년 타계한 동요 작곡가 안병원은 일제치하 극작가이자 삽화가였던 자신의 아버지 안석주의 노랫말에 선율을 붙여, 우리나라 사람이라면 누구나 한 번쯤은 불러봤을 노래 '우리의 소원'을 만들었습니다. 1940년대 가사가 쓰일 당시 '독립'이었던 부분을 나중에 남북분단이 고착화되자 '통일'로 바꾸어 부르게 된 것이죠.

미♭, 파, 솔, 라♭, 시♭, 도, 레의 구성음들을 가진 내림 마장조 음계를 썼기 때문에 음높이가 높지 않아 누구나 쉽게 부를 수 있고, 코드 또한 E♭(미♭, 솔, 시♭), B♭7(시♭, 레, 파, 라♭), A♭(라♭, 도, 미♭) 3개만 사용해도 되기 때문에 기타나 피아노로 쉽게 반주할 수 있는 곡입니다.

내림 마장조도 장조 음계 중의 하나라서 느낌 자체가 우울하거나 어둡지 않고, 기쁘며 밝은 분위기를 발산합니다. 민족의 희망인 독립이나 통일에 대한 염원을 담은 노래이기 때문에 즐거운 느낌을 가져다 주는 장조 음계가 훨씬 더 잘 어울리는 것이죠. 만약 어둡고 무거운 분위기의 단조 음계를 사용하여 이 노래를 작곡하였다면 아마도 상당히 우울한 분위기의 '우리의 소원'이 나왔을 것입니다. 그런데 장조는 밝고 즐거운 분위기, 단조는 침침하고 무거운 분위기라고 규정하는 음악의 원리는 단지 기분에만 의존하는 느낌만의 원리인 것일까요?

도쿄전기대학 정보환경학부 네모토 이쿠 교수팀에서 발표한 '음악 속 장조와 단조의 밝고 어두운 느낌에 대한 신경생리학적 기초연구'에 따르면, 장조와 단조의 음악 원리는 단지 기분만의 원리가 아니라고 합니다. 신경생리학적으로 분명한 근거를 가지고 있는 원리라는 것이죠. 즉, 장조를 들었을 때의 뇌의 반응과 단조를 들었을 때의 뇌의 반응이 일관되게 다르게 나타난다는 것입니다.

네모토 교수팀은 장조 단조 음계와 장조 단조 3화음을 들었을 때 뇌의 반응을 기능성 자기공명영상과 뇌자기그림(MEG, 腦磁氣圖)을 사용하여 조사했는데요. MRI로 측정했을 때 단조와 관련된 음의 자극에 대해서는 통증이나 불쾌감과 관련된 뇌 부위가 활성화됐다고 합니다. 또 20Hz로 화음의 진폭을 변조시켜 그에 대한 지속적인 뇌 반응을 MEG로 측정했더니 장, 단3화음에 대한 반응이 서로 달랐다고 하죠.

단3화음과 감3화음을 들었을 때 앞쪽 뇌섬엽(anterior insula)과 대뇌피질 바로 밑 안쪽 부분인 대상회(cingular gyrus), 뇌의 변연계(limbic system)에 속하는 구조의 일부로서 동기, 학습, 감정과 관련된 정보를 처리하는 데 중요한 역할을 하는 편도체(amygdala) 등 패배감이나 통증을 느끼는 뇌 부위가 활성화되었다는 것입니다.

여기서 장3화음은 C코드(도, 미, 솔)처럼 1도 음인 도와 3도 음인 미 사이에 피아노 검은 건반 혹은 흰 건반이 3개(도#, 레, 레#)가 들어가고, 3도 음인 미와 5도 음인 솔 사이에 검은 건반 혹은 흰 건반이 2개(파, 파#) 들어간 코드들로서 메이저 코드라고 불립니다. 밝고 즐거운 느낌이 드는 코드들이죠.

단3화음은 Cm코드(도, 미b, 솔)처럼 1도 음인 도와 3도 음인 미b 사이에 검은 건반 혹은 흰 건반이 2개(도#, 레) 들어가고, 3도 음인 미b과 5도 음인 솔 사이에 검은 건반 혹은 흰 건반이 3개(미, 파, 솔b) 들어간 코드들로서 마이너 코드라고 호칭되죠. 어둡고 우울한 느낌이 드는 코드들입니다.

감3화음은 Cdim코드 (도, 미b, 솔b)처럼 1도 음인 도와 3도 음인 미b 사이에 검은 건반 혹은 흰 건반이 2개(도#, 레)가 들어가고, 3도 음인 미b과 5도 음인 솔b 사이에도 검은 건반 혹은 흰 건반이 2개(미, 파) 들어간 코드들로 디미니시 코드라고 호칭되는데요. 약간 기괴하게 날카로우면서 음울한 느낌이 드는 코드들입니다.

서양에서는 16~17세기 무렵 장조와 단조의 조성 개념이 성립되었는데요. 기쁨과 슬픔의 감정, 밝음과 어두움의 감정은 예술을 가능케 하는 것으로서 장조와 단조의 변화에 따라 사람의 감정도 바뀐다는 음악 원리가 500~600년 뒤 위와 같은 신경생리학적 연구를 통해 과학적으로 입증된 것입니다.

미국 뉴욕대학 신경과학연구소 조쉬 맥더모트 박사의 '청각적 선호와 미학-음악, 음성, 일상의 소리' 논문에서도 비슷한 결과를 볼 수가 있는데요. 맥더모트 박사의 연구에서 사람들은 C코드와 같은 장3화음(메이저 3화음。major triad)에 대해 가장 기쁜 감정을 느꼈습니다. 그 다음이 Cm코드와 같은 단3화음(마이너 3화음。minor triad), 가장 덜 기쁘게 느껴지는 화음은 Caug코드와 같은 증3화음(오그멘티드 3화음。augmented triad)이었는데요.

여기서 증3화음은 Caug코드(도, 미, 솔#)처럼 1도 음인 도와 3도 음인 미 사이에 검은 건반 혹은 흰 건반이 3개(도#, 레, 레#)가 들어가고, 3도 음인 미와 5도 음인 솔# 사이에도 검은 건반 혹은 흰 건반이 3개(파, 파#, 솔) 들어간 코드들로서 오그멘티드 코드라고 불립니다. 구름이 우중충하게 낀 느낌이 드는 코드들이죠. 눈여겨봐야 할 점은 악기가 색소폰이냐 신시사이저냐에 상관없이 같은 결과가 나타났다는 것입니다. 코드가 메이저 코드냐 마이너 코드냐에 따라 기쁨을 느끼는 정도가 판가름 났다는 것이죠.

이러한 연구 결과 역시 장조와 단조의 음악 원리가 그냥 느낌의 원리가 아니라 과학적으로도 타당한 원리라는 점을 입증시켜주는 것입니다. 불협화음 코드와 협화음 코드에 대한 근대적 의미로서의 과학적 연구는 19세기 생리·물리학자 헬름홀츠에 의해 이루어졌는데요. 주파수가 비슷한 소리 2개가 동시에 함께 울리면 서로 방해를 하는 맥놀이 현상(Beating)이 발생하여 불쾌한 소리를 내게 한다는 것입니다. 불협화음 코드의 음향 물리학적 원인을 밝혀낸 것이죠.

그 훨씬 이전 고대 그리스에서부터도 악기의 음들을 다른 음들과 조화롭게 만들고 배치하는 '근대 이전의 음악과학'이 이뤄져 왔습니다. "노래하는 악기의 줄들에는 기하학이 있고, 천체들 사이에는 음악이 있다"라는 말을 남긴 고대 그리스의 철학자이자 수학자 피타고라스는, 여러가지 경험적·비경험적 연구를 통해 음높이의 비율을 3:2 및 4:3 비율에 맞추어 피타고라스 음계를 만들었는데요.

피타고라스 음계에 따르면 도, 도#, 레, 레#, 미, 파, 파#, 솔, 솔#, 라, 라#, 시, 도의 12개 음들의 소리를 내는 악기의 줄들은 1, 243/256, 8/9, 27/32, 64/81, 3/4, 512/729, 2/3, 81/128, 16/27, 9/16, 128/243, 1/2 순서로 짧아지게 하면 됩니다.

하프를 예로 들어 설명하자면 '레'를 소리 내려면 '도'를 소리 내는 줄의 '8/9' 길이로 짧게 만들면 되는 것입니다. 한 옥타브 높은 '도' 소리를 내려면 줄을 1/2로 짧게 만들면 되는 것이죠. 이러한 피타고라스 음계에 따른 음 조율 방식은 나중에 순정률로 정착되는데요. 현재에도 바이올린, 비올라, 첼로, 더블베이스 등의 악기에 적용되는 순정률은 도, 도#, 레, 레#, 미, 파, 파#, 솔, 솔#, 라, 라#, 시, 도의 줄 길이 비율이 1, 15/16, 8/9, 5/6, 4/5, 3/4, 5/7, 2/3, 5/8, 3/5, 5/9, 8/15, 1/2로 되어 있습니다.

그런데 이 순정률은 음들 사이의 줄 길이 비율이 다 달라서 바이올린 같은 순정률을 쓰는 악기 혼자서는 피아노에서와 같이 조옮김을 마음대로 할 수가 없고 화음을 규칙적으로 만들 수가 없습니다. 음들의 줄 길이 비율이 다 달라서 화음들의 소리가 어울리지 않아 전체적인 코드 구성이 제대로 되지 않습니다. 그래서 코드를 구성하려면 비올라, 첼로, 더블베이스 등의 악기와 함께해야 하는 것입니다. 피아노, 기타 등의 악기에서 쓰이는 평균율은 이러한 순정률과 달리 음들 사이의 줄 길이 비율이 균일합니다.

$$\sqrt[12]{2}$$

루트로 표현되는 위의 무리수를 소수로 나타내면 1.05946…인데요. 이게 바로 평균율의 균일비율입니다. 도, 도#, 레, 레#, 미, 파, 파#, 솔, 솔#, 라, 라#, 시, 도 12개 음들은 1/1.05946… 이 균일비율로 줄 길이가 짧아져 음높이가 점차 높아지는 것이죠.

평균율은 '음악의 아버지' 요한 세바스찬 바흐에 의해 완성되었는데요. 이 평균율에 따르면 '우리의 소원'의 음계를 내림 마장조에서 사장조나 가장조로 자유자재로 조옮김 할 수 있습니다. 조옮김 된 음계에 따라 코드들도 규칙적으로 바뀌게 되구요. 다장조의 으뜸음 도(C)로 시작하는 C코드(도, 미, 솔)를 사장조로 조옮김 하면, 사장조의 으뜸음 솔(G)로 시작하는 G코드(솔, 시, 레)로 코드 또한 규칙적으로, 자동적으로 바뀌게 되는 것입니다.

'우리의 소원'을 좀 더 높은 음으로 열정적으로 부르고 싶다면 이 평균율에 따라 가장조와 같은 음계로 마음껏 조옮김을 하여 부르면 되는 것이죠. '우리의 소원'을 만든 안병원 작곡가는 캐나다로 이민을 떠난 후에도 북한을 방문하여 자신의 노래를 부르는 합창단을 지휘하고, '통일 기원 노래' 음반을 만드는 등 통일에 대한 열망을 끝까지 가슴속에 품고 있었다고 합니다.

역사의 오랜 기간 동안 연구되고 쓰이며 과학으로까지 입증된 장조의 밝은 분위기로 만든 이 노래 '우리의 소원'을 "말하는 대로 이뤄진다"는 격언처럼 함께 입 모아 자주 부르다 보면, 장조 음계의 기쁜 느낌 그대로 통일이 우리 눈앞에 성큼 다가오게 되지 않을까 하는 생각이 들기도 하는데요.

오른손을 잃고 왼손만으로 명 피아니스트 반열에 오른 파울 비트겐슈타인의 동생이자, 자기 자신도 클라리넷 연주에 뛰어난 재능을 보였던, 또한 '마왕' 신해철이 자신의 밴드 이름으로 빌려 쓰기도 했던 오스트리아의 천재 언어 분석 철학자 루트비히 비트겐슈타인은 "나의 언어의 한계는 곧 나의 세계의 한계를 의미한다"고 말했습니다. 비트겐슈타인의 말처럼 만약 우리가 통일을 소망하며 말하지 않는다면, 그것은 곧 분단이라는 한계 속에 우리 자신을 가두는 일이 될지도 모릅니다.

안치환의 부부애와 '과학 민주주의'

>>> > >

"당신과 내가 만나
운명처럼 사랑을 하고
눈부신 젊은 날은
꿈결처럼 지나가고
어느 날 눈을 떠보니
나는 병상에
당신은 조그만 소파에 누워
낯설고 두려운 길을
서로 기대며 담담하게
새벽을 맞이하는구나
어디까지 온 걸까
당신과 나의 짧은 여행길은
어디까지 온 걸까
우리의 이 먼 여행길은"

-안치환 11집 앨범 '50' 수록곡 '병상에 누워' 중에서

가수 안치환이 2014년 불의의 암 선고를 받고 투병 생활을 하며 1년 동안 만든 11집 앨범 '50'의 수록곡 '병상에 누워'에는, 깊이를 알 수 없는 두려움의 어둠 속에서 마치 빛의 방파제처럼 따순 등을 내어주는 배우자의 모습이 잘 드러나 보입니다. 마찬가지로 두렵고 떨리는, 그래서 더 따뜻한 그 등에 기대어 안치환은 암을 극복할 희망을 얻고 그 희망을 노래로 만들어 나갔을 테지요.

"결혼 생활은 긴 대화이다"라고 한 니체의 말처럼, 둘 사이에는 수많은 대화들도 오갔을 것입니다. 대화를 나누는 부부의 목소리들은 마음속 두려움의 지층보다 훨씬 더 깊은 곳에 믿음과 사랑을 아로새겨 두었겠지요.

그렇게 서로를 향해 퍼져나가는 부부의 목소리들은 서로의 마음뿐만 아니라 서로의 뇌 속에도 특이한 영향을 끼친다고 하는데요. 영국 퀸즈대학 심리학과 교수이자 인지 신경과학자인 잉그리드 S.존스루드 등의 '칵테일 파티에서의 흔들림: 경쟁하는 목소리들 속에서 목소리의 친숙함은 말소리를 지각하는데 도움을 준다' 논문을 보면 그 사실을 잘 알 수가 있습니다.

이 연구는 연령대 44살~79세의 결혼한 23쌍의 남녀 46명을 대상으로 이뤄졌습니다. 배우자들간의 목소리의 익숙함을 보증하기 위해 적어도 18년 이상 함께 살아온 부부들을 선택했다고 하죠. 그리고 나이와 익숙한 목소리를 인지하는 능력의 상관관계를 알아보기 위해 60세 미만의 부부들과 60세 이상의 부부들을 나누어 실험을 진행했다고 합니다. 실험은 우선 다음 표에서와 같이 세 파트로 나누어 진행되었습니다.

조 건	표적 목소리	방해 목소리
표적 목소리가 배우자의 것일 때	배우자	낯선 사람1
	배우자	낯선 사람2
표적 목소리가 낯선 사람의 것일 때	낯선 사람1	배우자
	낯선 사람2	배우자
모두 낯선 사람의 목소리일 때	낯선 사람1	낯선 사람2
	낯선 사람2	낯선 사람1

세 파트 모두에서 실험 참여자들로 하여금 표적 문장 "레디 배런 고 투 그린 식스 나우"를 듣게 합니다. 또 동시에 그것을 방해하는 문장 "레디 이글 고 투 화이트 투 나우"도 듣게 합니다. 그리고 실험 참여자들이 방해 문장을 같이 들으면서도 표적 문장을 제대로 알아듣고 '그린 식스(녹색 6번)'를 클릭하는지 아닌지 살펴봅니다.

첫 번째 파트에서는 실험 참여자의 배우자가 익숙한 목소리로 표적 문장을 읽게 합니다. 그리고 동시에 낯선 목소리가 방해 문장을 소리 내어 읽게 합니다.

두 번째 파트에서는 낯선 목소리가 표적 문장을 읽게 합니다. 그리고 실험 참여자의 배우자가 동시에 익숙한 목소리로 방해 문장을 소리 내어 읽게 합니다.

세 번째 파트에서는 낯선 목소리가 표적 문장을 읽게 하고 또 다른 낯선 목소리가 동시에 방해 문장을 읽게 합니다. 그랬더니 첫 번째 파트에서는 '당연히' 귀에 익숙한 목소리의 배우자가 표적 문장을 읽는 내용을 쉽게 알아듣고 녹색 6번을 클릭하는 비율이 높았다고 합니다.

이 실험의 압권은 바로 두 번째와 세 번째 파트의 비교인데요. 두 번째 파트에서 실험 참여자는 익숙한 배우자의 목소리가 방해를 했음에도 불구하고, 낯선 목소리가 방해를 한 세 번째 파트에서보다 더 높은 비율로 표적 문장을 알아듣고 녹색 6번을 눌렀다는 것입니다. 구체적 수치로 살펴보면, 배우자가 표적 문장을 읽고 낯선 사람이 방해 문장을 읽었을 때, 실험 참여자가 표적 문장이 지시한 대로 녹색 6번을 누른 비율은 74%~95% 가량이었습니다.

낯선 사람이 표적 문장을 읽고 배우자가 방해 문장을 읽었을 때, 실험 참여자가 표적 문장이 지시한 대로 녹색 6번을 누른 비율은 67%~83% 가량이었습니다. 낯선 사람이 표적 문장을 읽고 또다른 낯선 사람이 방해 문장을 읽었을 때, 실험 참여자가 표적 문장이 지시한 대로 녹색 6번을 누른 비율은 61%~82% 가량이었습니다.

한마디로 실험 참여자는 배우자의 익숙한 목소리는 지각하고 싶으면 지각하고, 배제하고 싶으면 배제하는 '신기한' 결과를 보여주었던 것입니다. 이 신기한 결과를 보고 처음엔 조금 고개를 갸웃하게 되지만, 배우자가 애교 가득한 말을 하면 빙긋 웃으며 귀에 새겨듣고, 반대로 바가지를 긁을 때면 한 귀로 흘려들어버리는 평범한 사람들의 부부생활을 떠올리면 금방 또 이해가 되기도 합니다.

따지고 보면 아무리 사랑하는 부부 사이라고 해도 어떻게 항상 좋은 말만 하고 좋은 말만 들으며 살겠습니까? 그러나 싫은 소리를 하더라도, 그래서 순간적으로 싫은 마음이 들더라도 마음 깊은 곳에서 사랑하는 감정까지는 지우지 못하는 것이기에, 싫은 소리는 한 귀로 흘려들으면서 싫은 순간을 슬쩍 지나쳐가려는 부부들의 습성이 이러한 결과를 낳은 것은 아닐까 하는 생각이 드는 것입니다.

게다가 남녀는 언어를 사용하는 뇌 구조와 기능 자체가 달라서 오해로 인한 말다툼을 하는 경우가 많습니다. 서로 사랑하는 처지에 오해가 있을 때마다 늘 싸우자고 달려든다면 그거 참 곤란할 일일 테니 싫은 소리는 아예 한 귀로 듣고 한 귀로 흘려버리면서 싸움을 피하는 것이 상책인 것이죠. 아니면 니체의 말마따나 많은 대화를 나누며 결혼생활이라는 먼 길을 함께 걸어가는 방법을 택해야 하는 것입니다.

이와 관련해 미국 예일대학교 의대 학습집중센터의 셀리 셰이위츠 박사 등의 기능성 자기공명영상을 사용한 남자와 여자의 뇌 연구를 살펴보면, 언어와 관련된 일을 할 때 남자는 왼쪽 뇌만을 사용하지만 여자는 양쪽 뇌를 다 사용한다고 합니다.

기능성 자기공명영상은 혈액의 자기적 성질을 이용하는데, 혈액이 활성화되는 뇌 부위로 몰려가기 때문에 그때 증가한 혈액의 자기량을 통해 활동하는 뇌 부분의 이미지를 그려낼 수 있는 것입니다. 그러한 기능성 자기공명영상을 통해 보니 언어와 관련된 일을 할 때 남자와 여자는 모두 말하기와 관련된 영역인 브로카 영역 근처의 하측 전두회(inferior frontal gyrus)를 사용하지만, 남자는 왼쪽 하측 전두회만을 사용하고 여자는 양쪽 하측 전두회를 다 사용한다는 것입니다. 남자는 뇌를 비대칭적으로 사용하는 경향이 있다는 것이죠. 셰이위츠 박사는 여자들이 뇌졸중에서 회복하는 비율이 더 높은 이유가 이렇게 양쪽 뇌를 다 쓰는 것과 관련이 있다고 말합니다.

여자의 경우 오른쪽과 왼쪽 대뇌반구 사이에 위치해 두 반구를 연결하는 활 모양의 신경다발인 '뇌량' 혹은 뇌들보(corpus callosum, 腦梁)가 남자의 것보다 크기 때문에 여자들이 양쪽 뇌를 더 많이 쓰는 경향이 있다는 추정을 뒷받침해준다고 합니다.

이렇게 남녀는 뇌 구조나 뇌의 기능이 달라서 아무리 오래 같이 산 부부라고 할지라도 말소리의 영향이 그때그때 다르고, 또 다르게 해석될 수 있기 때문에 다툼 역시 있을 수 있고 그 다툼을 슬기롭게 풀기 위해 많은 대화가 필요한 것이죠.

반면 2015년 이스라엘 텔아비브대학 다프나 조엘 교수팀의 연구에서는 남녀의 뇌 특성에 큰 차이가 없다는 연구 결과를 발표하기도 했는데요. 그 연구 결과 자체가 더 많은 표본 조사를 하게 되면 결론이 달라질 수도 있는 잠정적인 진실입니다. 앞으로 더 많은 검증 과정을 남겨두고 있는 것이죠. 거기에 더해 고려해야 할 사실은 일단 어느 누구도 뇌 구조가 100% 같을 수는 없는 것이기에 생각의 차이가 있을 수밖에 없다는 겁니다. 그 생각의 차이를 잘 조율하는 대화의 필요성은 백 번 강조해도 지나침이 없는 것이구요. 뇌 구조가 비슷한 남자와 남자 사이에서도, 여자와 여자 사이에서도 생각의 차이는 발생할 수밖에 없고 그렇기 때문에 더더욱 대화는 비타민보다도 더 필요하게 되기 때문이니까요.

그렇게 중요한 많은 대화를 나누어 서로의 목소리가 귀에 익숙해진 부부들의 뇌는 또다른 특성을 가지게 된다고 합니다. 보통 나이 든 사람들은 여러 사람들의 말소리 속에서 특정인 목소리의 물리적, 음향적 특징인 음정, 음색, 위치 등을 젊은 사람들보다 잘 구별해내지 못하는 어려움이 있는데, 목소리의 익숙함이 그러한 나이 들어감에 따른 지각 인지 능력의 감퇴를 상당 부분 상쇄해주는 것 같다는 것이죠.

앞의 연구에서 영국 퀸즈대학 존스루드 박사 등의 연구진은 44살~59세의 실험 참여자들과 60~79세 실험 참여자들의 차이 또한 살펴봤는데, 여러 사람들의 방해 목소리 속에서 배우자의 목소리를 지각하거나 배제하는 데 있어 44살~59세의 실험 참여자들과 60~79세 실험 참여자들 사이에는 현격한 차이가 발생하지 않았다고 합니다.

하기사 개인뿐 아니라 사회와 국가 등등 도대체 대화가 중요치 않은 구석이 어디에 있겠습니까? 과학계에서는 물론이거니와 과학계와 언론계를 비롯한 비과학계 사이에서도 역시 마찬가지겠죠.

가수 안치환이 앓았던 암과 같은 개인적 질병을 치료하는 데 있어서는 환자와 의사의 대화가 중요한 것이고, 암 치료의 혁신을 위해서는 의학과학계 안에서의 활발한 대화가 필요한 것이고, 그러한 의학과학계의 발전을 위해서는 경제, 정치, 사회 등 의학과학계 바깥과의 대화가 필수적으로 이뤄져야 하는 것입니다. 메르스처럼 정치, 사회, 경제적으로 큰 영향을 주는 질병 같은 경우는 더 말할 나위도 없을 것 같습니다.

2012년 노벨생리학상 수상자인 야마나카 신야 교토대 교수가 2015년 6월 우리나라에서 열린 세계과학기자대회에서 한 아래와 같은 말은 그런 의미에서 가슴 속에 깊은 울림을 줍니다.

"과학과 기술이 항상 인간에게 도움이 되는 것은 아니다. 그것에 꼬투리를 잡는 것은 과학 기자다. 그들은 다른 의견들을 말한다. 하지만 그들은 과학과 기술이 어떤 방향으로 나아가야 하고, 어떻게 진행되어야 하는지를 안다. 과학 기술은 늘 진보한다. 거기에 태클을 거는 사람은 많지 않다. 그러나 과학 기자들은 태클을 건다. 나는 줄기세포와 생명과학에 대해 연구하는 사람이다. 세상은 태클을 거는 사람이 많아야 한다. 그것이 민주주의다."

박치를 위한 '음악의 신'은 죽지 않았다

>>> > >

"신은 죽었다"라는 말로 유명한 독일의 실존주의 철학자 니체(Friedrich Nietzsche)에게도 딱 하나 믿는 신이 있었습니다. 그것은 바로 '춤의 신'인데요. 그는 "오직 춤을 출 줄 아는 신만을 믿을 것이다"라는 말을 남겼죠.

20대에 바그너의 오페라에 빠졌다가 30대 말 비제의 '카르멘(Carmen)'을 보고 음악관이 바뀐 니체에게 '춤의 신'에 대한 믿음은 어찌 보면 너무나 당연한 것이었을 수도 있겠다는 생각이 듭니다. 쿠바와 스페인 집시풍의 매혹적인 멜로디 속에서, 현기증 나게 공간을 수놓는 팜므파탈 집시여인 카르멘의 숨막힐 정도로 강렬한 춤사위를 처음 본 사람들이라면 누구라도 그렇게 느낄 테니까요.

'원조' 국가인 브라질뿐 아니라 전세계적으로도 사랑받고 있는 보사노바 음악의 뿌리가 삼바 춤에서 비롯되었듯, 거의 모든 음악들은 춤과 관련되어 있습니다. 그 중에서도 춤은 리듬과 불가분의 관계에 있죠. 삼바든 탱고든 살사든 왈츠든 그 리듬에 맞춰 춤을 추려면 박자 감각은 필수적인 것입니다.

리듬과 박자에 맞춰 춤을 추지 못하는 사람은 노래를 하는 데 있어서도 큰 어려움을 겪을 수밖에 없습니다. 흔히 '박치'라고 불리는 사람들이 그들이지요. 학자들의 연구에 따르면 음의 높낮이를 구별 못 하는 '음치'들보다 박자를 맞추지 못하는 '박치'들이 더 드물다고 합니다. 캐나다 몬트리올대학의 '국제 뇌음악소리연구소'의 책임 연구원인 필립스 실버 박사에 따르면 '박치'는 뇌의 청각피질과 전두엽 피질 하부 사이의 연결 부위 이상에 따른 것이라고 합니다. 박치는 음치와 마찬가지로 유전적인 요인이 있다고 하는데요.

학술지 '뉴로사이콜로지아'에 발표된 '매튜'의 사례를 살펴보면, 그는 어떠한 지적인 문제나 청각 능력의 결함이 없고 좋은 목소리로 음정에 맞춰 노래를 부를 수 있음에도 불구하고 메렝게, 록, 테크노 등 8개 음악 장르의 리듬 중 5개 장르의 리듬에 제대로 율동을 맞추지 못했다고 합니다. 다른 사람이 하는 몸동작을 보고서 따라해야 겨우 음악에 맞춰 춤추는 게 가능했고 혼자 음악을 듣게 하면 리듬과 박자를 거의 다 틀렸다고 하네요.

하지만 이러한 '박치'들도 열심히 노력하면 음악활동이 불가능한 것은 아닌 것 같습니다. 음치, 박치 정도가 아니라 아예 청각 능력을 상실했던 사람도 음악을 하고 있으니까요.

영국 소년 찰리 덴튼의 사례가 바로 그것입니다. 그는 2.5살의 나이에 의사로부터 청각 상실 판정을 받았습니다. 바로 옆에서 비행기가 이륙을 해도 그 굉음을 들을 수 없었으니까요. 유전자 이상으로 인한 희귀병인 '어셔 신드롬'이었습니다. 어른이 되면 시력까지 상실할 수 있는 병이죠. 소년은 안면마비와 뇌수막염의 위험성을 무릅쓰고 인공 달팽이관 이식수술을 받았습니다. 그리고 바이올린을 배우기 시작했죠. 비록 어떤 음악들을 연주할 땐 박자를 맞추지 못하는 '박치'가 되지만, 익숙한 멜로디는 음정을 틀리지 않고 연주한다고 합니다.

찰리 덴튼보다 정도가 심하진 않지만 '박치' 증상으로 인해 음악활동을 하고 즐기는 데 어려움을 겪는 분들도 계실 것이라는 생각이 드는데요. 위의 매튜와 찰리의 사례에서 보듯 박치가 반드시 음치인 것은 아닙니다. 음치라면 비트 감각을 가다듬어 랩 음악을 할 수 있고, 박치라면 남아있는 음감 능력을 통해 멜로디를 만들고 가사를 쓰는 작사 작곡가가 될 수도 있는 것이죠.

게다가 절대적 박치가 아닌 상대적 박치의 경우라면 박자감각을 키워주는 여러 가지 음악 교육이나 컴퓨터 프로그램들을 통해 어려움을 극복할 수 있습니다. 그중에서도 언제 어디서든 이용 가능한 스마트폰 앱을 통해 리듬 맞추기 게임을 즐기면서 음악 능력을 향상시킬 수도 있는 것이죠. 차근차근 하다보면 뮤지션의 꿈을 이룰 수도 있는 것입니다.

발레리노가 춤을 추듯 특유의 리듬으로 아름답게 점프하여 덩크슛을 바스켓에 꽂아 넣던 '농구의 신' 마이클 조던도 말했습니다.

"부정적 상황을 긍정적 상황으로 바꿔라, 항상!"

참고 논문 및 자료

1/ Sloboda, J. A. (1991). Music Structure and Emotional Response: Some Empirical Findings. Psychology of Music, 19, 110-120.

2/ Berns, G. S. (2010). Neural mechanisms of the influence of popularity on adolescent ratings of music. NeuroImage 49, 2687-.2696

3/ Madan, A. (2004). Voices of Attraction. MIT Media Laboratory Technical Note No. 584, September.

4/ Fritz, T. (2009) Emotion Investigated With Music of Variable Valence:Neurophysiology and Cultural Influence. Max Planck Institute Series in Human Cognitive and Brain Sciences; 110

5/ Mike, R. (2009) Peace Punks and Punks against Racism. Music and Arts in Action Vol 2, No 1.

6/ North, A. C. (2010). Individual Differences in Musical Taste. American Journal of Psychology. 123 (2): pp.199-20.

7/ Sharma, V. (2015). Relationship between Music Preference and Personality Type. International Journal of Science and Research Volume 4 Issue 2, February.

8/ Chamorro Premuzic, T. (2009). The Big Five Personality Traits and Uses of Music A Replication in Malaysia Using Structural Equation Modeling. Journal of Individual Differences Vol. 30(1):20-27

9/ Chamorro Premuzic, T. (2009). Personality, Self-Estimated Intelligence, and Uses of Music. Psychology of Aesthetics, Creativity, and the Arts. Vol. 3, No. 3,149-155

10/ Rentfrow, P. J. (2003). The Do Re Mi's of Everyday Life: The Structure and Personality Correlates of Music Preferences. Journal of Personality and Social Psychology, Vol. 84, No. 6, 1236-256

11/ Mehta, R. (2012). Is Noise Always Bad? Exploring the Effects of Ambient Noise on Creative Cognition. Journal of Consumer Research Vol. 39, No. 4, pp. 784-799

12/ Eimer, M. (2000). The face-specific N170 component reflects late stages in the structural encoding of faces. NEUROREPORT Vol 11, No 10.

13/ Hanser, W. E. (2013). Music Influences Ratings of the Affect of Visual Stimuli. Psychological Topics 22, 2, 305-324.

14/ Logeswaran, Nidhya and Bhattacharya, Joydeep. (2009). Crossmodal transfer of emotion by music. Neuroscience Letters, 455(2), pp. 129-133.

15/ DeWall C. N. (2011). Tuning in to Psychological Change: Linguistic Markers of Psychological Traits and Emotions Over Time in Popular U.S. Song Lyrics. Psychology of Aesthetics, Creativity, and the Arts.

16/ Belloa, Rowea, Guedesb and Toussaint. (2015). Five Perspectives on Musical Rhythm. Journal of New Music Research.

17/ Margulis, E. H. (2012). Musical Repetition Detection Across Multiple Exposures. Music Perception: An Interdisciplinary Journal Vol. 29, No. 4, pp. 377-385

18/ 권혜인, 한용진. (2013). 검사버튼 삭제버튼 중학교 교가 가사의 교육적 가치 탐구. 敎育問題硏究 제26권제1호(통권제46집) pp. 129-148.

19/ Cameron, Grahn. (2014). Neuroscientific investigations of musical rhythm. Acoustics Australia Vol. 42, No. 2, August 2014 - 111

20/ Overy, Norton, Cronin, Winner, and Schlaug. (2005).Examining Rhythm and Melody Processing in Young Children Using fMRI. New York Academy of Sciences Dec;1060: 210-218.

21/ Nemoto. I. (2013). Investigations of neurophysiological correlates for emotions caused by music in major and minor keys. KAKEN, June.

22/ 根本 幾. (2013).音樂における長調と短調から受ける明暗の感賞の神經生理學的基礎の研究. 科研 6月.

23/ David Tall. (1995). The Psychology of Symbols & Symbol manipulators: What are we doing right?. the Seventh Annual International Conference on Technology in College Mathematics Teaching, Addison-Wesley, 453-457

24/ Stephan, Vogela, Goffina, Ansaria. (2015). Developmental specialization of the left parietal cortex for the semantic representation of Arabic numerals:An fMRI adaptation study. Developmental Cognitive Neuroscience 12, 61–73

25 / Nieder, Dehaene. (2009). Representation of Number in the Brain. The Annual Review of Neuroscience 32:185–08

26 / Blood, Zatorre, Bermudez, Evans. (1999). Emotional responses to pleasant and unpleasant music correlate with activity in paralimbic brain regions. nature neuroscience volume 2, no 4, April.

27 / Han–Moi Shim, Ok–Hue Cho, Jang–Suck Woo, Choi Hyun and Won–Hyung Lee.(2014). A Study about Development of Hypersonic Wave Sound based on the Sound of the Waves. Advanced Science and Technology Letters Vol.54 (Multimedia 2014), pp.114–118.

28 / Antonio Damasio. (1994). Descartes' Error. Penguin Group.

29 / Jordan Grafman, Vinod Goel. (2006).Reasoning and Thinking, Neural Basis of. John Wiley & Sons, Ltd.

30 / Canessa, Gorini, Cappa, Piattelli–Palmarini, Danna, Fazio and Perani. (2005). The Effect of Social Content on Deductive Reasoning: An fMRI Study. Human Brain Mapping 26:30–43

31 / Gonzalez, Danaa, Koshin, Just. (2005). The framing effect and risky decisions:Examining cognitive functions with fMRI. Journal of Economic Psychology 26, 1–20.

32 / Berns, Capra, Moore and Noussair. (2010). Neural Mechanisms of the Influence of Popularity on Adolescent Ratings of Music. Neuroimage. Feb 1; 49(3): 2687.

33 / Lilienfeld, Lynn, Ruscio, Beyerstein. (2010). 50 Great myths of popular psychology: Shattering widespread misconceptions about human behavior. Wiley–Blackwell.

34 / Berns, Moore. (2012). Neural predictor of cultural popularity. Journal of Consumer Psychology Volume 22, Issue 1, January, Pages 154–160.

35 / Daisuke Bundo. (2001). Social relationship embodied in singing and dancing performances among the baka. African Study Monographs,

Suppl.26: 85–101, March 85.

36 / Fukui and Yamashita. (2003). The effects of music and visual stress on testosterone and cortisol in men and women. Neuroendocrinology letters nos.3/4, jun–aug, Vol 24.

37 / Bert N. Uchino (2001). Social Support and Health: A Review of Physiological Processes Potentially Underlying Links to Disease Outcomes. Journal of Behavioral Medicine, Vol. 29, No. 4, August.

38 / Lanius, Hopper, Menon. (2003). Individual Differences in a Husband and Wife Who Developed PTSD After a Motor Vehicle Accident:A Functional MRI Case Study Am J Psychiatry 160:4, April.

39 / Johnsrude, Mackey, Hakyemez, Alexander, Trang and Carlyon. (2013). Swinging at a Cocktail Party: Voice Familiarity Aids Speech Perception in the Presence of a Competing Voice. Psychological Science published on August 28.

40 / Pelham and Mauricio Carvallo (2004). How Do I Love Thee? Let Me Count the Js: Implicit Egotism and Interpersonal Attraction. Journal of Personality and Social Psychology Vol. 87, No. 5, 665–683.

41 / Melissa K. Surawski. (2006). The effects of physical and vocal attractiveness on impression formation of politicians. Current Psychology March, Volume 25, Issue 1, pp 15–27.

42 / Madan, Caneel. (2004). Voices of Attraction. MIT Media Laboratory Technical Note No. 584, September.

43 / Hughes, Harrison. (2013). I like my voice better: Self–enhancement bias in perceptions of voice attractiveness. Perception, volume 42, pages 941 – 949.

44 / Seitz, Poyrazli, Harrisson, Flickinger, Turkson. (2014). Virtual Reality Exposure Therapy for Military Veterans with Posttraumatic Stress Disorder: A Systematic Review. The New School Psychology Bulletin, Vol. 11, No. 1.

45 / Burling, Armstrong, Blount, Callaghan. (1993). Primate Calls, Human Language, and Nonverbal Communication. Current Anthropology, Vol. 34, No. 1 (Feb), pp. 25–53.

46 / Munson, McDonald, DeBoe, White. (2006). The acoustic and perceptual bases of judgments of women and men's sexual orientation from read speech. Journal of Phonetics 34, 202–240

47 / Farley, Hughes, LaFayette. (2013). People will know we are in love: Evidence of differences between vocal samples directed toward lovers and friends. J Nonverbal Behav 37:123–138.

48 / Perloff and Dworkin(ed). (2009). The sound of poetry, The petry of sound. University of Chicago Press.

49 / Mantaras and Arcos. (2002). AI and music from composition to expressive performance. American Association for Artificial Intelligence. 0738–4602–2002

50 / Tia DeNora. (2000). Music in everyday life. Cambridge university press.

51 / 김병오, 이정석. (2013). 컨탁트 기반의 한국 전통 가상 악기 개발 (Development of Korean Traditional VSTi Based on Kontakt Sampler). The Journal of the Korea Contents Association, Volume 13, Issue 10, pp.181–188.

52 / Burton Richter. (1995). The Role of Science in our Society. Presented at The Unity of Physics Day Joint Symposium of The American Physical Society and American Association of Physics Teachers, 4/19/1995–4/19/1995, Washington, DC, USA.

53 / Elvira Brattico. (2013). The Neuroaesthetics of Music. Psychology of Aesthetics, Creativity, and the Arts, Vol. 7, No. 1, 48–61.

54 / Josh H. McDermott. (2012). Auditory Preferences and Aesthetics: Music, Voices, and Everyday Sounds. Elsevier Inc.

55 / Gruhn and Rauscher(edit). (2007). Neuroscience of music and emotion. Neurosciences in Music Pedagogy, pp. 143–167.

56 / Koelsch, Fritz, Cramon, Muller, and Friederici. (2006). Investigating Emotion With Music:An fMRI Study. Human Brain Mapping 27:239–250.

57 / Richard D Driver. (2007). The Beatles image : Mass marketing 1960's British and American music and culture, or being a short thesis on the dubious package of the Beatles. the Degree of MASTER OF ARTS Approved by Texas Tech University Graduate School.

58 / Decety, Jackson, Sommerville, Chaminade, Meltzoff. (2004). The neural bases of cooperation and competition: an fMRI investigation. Neuroimage. Oct:23(2):744–51.

59 / Wan, Ruber, Hohmann, Schlaug. (2010). The Therapeutic effects of singing in neurological disorders. Music Perception VOLUME 27, ISSUE 4, PP. 287–295.

60 / Wright, Holmes, Blain, Smith. (2012). Preliminary evidence for reduced cortical activity in experienced guitarists during performance preparation for simple scale playing. Music Performance Research, vol.5, including CMPCP / PSN special issue 2–11.

61 / Buccino, Vogt, Ritzl, Fink, Zilles, Freund, Rizzolatti. (2004). Neural Circuits Underlying Imitation Learning of Hand Actions: An Event–Related fMRI Study.Neuron, Vol. 42, 323–34, April 22.

62 / Münte, Altenmüller, Jäncke. (2002). The musician' brain as a model of neuroplasticity. NATURE REVIEWS | NEUROSCIENCE VOLUME 3 | JUNE.

63 / 갤럽 조사. (2015.2.24.). 한국인이 좋아하는 취미, 문화 2004–2014. 조사기간 2014년 10월2~29일. 만13세 이상 남녀 1,700명 면접조사. 표본오차 ±2.4%포인트 (95% 신뢰수준).

64 / Clair, A. A. & Pasiali, V. (2004). Neurologic music therapy. In A. A. Darrow, (Ed.) Approaches in music therapy. Silver Springs, MD: American Music Therapy Association.

65 / 정용안, 유이령, 강봉주, 채정호, 이혜원, 문현진, 김성훈, 손형선, 정수교. (2007). 치료저항성 우울증 환자에서 반복적 경 두 개 자기자극 후뇌 소뇌 혈류 변화(Effect of Repetitive Transcranial Magnetic Stimulation in Drug Resistant Depressed Patients). Nucl Med Mol Imaging Vol. 41, No. 1, Feb.

66 / Alan P. Merriam. (1964). The Anthropology of music. Northwestern University Press.

67 / 신영혜, 제민지, 안순철, 이창형, 장철훈. (2013). 긍정의 말과 의도가 아기 장대 종자의 발아와 생체 중에

미치는 영향(The Effects of Positive Words and Human Intentions on Germination Ratio and Fresh Weight of Arabidopsis Seedling). J. Korean Soc. People Plants Environ. Vol. 16 No. 3: 137–141, June.

68 / Iyengar, Viswanathan, Bottjer. (1999). Development of Topography within Song Control Circuitry of Zebra Finches during the Sensitive Period for Song Learning. The Journal of Neuroscience, July 15, 19(14):6037–057.

69 / Montaga, Reutera, Axmacherc. (2011). How one's favorite song activates the reward circuitry of the brain: Personality matters!. Behavioural Brain Research 225 511–514.

70 / Doupe, Kuhl. (1999). Birdsong and Human speech : Common themes and mechanisms. Annu. Rev. Neurosci. 22:567–631.

71 / Niek Brunninkhuis. (2012). The effect of eye gaze direction on vocal mimicry:An experiment into the influence of eye gaze direction of an embodied interface agent on voice pitch mimicry. HAIT Master Thesis series nr. 12–016.

72 / Reiss, McCowan. (1993). Spontaneous vocal mimicry and production by bottlenose dolphins(turisiops truncatus):Evidence for vocal learning. Journal of Comparative Psychology, Vol.107, No 3, 301–312.

73 / Sun, Truong, Pantic, Nijholt. (2011). Towards Visual and Vocal Mimicry Recognition in Human-Human Interactions. crown.

74 / Stoeger, Mietchen, Sukhun Oh, Silva, Herbst, Soowhan Kwon, Fitch(2012). An Asian Elephant Imitates Human Speech. Current Biology 22, 2144–2148, November 20.

75 / Yading Song, Dixon, Pearce. (2012). Evaluation of musical features for emotion classification. 13th International Society for Music Information Retrieval Conference(ISMIR 2012)

76 / E.W. Large, J. F. Kolen. (1994). Resonsance and the perception of musical meter.Connection Science, Vol. 6, Nos.2 & 3.

77 / Klaus R. Scherer. (2004). Which Emotions Can be Induced by Music? What are the Underlying: Mechanisms? And How Can We Measure Them?. Journal of New Music Research, Vol. 33, Issue 3, Pages 239–251.

78 / Rizzolatti, Craighero. (2004). THE MIRROR-NEURON SYSTEM. Annu. Rev. Neurosci. 27:169–92.

79 / Kelley, Coe, Madden, Healy. (2008). Vocal mimicry in songbirds. ANIMAL BEHAVIOUR, 76, 521e528.

80 / Miller, G. F. (2000). Evolution of human music through sexual selection. In N. L. Wallin, B. Merker, & S. Brown (Eds.), The origins of music, MIT Press, pp. 329–360.

81 / T. Takahashi, C. H. Keller. (1994). Representation of Multiple Sound Sources in the Owl's Auditory Space Map. The Journal of Neuroscience, August, 14(8): 4780–4793.

82 / Ekici, Dane, Mamedova, Metin, Huseyinov. (2007). The Effects of Different Musical Elements on Root Growth and Mitosis in Onion(Allium cepa) Root Apical Meristem(Musical and Biological Experimental Study). Asian journal of Plant Sciences 6 (2):369–373.

83 / Abrams, Ryali, Chen, Chordia, Khouzam, Levitin, Menon. (2013). Inter-subject synchronization of brain responses during natural music listening. European Journal of Neuroscience, Vol. 37, pp. 1458–1469.

84 / M. L. Chanda, Daniel J. Levitin. (2013). The neurochemistry of music. Elsevier Ltd.

음악의 재발견

발행일 2016년 12월 20일
초판 3쇄 발행 2017년 8월 28일

저자 김형찬

발행인 최우진
편집 윤영란 • **책임편집** 유경아 • **디자인** 이주원, 우선영
영업 현석호, 신창식 • **관리** 남영애

발행처 스코어
출판등록 2012년 6월 7일 제 313-2012-196호
주소 서울시 마포구 동교로 13길 34(04003)
전화 02)333-3705 • **팩스** 02)333-3748

ISBN 979-11-5780-073-5 13670